目 录

图目 ·· V

表目 ·· VII

第二版序言 ·· IX

第一版序言 ·· XI

缩略语 ··· XV

1 概述 ··· 1
  1.1 屈折格 ··· 1
  1.2 其他表现形式 ·· 8
    1.2.1 协调格 ·· 8
    1.2.2 非名词格 ··· 9
    1.2.3 呼格 ··· 10
    1.2.4 非支配格 ··· 11
    1.2.5 分析型格标记 ··· 11
  1.3 相互竞争的手段 ·· 15
    1.3.1 中心语标记 ·· 16
    1.3.2 语序 ··· 18
    1.3.3 副词和关系名词 ·· 18

1.3.4 领属形容词 ……………………………………… 21

2　格系统描写中的问题 …………………………………… **22**
　2.1 传统分析 …………………………………………………… 22
　2.2 各种格的区别 ……………………………………………… 24
　　　2.2.1 区分方法 ……………………………………… 24
　　　2.2.2 非自主格 ……………………………………… 26
　　　2.2.3 标准方法 ……………………………………… 29
　　　2.2.4 小结 …………………………………………… 34
　2.3 意义和功能 ………………………………………………… 35
　　　2.3.1 主格和旁格 …………………………………… 36
　　　2.3.2 语法格和语义格 ……………………………… 38
　　　2.3.3 补足语和附加语 ……………………………… 40
　　　2.3.4 格的特征 ……………………………………… 42
　　　2.3.5 小结 …………………………………………… 54

3　格的现代研究方法 ……………………………………… **56**
　3.1 本章导言 …………………………………………………… 56
　3.2 语法关系 …………………………………………………… 57
　　　3.2.1 一种格的不同语法关系 ……………………… 57
　　　3.2.2 矛盾的核心格组织系统 ……………………… 60
　　　3.2.3 作为语法关系的SP …………………………… 65
　3.3 抽象格 ……………………………………………………… 68
　3.4 语义角色和语法关系 ……………………………………… 74
　　　3.4.1 Pāṇini及其造作者理论 ……………………… 75
　　　3.4.2 Fillmore ……………………………………… 79
　　　3.4.3 关系语法 ……………………………………… 89
　　　3.4.4 方位主义格语法 ……………………………… 96
　　　3.4.5 Starosta的词格 ……………………………… 100

陕西师范大学优秀著作出版基金资助出版
陕西师范大学中国语言文学"世界一流学科建设"成果

语言与文字系列

格 范 畴
（第二版）

CASE
(SECOND EDITION)

〔英〕布莱克（Barry J. Blake） 著
邵琛欣 译
李子鹤 审校

北京大学出版社
PEKING UNIVERSITY PRESS

CAMBRIDGE

著作权合同登记　图字：01-2019-0430 号

图书在版编目（CIP）数据

格范畴：第二版 /（英）布莱克著；邵琛欣译 . —北京：北京大学出版社，2019.9
（未名译库 . 语言与文字系列）
ISBN 978-7-301-30595-9

Ⅰ.①格… Ⅱ.①布…②邵… Ⅲ.①语言学–研究 Ⅳ.① H0

中国版本图书馆 CIP 数据核字（2019）第 148148 号

Case, Second edition (978-0-521-01491-5) by Barry. J Black first published by Cambridge University Press 2001
All rights reserved.
This simplified Chinese edition for the People's Republic of China is published by arrangement with the Press Syndicate of the University of Cambridge, Cambridge, United Kingdom.
© Cambridge University Press & 北京大学出版社，2019

This book is in copyright. No reproduction of any part may take place without the written permission of Cambridge University Press and 北京大学出版社 .
This edition is for sale in the People's Republic of China (excluding Hong Kong SAR, Macau SAR and Taiwan Province) only.
此版本仅限在中华人民共和国（不包括香港、澳门特别行政区及台湾地区）销售。

Copies of this book sold without a Cambridge University Press sticker on the cover are unauthorized and illegal.
本书封面贴有 Cambridge University Press 防伪标签，无标签者不得销售。

书　　　名	格范畴（第二版） GE FANCHOU (DI-ER BAN)
著作责任者	〔英〕布莱克（Barry J. Blake）著　邵琛欣 译
责任编辑	王铁军
标准书号	ISBN 978-7-301-30595-9
出版发行	北京大学出版社
地　　　址	北京市海淀区成府路 205 号　100871
网　　　址	http://www.pup.cn　新浪微博：@ 北京大学出版社
电子信箱	zpup@pup.cn
电　　　话	邮购部 010-62752015　发行部 010-62750672　编辑部 010-62754144
印　刷　者	北京溢漾印刷有限公司
经　销　者	新华书店
	650 毫米 ×980 毫米　16 开本　18.5 印张　322 千字 2019 年 9 月第 1 版　2019 年 9 月第 1 次印刷
定　　　价	65.00 元

未经许可，不得以任何方式复制或抄袭本书之部分或全部内容。
版权所有，侵权必究
举报电话：010-62752024　电子信箱：fd@pup.pku.edu.cn
图书如有印装质量问题，请与出版部联系，电话：010-62756370

3.5 等级序列 ·· 103
　　　　3.5.1 语法关系 ·· 104
　　　　3.5.2 格 ·· 107
　　　　3.5.3 标记 ·· 108
　　　　3.5.4 角色 ·· 109

4　格标记的分布 ·· **112**
　　4.1 本章导言 ·· 112
　　4.2 小句内的格标记 ·· 112
　　4.3 名词短语内的格标记 ·· 117
　　　　4.3.1 内部关系 ·· 117
　　　　4.3.2 外部关系 ·· 118
　　4.4 词内的格标记 ·· 125
　　　　4.4.1 标记类型 ·· 125
　　　　4.4.2 词干构形 ·· 128
　　　　4.4.3 复合格标记 ·· 129
　　　　4.4.4 多重格 ·· 130
　　4.5 从属小句内的格标记 ·· 132
　　　　4.5.1 内部关系 ·· 133
　　　　4.5.2 外部关系 ·· 140

5　格标记纵览 ·· **142**
　　5.1 本章导言 ·· 142
　　5.2 核心关系的组织 ·· 142
　　　　5.2.1 宾格系统 ·· 143
　　　　5.2.2 作格系统 ·· 145
　　　　5.2.3 主动系统 ·· 150
　　　　5.2.4 混合系统 ·· 151
　　　　5.2.5 "正-反"系统 ·· 156

5.2.6 核心标记的解释 ·· 158
5.3 与格 ·· 173
5.4 属格 ·· 181
5.5 部分格 ·· 183
5.6 方位格 ·· 184
5.7 其他的格 ·· 187
5.8 屈折格等级 ··· 188

6 格系统的动态循环 ··· 195
6.1 来源 ··· 195
    6.1.1 从动词到格标记 ···································· 195
    6.1.2 从名词到格标记 ···································· 199
    6.1.3 从副词性小品词到格标记 ························· 202
6.2 格系统的发展 ·· 203
    6.2.1 语音因素 ··· 203
    6.2.2 非语音因素 ·· 205
6.3 格标记的丢失 ·· 212
6.4 格标记的派生功能 ··· 218
6.5 结语 ··· 222

术语指南 ··· 224

扩展阅读指南 ·· 240

参考文献 ··· 242

人名索引 ··· 253

语言名称索引 ·· 259

主题词索引 ··· 267

图 目

图3.1 英语和迪尔巴尔语的对比 …………………………… 67
图3.2 管约论的小句结构 …………………………………… 69
图3.3 关系语法中的核心关系 ……………………………… 95
图6.1 附置词、后缀和黏着代词的发展 …………………206

表 目

表1.1 土耳其语的格系统 ·· 2
表1.2 拉丁语格的词形变化表 ·· 5
表2.1 俄语的部分格 ·· 27
表2.2 拉丁语的处所格形式 ··· 27
表2.3 拉丁语的副词 ··· 29
表2.4 帕马–尼荣根语的核心格标记 ································· 29
表2.5 腊克语的格标记图式 ··· 33
表2.6 马加尼语的格系统（部分）···································· 34
表2.7 格的类型 ··· 39
表2.8 拉丁语格系统（Simon the Dane）························ 43
表2.9 拉丁语格系统（Martin the Dane）······················· 44
表2.10 Planudes的古希腊语格系统 ································· 44
表2.11 Hjelmslev的格陵兰爱斯基摩语格系统 ·················· 46
表2.12 Jakobson 1936：俄语的格系统 ···························· 47
表2.13 Jakobson/Neidle：俄语的格系统 ························· 48
表2.14 卡尔卡顿古语的格 ··· 50
表2.15 拉丁语格系统的特征分析 ····································· 51
表3.1 拉丁语中的人称/数标记 ·· 61
表3.2 卡尔卡顿古语的格和附着词 ··································· 62
表3.3 卡尔卡顿古语的格和格关系 ··································· 64

表3.4	梵语的名词变格，以deva-"神"的表示为例	77
表3.5	升级模式	106
表4.1	德语格的屈折形态	123
表4.2	楠加里语的类别前缀和格前缀	126
表4.3	阿奇语的格标记	128
表4.4	尤瓦拉雷语的格标记	129
表5.1	孔乔语的附着代词	148
表5.2	东部波莫语的格标记	152
表5.3	印度–雅利安语的核心格标记	156
表5.4	阿瓦尔语的方位格	184
表5.5	方位格名称	185
表5.6	芬兰语的方位格	186
表6.1	贾鲁语的格标记	204
表6.2	早期罗曼语名词词尾变化	214
表6.3	古英语格的屈折形态	214
表6.4	拉丁语和古英语的人称代词	217
表6.5	法语和意大利语的单数人称代词	217
表6.6	卡拉拉古亚语的格与时/体的搭配	219

第二版序言

自从我写完第一版《格范畴》,已经过去了七年。现在是时候总结我后来写的东西并参考学界近年来的著作了。第二版加入了很多重要的语料和对原有语料的重新解读。考虑到当今学界的发展,这一版还加入了很多对重要概念探讨时的改进和扩展。和第一版一样,我仍然特别关注传统和现今的概念、术语,不仅仅是格范畴本身,也包括词类、结构、一致关系、角色和语法关系。

最实质性的修订是3.3节,这一节讨论了Chomsky理论框架中的抽象格。我已经对此进行了更新,尽管不无困难。虽然本书面向的是普通语言学专业或语言学习的高年级学生和学者,但Chomsky的理论框架包含了太多其特有的概念和术语。在小篇幅中介绍这么多概念,可能会导致论述不清;但介绍得过少又会有曲解概念的风险。再者,该理论框架内的不同作者会采用不同的研究方法,并且该理论模型也始终在变化着。感兴趣的读者可以继续阅读第3章注释4中给出的参考文献。

我要感谢Carol-EL-Chaar为本书加入的新材料。

于拉筹伯大学本多拉校区
2000年

第一版序言

我能记得我第一次接触到"格范畴"是在很早之前了,应该是1949年。语言是拉丁语,那本书叫做《今日拉丁语》(*Latin For Today*)。书中第一句话就是:Discipulī, pictūram spectāte,翻译是"学生们,来看这个例释"(Pupils, look at the illustration)。我并不能说我很快就迷恋上了"格"。在记忆词形变化表时不会有多少乐趣,但最终还是有很多收获,如:Virgil起伏跌宕的六步格诗(hexameters)、Horace巧妙设计出的颂诗(odes)和Tacitus警句式的散文,所有这些都展现出一种高度屈折的语言所具有的天赋,这种语言的语法关系都是用最高度压缩的形式表达出来的,名词的一个短小后缀可以表达格范畴、数范畴,有时也表达性范畴,动词的一个后缀可以表达时、体、语气、情态、人称和主语的数。

我还少量地接触到了《贝奥武夫》和《尼亚尔传说》的语言,但接下来对"格范畴"的一次重要接触是在1966年。那一年,我获得了奖学金去学习澳大利亚诸土著语言,并且到昆士兰西部调查了卡尔卡顿古语(Kalkatungu),这种语言的名字有一种更为人们所熟知的拼写方式Kalkadoon,那个时候能流利讲这种语言的人顶多十多个。像大多数澳大利亚土著语言一样,卡尔卡顿古语拥有一个很发达的格系统。对卡尔卡顿古语来说,没有现成的语法著作,因此不用学习词形变化。词形变化是通过引导调查和语篇记录建立起来的。

这些经历都反映在现在这本书中。由于传统概念中的格和语法关系都是随着相关的古希腊语和拉丁语不断发展的,因此在一本关于"格范畴"

的书中集中讨论拉丁语也是完全妥当的。如果我们在一种之前未描写过的语言中着手去标注格，那么理所当然会尽可能地采用一种和传统描写拉丁语一致的方法。贯穿本书的一系列澳大利亚土著语言用例是一种机缘巧合，但我并不认为这是不幸的。尽管这反映了作者刚好具有的背景，但它也恰好显示出澳大利亚提供或曾经提供了世界上最大规模的一群具有屈折格的语言。这些语言在发展中明显没有受到任何来自印欧语的影响，而且它们还为我们观察传统格语言提供了一个独立视角。

本书面向两类读者。首先是语言学专业的高年级学生和学者。其次是研究某种语言或语系的高年级学生和学者，如古典语言的学生或斯拉夫语系的学者。对所有读者来说，本书将提供可以判断某种格的具体特征的全面视角；对那些还不太精通跨语言比较文献的读者来说，本书将展示出一些独特的规则。

格具有一种美学特征。对文学专业的学生来说，当作者成功地展现出屈折格系统对相关词汇提供的简明意义和那些经常参与到格呈现中的自由语序时，这可能就是文本中最好的证据了。但系统中还是有美的，没有哪种语言比卡尔卡顿古语体现得更明显的了。我乐于对我的学生们说，卡尔卡顿古语是一种"比希腊语更完美、比拉丁语更丰富"的语言。它不仅拥有9个格的系统，还有很多价变式（valency-changing）的派生，这种派生使语义角色和语法关系可以进行不同的调整。另外，它还有独立的黏着代词系统、基于动词及物性转变的指称追踪（referent-tracking）系统和对话语需求极度敏感的语序系统。我并不知道是否有把这种伟大的工具使用到自身创作中的诗人和演说家。"多少花儿绽放无人见，枉费芬芳旷野中。"（引自18世纪英国诗人托马斯·格雷的诗歌《墓地哀歌》——译者注）

一本书的写作离不开很多人的付出。我首先要感谢下面这些为我提供了语料和信息的人们：Keith Allan, Ketut Artawa, Peter Austin, Greg Bailey, Joan Barclay-Lloyd, Robert Bauer, Edith Bavin, Byron Bender, David Bradley, Kate Burridge, Mehmet Celik, Wally Chafe, Hilary Chappell, Bernard Comrie, Grev Corbett, Bob Dixon, Mark Durie, Nick Evans, Caspar de Groot, Nurcan Hacioglu, Luise Hercus, Greg Horsley, Edrinnie Kayambazinthu, Miriam

Meyerhof, Marianne Mithun, Isabel Moutinho, Johanna Nichols, William O'Grady, John Painter, Jan Rijkhoff, Graham Scott, Anna Siewierska, Jae Jung Song, Stan Starosta, Sandy Thompson 和 Nigel Vincent。我还要感谢 Julie Reid，她以读者的角度通读了我的书稿。我要特别感谢 Rodney Huddleston 代表出版方审阅了我的文字并提出了很多有益的建议。

其他帮助我完成这本书的还有经常以邮件为我答疑解惑的 Judith Ayling，以及拉筹伯大学 Borchardt 图书馆的工作人员，特别是馆际互借处的工作人员。我要对语言学系的秘书 Dothea Haynes 和 Barbara Upton 表示最诚挚的谢意，尤其是 Barbara 为我的书稿做最后的排版。"……的手笔经一日忙碌，从此她就在此站立。你愿坐下看看……吗？"（引自19世纪英国诗人罗伯特·勃朗宁的诗歌《我的前公爵夫人》——译者注）

于拉筹伯大学本多拉校区
1992年

缩略语

A	及物动词的施事论元或以相同语法方式处理的任何论元。
ab	残缺格（abessive）
abl	离格（ablative）
abs	通格（absolutive）
acc	宾格（accusative）
agt	施事（agent）
all	向格（allative）
ap	反被动（antipassive）
aux	助动词（auxiliary）
ben	受益格（benficiary, benefactive）
caus	使役格（causative）
com	伴随格（comitative）
COR	对应（correspondent）
dat	与格（dative）
decl	变格（declension）
DO	直接宾语（direct object）
ds	异主语（different subject）
du	双数（dual）
el	从格（elative）
erg	作格（ergative）

evid	传信情态（evidential）	
exp	感事（experiencer）	
f	阴性（feminine）	
fa	将来时的动作者（future actor）	
fem	阴性（feminine）	
fin	限定式（finite）	
fut	将来时（future）	
gen	属格（genitive）	
ger	动形词（gerundive）	
ia	工具格升级（instrumental advancement）	
ill	入格（illative）	
imp	祈使式（imperative）	
impf	(a) 未完成的（imperfect）	
	(b) 未完成体（imperfective）	
in	在内格（inessive）	
inc	包含（inclusive）	
inch	起始体（inchoative）	
inf	不定式（infinitive）	
inst	工具格（instrumental）	
int	疑问式（interrogative）	
IO	间接宾语（indirect object）	
loc	处所格（locative）	
m	阳性（masculine）	
mabl	情态离格（modal ablative）	
masc	阳性（masculine）	
neut	中性（neuter）	
nm	名词化（nominaliser）	
nom	主格（nominative）	
NP	名词短语（noun phrase）	

npst	非过去时（nonpast）
O	宾语（object）
obj	宾语（object）
obl	旁格（oblique）
obv	另指人称（obviative）
P	及物动词的受事论元或以相同语法方式处理的任何论元
par	部分格（partitive）
part	分词（participle）
pass	被动（passive）
pat	受事（patient）
perf	(a) 完成的 (b) 完成体
pl	复数（plural）
plur	复数（plural）
poss	领有者（possessor）
ppart	过去分词（past participle）
pperf	过去完成时（pluperfect）
pres	现在时（present tense）
prop	领有格（proprietive）
prpart	现在分词（present participle）
purp	目的格（prupose, purposive）
recip	接受者（recipient）
refl	反身代词（reflexive）
rel	(a) 关系词（relative） (b) 关系格（relative case）
S	(a) 一价动词的唯一论元 (b) 主语（用于SOV"主语－宾语－动词"中） (c) 句子（用于 S → NP VP 中）
sg	单数（singular）

sing	单数（singular）
ss	同主语（same subject）
subj	主语（subject）
trans	转移格（translative）
V	动词（用于 SVO"主语－动词－宾语"中）
voc	呼格（vocative）
VP	动词短语（verb phrase）
1	(a) 第一人称 (b) 主语（用于关系语法）
2	(a) 第二人称 (b) 直接宾语（用于关系语法）
3	(a) 第三人称 (b) 间接宾语（用于关系语法）
-	用来分隔语素和其对应的标注，如：西班牙语 virtud-es（virtue-PL）"美德"
.	用来分隔一个语素或词汇形式的多个标注，如：德语 trank（drink.PAST）"喝"
=	用来从依附成分上分隔出附着形式

1 概述

1.1 屈折格

格（case）是标记在依附性名词（dependent nouns）之上用以标记依附名词与中心语关系类型的一种系统。传统意义上该术语指的是屈折性标记，通常用来标记小句层面上名词和动词之间的关系，或是短语层面上名词和前置词（preposition）、后置词（postposition）或另一个名词之间的关系。例如下面土耳其语的句子：

（1）Mehmet　　　　adam-a　　　　elma-lar-ı　　　　ver-di
　　　Mehmet.NOM　　man-DAT　　　apple-PL-ACC　　　give-PAST.3SG
　　　"Mehmet给了那个男人那些苹果。"

在这个句子中，-ı指明elmalar是动词vermek"给"的直接宾语。可以说，后缀-ı是宾格（或宾语）的格标记，词形elmaları处于宾格形态中。[1] 后缀-ı还表明elmalar是定指的，因为土耳其语只有定指的直接宾语才能被标记为宾格。Adam被后缀-a标记，表明它是间接宾语。Adama为与格。Mehmet和elmalar、adama相反，它没有任何显性后缀，说明它是主格，在这个句子里作主语。[2]

"格"这个术语还用来指具有格系统这样一种现象，以及有这种格系

---

[1] 土耳其语中的 ı 是一个后高不圆唇元音。
[2] Lewis（1967）认为这是通格。

统的语言，这样的语言有时称为"**格语言**"（case language）。

我们对"格"的定义指的是标记在依附性名词上用以表示其与所依附的中心语之间的关系类型。这个定义明显包含某种假设，即什么是中心语以及什么是依附语（dependent）或修饰语（modifier）。动词被当作句子的中心，因为它在很大程度上决定着什么样的依附语可以出现。以vermek"给"为例，这是一个三价动词，有三个论元：给予者［即例（1）中的主格主语］、给予物［即例（1）中的宾格直接宾语］和接受者［即例（1）中的与格间接宾语］。一个动词也可以让其他的依附语表现出来，如时间、地点，尽管它们无法被某个特定的动词所允准，但仍然是动词的修饰成分。

土耳其语的格系统有六个格，如表1.1所示。处所格（locative）标记处所，如Istanbul-da "在伊斯坦布尔"；离格（ablative）表示"来自"或"离开"，如Ankara-dan"来自安卡拉"。属格（genetive）则用在像adam-ın ev-i "那个男人的房子"这样的短语里，其中的ın相当于英语的's。这里有一个复杂情况。Ev"房子"带了一个后缀-i，这是第三人称领属格形式，可以译成"他的""她的"或"它的"。在土耳其语里，"那个男人的房子"字面上就是"那个男人的，他的房子"。在假设ev是名词短语的中心语而adam是依附语的前提下，属格就符合了我们对"格"的定义。

表1.1　土耳其语的格系统

主格（nominative）	adam
宾格（accusative）	adamı
属格（genitive）	adamın
与格（dative）	adama
处所格（locative）	adamda
离格（ablative）	adamdan

例（1）中的格由动词决定或支配（govern）。Vermek "给"要求有一个主格形式的主语、一个与格形式的间接宾语和一个宾格（定指）或主格

（不定指）形式的直接宾语。格还可以被前置词或后置词支配。土耳其语有支配离格的后置词，如dolayı"因为"：toplantı-dan dolayı"因为那次会议"，再如sonra"……之后"：tiyatro-dan sonar"那场戏剧之后"。[3]

表1.1所列出的词形组成了一个**词形变化表（paradigm）**，也就是它们构成了语素adam可以出现的一系列格形式（case forms）。[4]有人会说土耳其语只有一个词形变化表，在这个表里可以为所有名词找到一系列常规的词尾。不同形式的名词词干确实会带不同的屈折后缀，但这些差异都是以语音上的元音和谐或相似原则为条件的。例如，处所格在后元音词干后表现为-da形式，在前元音词干后表现为-de形式。如果词根以清辅音结尾，那么这个词缀中的d就清化为t，如kitap-ta"在（那）书上"。[5]有人认为-da、-de、-ta和-te都是格标记，也有人认为在更为抽象的层面上只有一个处所格标记。我们有必要区分一下**格**（在一个对立系统中有六个格）和反映了格的**格标记**或**格形式**。格标记是一个词缀，格形式是一个完整的词。在土耳其语里，因为格词缀可以从词干中分离出来，所以才有讨论格标记的可能。而在某些语言里，由于不可能分离出格词缀，因此只能去讨论表达词干的格的不同词形。这就是格形式。（也可参见Seidel 1988: 36）

格和格所表达的**格关系（case relations）**或**语法关系（grammatical relations）**之间也有必要做进一步的区分。格关系和语法关系这两个术语仅仅指像主语、直接宾语、间接宾语这样的句法关系，每个关系都包含了不止一种语义角色；这两个术语也可以直接指像起点、处所这样的语义角色，它们不被某种句法关系所包含，且可以根据某些形式标准区别开来。在格关系和语法关系这两个相互矛盾的术语中，本书把语法关系当作包含主语、宾语、间接宾语等被广泛接受的一套关系，而把格关系定义

---

3 后置词支配的如果是单数人称代词则为属格，如果是其他名词时则为主格。例如后置词gibi"像"：kim-in gibi（谁-属格 像）"像谁"，而bu adam gibi（这个男人.主格 像）"像这个男人"。

4 以单数为基础，通过屈折变化表示复数以及领有者的人称和数，例如amda-lar-ım-la（男人-复数-第一人称单数所有者-处所格）"和我的男人们"。如果把这些屈折变化类型全部考虑进来，就有84个词形。但是，因为格系统保持和数系统以及人称系统的分立，也就是不会出现一种格标记和另一种格标记的融合，所以我们可以说这是一个包含6个成员的词形变化表而不是84个成员。

5 土耳其语存在末尾音节清化，可对比kitaba"对于那本书"和kitapta"在那本书上"。

在特定理论框架下，例如方位主义格语法（Localist Case Grammar）（见3.4.4节）或词格（Lexicase）（见3.4.5节）框架中在理论上较为特殊的关系。

语法关系不需要和格保持一一对应。在土耳其语里，主格可以表示主语，但并不是所有名词短语的主格形式都是主语，因为正如前所述，主格也可以标记及物动词的无定直接宾语［见第5章例（1）］。

还有一种普遍观点认为，在关系语法（见3.4.3节）中，所有的依附语都可以分配到一种特定的语法关系中，不管是句法的还是语义的。然而，实际上如何给这些依附语分类却经常是不明确的。因此，我认为在大多数情况下格是具有功能或意义的。这些术语是传统的，也被认为是在理论上中立的或者可能是前理论的。"**功能**"（**function**）这个术语包含了有明确定义的语法关系，如直接宾语，以及其他诸如"被动动词施事"这样的关系，不同的理论可能把这些功能描述成不同的关系。"**意义**"（**meaning**）这个术语不仅包含那些可以通过格标记或其他形式手段区别出的语义角色，也包含那些仅依靠直觉就区别出的语义角色，这些角色的地位因缺少证据而不太明确。

土耳其语是一种很方便用来说明格的语言，因为它是黏着语，也就是它的黏附成分很容易从词干上分离出来并且彼此相区别。对于名词来说，它的词干、数标记和格标记都能分离开（除非有某些语音上的同化）。这可以在例（1）中的elma-lar-ı上看出来，-lar是复数标记，-ı是宾格标记。但是，传统意义上的格是在古希腊语和拉丁语基础上发展而来的，这中间有很多复杂的影响因素。例如，拉丁语是不太可能把数标记和格标记分离开的。这两个范畴通过系统或Matthews（1974/1991）提出的**累积形式**（**cumulative exponence**）以融合的方式表现出来。这意味着单数和复数有不同的词形变化表，并且不同类型的词干有不同的格标记或数标记。传统意义上看，这五个类型是可以分辨出来的，每一类也有自己的变化方式。这五种类型或这五种经常表现出的变格（declension），如表1.2所示：第一种是ā-词干，第二种是o-词干，第三种是辅音词干和i-词干，第四种是u-词干，第五种是ē-词干。ā-词干、o-词干等这样的名称在共时上不是很清楚易懂，但反映出历史重建的产物。尽管"i-词干"这个术语和第三种有-i的变格成员在离格单数、宾格单数和属格单数上有某种相关性，但实际上能够区分出五类各自独立的变格。

表1.2 拉丁语格的词形变化表

	1	2		3a	3b	4	5
	ā- 词干	o- 词干		辅音词干	i- 词干	u- 词干	ē- 词干
	阴性	阳性	中性				
	domina	dominus	bellum	cōnsul	cīvis	manus	diēs
	"女主人"	"男主人"	"战争"	"领事"	"市民"	"手"	"天"
单数							
主格	domina	dominus	bellum	cōnsul	cīvis	manus	diēs
呼格	domina	domine	bellum	cōnsul	cīvis	manus	diēs
宾格	dominam	dominum	bellum	cōnsulem	cīvem	manum	diem
属格	dominae	dominī	bellī	cōnsulis	cīvis	manūs	diēī
与格	dominae	dominō	bellō	cōnsulī	cīvī	manuī	diēī
离格	dominā	dominō	bellō	cōnsule	cīvī, cīve	manū	diē
复数							
主格	dominae	dominī	bella	cōnsulēs	cīvēs	manūs	diēs
呼格	dominae	dominī	bella	cōnsulēs	cīvēs	manūs	diēs
宾格	dominās	dominōs	bella	cōnsulēs	cīvīs, cīvēs	manūs	diēs
属格	dominārum	dominōrum	bellōrum	cōnsulum	cīvium	manuum	diērum
与格	dominīs	dominīs	bellīs	cōnsulibus	cīvibus	manibus	diēbus
离格	dominīs	dominīs	bellīs	cōnsulibus	cīvibus	manibus	diēbus

拉丁语里还有性范畴三分：阳性、阴性和中性。除了少数几个例外，雄性生物都是阳性的，雌性生物都是阴性的，但无生事物则遍及三种属性（虽然几乎所有中性名词都是无生的）。形式和性范畴之间有部分关联，ā-词干通常都是阴性的，而o-词干差不多都是阳性的（除了表1.2中bellum表现出来的中性小类）。这意味着存在性、数、格的融合（fusion）。这一点在表1.2中可以得到阐释，domina"女主人"是阴性的ā-词干，而基于相同词干的domius"男主人"则表现了阳性的o-词干。正如表1.2所显示的，

词形domina同时表达了主格、阴性和单数，dominum同时表达了宾格、阳性和单数，其他词形也如此。

在拉丁语里，名词和定语或表语形容词之间存在协调关系（concord）。这种协调关系容易发生在格范畴和数范畴上，而第一类和第二类变格的形容词则容易发生在性范畴上。所以我们发现，在domina bona "好的女主人"和nauta bonus "好的男水手"中，nauta是第一类变格中少数几个阳性名词中的一员。带有第一类和第二类变格形容词时，屈折变化可以同时表达格范畴、数范畴和性范畴，没有例外。

可以看出，有六种格是可以识别出来的：主格、呼格、宾格、属格、与格和离格，但是没有一个词形变化表展现出了这六种不同的形式。在传统描写中，凡是为任何一个名词性成分的小类作出区别的地方，都会设立一种格。用于表示称呼的呼格只在第二类变格的单数中有区别形式。在其他地方，主格和呼格都有共同的形式。但主格和呼格的区别在所有词形变化表中都可以分辨出来。

每一种格都有很多不同的功能，概括如下。主格编码的是主语以及和主语有表语关系的名词，如Dominus est cōnsul "这个男主人是领事"（其中的主语dominus和名词cōnsul都是主格——译者注）。宾格编码的是直接宾语以及和宾语有表语关系的名词，如Fēcerunt dominum cōnsulem "他们让男主人做领事"（其中的直接宾语dominum和名词cōnsulem都是宾格——译者注）。宾格也可以表示终点，如Vādō Rōmam "我要去罗马"（其中的终点Rōmam是宾格——译者注），还可以表示以下例句中的范围：

(2) Rēgnāvit is paucōs mensīs
rule.PERF.3SG he.NOM few.PL.ACC month.PL.ACC
"他统治了数月。"

很多介词可以支配那些包含表示"运动趋向"或"范围"在内的宾格。实际上，像Vādō Rōmam这样，宾格不被任何介词支配而表示终点的结构，通常都限制在城镇或小岛的名称上；对比Vādō ad urbem "我要去那个城市"和Vādō in urbem "我要进入那个城市"。

属格主要用来把名词性短语标记为名词的依附语，即从根本上说是一种定语格（adnominal case）。编码领有者是定语的若干功能之一，如cōnsulis equus "领事的房子"（其中的定语cōnsulis是属格——译者注）。属格也用来标记某些动词的补足语（complement）。例如，对于表示记忆或遗忘的动词，属格标记记住或遗忘的实体（entity），如例（3）；对于表示想起的动词，把被想起的人编码为以宾格标记的直接宾语，把被想起的实体编码为属格，如例（4）；对于一些控告、谴责、赦免的动词，被控告者以宾格形式出现在直接宾语位置上，而过失或罪行被编码为属格，如例（5）：

（3）Diēī　　　meminerit　　　　　　　cōnsul
　　　day.GEN　remember.FUT.PERF.3SG　consul.NOM
　　　"领事将会记住那一天。"

（4）Cōnsulem　　amicitiae　　　　commonefēcit
　　　consul.ACC　friendship.GEN　remind.PERF.3SG
　　　"他想起了领事的友谊。"

（5）Parricīdiī　　　cōnsulem　　　incūsat
　　　parricide.GEN　consul.ACC　accuse.3SG
　　　"他控告领事的弑亲罪行。"

与格的主要功能是标记间接宾语。很多三价动词，像dāre"给予"，会带一个宾格形式的直接宾语和一个与格形式的间接宾语，如例（6）。有几个二价动词只带一个宾语，即与格形式的间接宾语。这些动词包括crēdere"相信"、nocēre"不利于"和subvenīre"帮助"，如例（7）：

（6）Dominus　　　equum　　　cōnsulī　　　dedit
　　　master.NOM　horse.ACC　consul.DAT　give.PERF.3SG
　　　"主人把马给了领事。"

（7）Mihi　　　subvēnistī
　　　me.DAT　help.PERF.2SG
　　　"你已经帮了我。"

拉丁语的离格表示了三种曾经有分别的格的中和（syncretism）或合并（merger）：离格、处所格和工具格。所以对于它可以表达源点、处所和工具，我们并不感到奇怪。它还具有很多其他的功能，包括表达"被动施事"，即像vīsus ā cōnsule"被领事看见"中与动作行为相吻合的那个降级主语。

尽管离格可以独自表达和句中动词的多个关系，但在大多数功能中它通常都要被一个介词所支配。支配离格的介词包括ex"从"（ex Italiā "从意大利来"）、in"在"（in Italiā "在意大利"）、cum"和"（cum amīcīs "和朋友们"）。而通常不需要任何介词支配的功能是工具，如manū "用手"。少数动词有离格形式的补足语。这些动词包括ūtī "使用"和vescī "喂食"。

1.2 其他表现形式

上面1.1节给出的格的定义是一个核心定义。还有一些格的表现形式没有标记出依附名词与其所依附的中心语之间的关系，另外一些在标记名词时也没有形成系统，至少不是很明显，因为这些成分是前置词或后置词。

1.2.1 协调格

在一些语言中，包括像拉丁语、古希腊语这样的印欧语系的格语言，格标记不仅仅出现在名词上，也出现在名词的依附语上，如形容词或限定词。下面的例子出自Plato。Bios是第二变格（o-词干）阳性名词的主格单数形式，主格形式表示bios是这个陈述句的主语。定冠词和形容词也是主格单数阳性的形式，它们在性、数、格上的协调关系表明它们都是bios的依附语。[6]

---

[6] 我用"协调关系"（concord）来表示格/数/性在名词和其依附语之间的匹配，用"一致关系"（agreement）表示人称/数在动词和其主语或其他补足语之间的匹配。这代表了大部分的事实，但有些文章并不区分这两个术语。我接受这样的观点，即传统的名词短语以一个名词作为其中心语，而限定词是依附语。另有一种比较通行的观点与之相反，即限定词作为中心语。此观点的相关论述可参考Lyons 1999：第8章，也可以参见本书4.3.2节，特别是对例（21）的讨论。

（8） Ho   aneksetastos   bios   ou biōtos
     the.NOM.SG unexamined.NOM.SG   life.NOM.SG not livable.NOM.SG
     anthrōpō
     man.DAT.SG

"未经检验的生活对于一个人来讲是没有价值的。"

这个例子也说明了表语形容词（biōtos）和主语（bios）之间的协调关系。也可参见4.2节相关内容。

尽管用主格形式的ho和aneksetastos似乎符合了格的定义，也就是把这些词标记为bios的依附语，但并没有标记出依附的类型。我们可以比较定语属格结构，如ho anthrōpou bios（the.NOM.SG man.GEN.SG life.NOM.SG）"那个人的生活"，属格表示了依附语的类型，同时也符合1.1节对格的基本定义。

1.2.2 非名词格

和名词一样，我们在代词上也可以看到格标记，代词和名词很明显都是"名词性成分"下的小类。在某些明显不是名词的词类上我们也发现了格标记。在上一小节中，我们提到格可以通过与限定词、形容词的协调关系得到扩展。古希腊语和拉丁语中的形容词变得像名词一样，并且可以作为一个名词短语的中心语，如希腊语的hoi polloi（the.NOM.PL many.NOM.PL）"那些"和to meson（the.NOM.SG middle.NOM.SG）"中间那个"。这些语言中的形容词都可以分析成名词的次小类，希腊语语法学家把它们称之为"名形词"，以和"名物词"相区别，到现在还在使用这种说法。古希腊语和拉丁语的限定词变化得也像名词一样。它们可以作为一个名词短语的唯一成员，也就是它们起到了和代词一样的功能，或者说可以和名词组合，如例（8）中的ho。这些限定词也应该像形容词一样被视为名词性成分的次小类。

表示地点、时间、方式的副词起到了和有格标记的名词类似的作用。例如，拉丁语的Unde fugit "他从哪里逃走"，回答可以使用一个以离格标记的表示起点的名词：Corinthō fugit"他从科林斯逃走"。疑问副词unde和离格形式的名词似乎承担了相同的关系和功能。表示地点、时间、方式的副词没有格标记，或是化石化的格标记（fossiled case marking），或是和相应名词一样的格标记。在拉丁语里，化石化的格标记的用例很常见，但也有很多像quā"用什么方式"和eā"用那种方式"的用例，其中的-ā看起来和第一类变格单数的离格-ā是一样的。是否出现可辨认的格标记似乎没那么重要，重要的是副词和有格标记的名词之间功能上的平行。如果语法关系要归结到名词之上，那么把这样的关系归结到表示地点、时间、方式的副词上似乎也是符合逻辑的。于是有人认为某个动词的补足语必须处于处所格语法关系中。这个要求可以在拉丁语这样的语言中以离格形式的名词（通常带有合适的前置词）和处所格副词得以实现。可参见1.3.3节和表2.3。

1.2.3 呼格

呼格出现在对古希腊语和拉丁语的传统描写中（见表1.2）。呼格是用来表示称呼的形式。例如拉丁语的Quō vādis, domine?（whither go.2SG lord.VOC）"您要去哪里，主人？"，domine是用来称呼某个人的主人的形式。呼格不能作为结构中的依附语，它们游离于结构之外，或作为插入语［见第4章例（9）］。[7]和其他格不一样，呼格并不标记依附语和中心语的关联。正因如此，呼格通常不被当作一种格（Hjelmslev 1935:4）。在古希腊语和拉丁语中，把呼格看成一种格是出于结构性的考虑。呼格和其他可以识别出的格后缀一样是一种词尾后缀。但是，用作称呼的名词变换形式还是可以出现在没有格的屈折形态的语言中的。例如雅浦语（Yapese，南岛语的一种），名词没有形态学意义上的格标记，但是个人的名字在用作称呼时都有特殊的形式。我们没有理由认为这些名字的变换形式就构成了一

---

7 呼格形式的名词性成分可以带上依附语，如在Catullus诗歌中对Cicero的称呼，开头是Disertissime Romuli nepotum（eloquent.most.VOC Romulus.GEN grandson.GEN.PL）"哦，罗慕路斯后裔中最雄辩的人"，disertissime是呼格形式的名词，带有一个属格依附语，而这个依附语又带了一个属格依附语。

种呼格（Jensen 1991:229f）。[8]

1.2.4 非支配格

在格语言里有时会遇到一种旁格（oblique）形式的短语，用作句子结构之外的插入语成分。Mel'cuk（1986: 46）举了一个俄语的例子Aristokratov na fonar "路灯上的贵族"，其中的Aristokratov是宾格。有人猜想这种表达类型源于支配表达，但是支配者已经丢失。标准拉丁语的用例是mē miserum（1SG.ACC miserable.ACC），英语译为Oh, unhappy me! 如译文所示，英语使用代词的旁格形式表示感叹，且通常在句子结构之外。

1.2.5 分析型格标记

在大多数语言中，附置词（前置词或后置词）在标记依附名词与其所依附的中心语之间的关系上起到了某些作用。以日语为例，后置词发挥了这个功能，而把格后缀排除在外。在下面的日语例句中，ga标记主语，ni标记间接宾语，o标记直接宾语：

（9）Sensei   ga   Tasaku   ni   hon   o   yat-ta
　　 teacher SUBJ   Tasaku   IO   book   DO   give-PAST
　　 "老师给了Tasaku一本书。"

附置词可以看作是分析型格标记，相反的则是像土耳其语或拉丁语后缀那样的综合型格标记。像日语这样的语言和像拉丁语这样的语言在格标记方面的主要区别是，前者没有格后缀只有后置词，而后者既有格后缀又有后置词。拉丁语是典型的既有分析型也有综合型格标记的语言，前置词像动词一样支配格，前置词和格后缀的组合便于标记名词和动词的关系。在以下例子中，（10a）有一个支配宾格的及物动词，（10b）用前置词in支配这个宾格，（10c）有一个支配旁格的不及物动词，（10d）用前置词

---

8 莫霍克语（Mohawk）没有格标记，但是有表示称呼的形式（Marianne Mithun, 私人通信）。在毛利语（Maori）里，只有双音节的名字用作称呼时前面要加上前置词e，这个前置词e在其他时候用来标记被动态的降级主语。

in支配这个旁格：

（10）宾格
  a. Mīlitēs vident urbem "军队看见那座城。"
  b. Mīlitēs vādunt in urbem "军队进入那座城。"
旁格
  c. Mīlitēs potiuntur urbe "军队控制那座城。"
  d. Mīlitēs manent in urbe "军队留在那座城。"

（10d）中的旁格表示处所（即文中的manēre"停留"和urbs"城"），in表示"在……里面"，和super"在……上面"或sub"在……下面"等相对。前置词和格后缀共同表示了urbs和动词间的相互关联。值得注意的是，in也可以支配宾格，像（10b）中的"in+宾格"表示"进入……里面"。拉丁语的大多数前置词支配一个格，但是有些像in这样的可以支配宾格或离格。在某些语言中，所有的附置词都表示相同的格，如在印度-伊朗语中后置词几乎无例外地都需要旁格［见例（11）］，在英语中所有的前置介词都支配旁格（with me, from her等等）。在某些情况下，格后缀被认为是冗余的，而附置词独立承担了标记依附名词和其中心语关系的任务，如日语。

在印地-乌尔都语（Hindi-Urdu）里，和其他印度-伊朗语一样，有三种不同层次的格标记成分：屈折格、主要后置词、次要后置词。不算离格，屈折格系统只区分两种格，即主格和旁格。主格包括主语和宾语，通常指印度-伊朗语中的直接格（direct case）。

旁格需要和主要后置词一起使用，如se工具格/离格，mē处所格，ke属格，ko与格/宾格（和间接宾语及定指的有生命的直接宾语一起使用）。在ke属格之后还有另外一类处所格后置词：

（11）a. lərka （主格，或者直接格）"男孩"
  b. lərke （旁格）
  c. lərke ko （旁格+与格后置词）"给那个男孩"
  d. lərke ke sath （旁格+属格后置词+"和"）"和那个男孩"

当屈折格和附置词在一种语言中共现时，附置词系统通常会显示出和屈折系统更突出的区别。这一点在英语和印地语中较好地体现了出来。这两种语言的格系统都是接近最简的。在印地语中，主要用来表示处所概念"在……之间""在……前面""在……后面"等的次要后置词，和主要后置词有很大不同。[9]

尽管人们很容易在某个语言中区分出不同层次的格标记，如印地语，但却很难判定该语言中单独一层格标记到底是后缀还是后置词。当这些存在问题的格标记处于协调关系中时很显然是后缀，但它们如果在短语中仅出现一次，通常是在末尾，那么这些格标记究竟是屈折形式还是自由形式就存在疑问了。

我们可以找到两种证据，一种是音系学上的，另一种是分布上的。如果那些有问题的格标记表现出多个由邻近的词或词干的性质所决定的变体（不包含一些普遍性的音变动机的影响），那么它就是词缀。以朝鲜语为例，标记主语的形式［和例（9）中的日语ga相当］在元音结尾的词干后为-ka，在辅音结尾的词干后为-i。这就可以说明主语标记是一个后缀。-ka或-i的转换是以语音为条件的，并且具有语音上的动机，位于元音后则为辅音开头的后缀，而位于辅音后则为元音开头的后缀，但这并不是普遍原则的一部分（如德语是词尾塞音清化）。

在英语里，由于其前置词能够保持独立性（如Who did she give it to?），因此就有很明确的分布证据来证明这些前置词是词而不是前缀。这类证据没有出现在大多数语言中。名词的并列似乎可以提供一个标准。有人会认为，格标记应该出现在并列名词的每一个名词上，但是前置词或后置词只能出现在整个并列名词词组之前或之后。但实际上与词干融为一体的标记，也就是那些在语音方面看起来是词缀的标记，通常局限在并列名词短语末尾的位置上。例如前面提到的朝鲜语的主格或主语标记-ka/-i，不

---

9 这些次要后置词都是从名词发展而来的，特别是属格 ke 的使用。对比英语"in the middle of the night"和"at the bottom of the stairs"。也可参见 6.1 节。

能在有kwa连接的并列名词短语内部使用（O'Grady 1991: 7）：[10]

（12）a. Joe-kwa　Mary-ka　　　yenay-lul　hanta
　　　　Joe-AND　Mary-NOM　　love-ACC　 do
　　　　"Joe和Mary相爱了。"
　　　b. *Joe-ka-kwa　Mary-ka　yenay-lul　hanta

一个被认为是相关的分布证据是，格标记形式是否总是邻近中心语出现。在日语和朝鲜语里，名词短语的语序由"修饰语–中心语"这样的规则决定，因此名词总是出现在短语末尾的位置上。但是在澳大利亚土著语言迪亚里语（Diyari）中，语序通常是"限定词–名词–形容词"，且格标记也是在短语末尾的位置上。尽管如此，我们也不可能因为它可以通过一个独立的形容词和中心名词分离开来就把这样的格标记处理为后置词。理由是这些存在问题的格标记都和短语的最后一个词紧密结合在一起，不管最后一个词是名词还是形容词。以作格后缀为例，它存在一些由语音或形态决定的变体形式，例如在阴性指人的名字上用-ndu，在末尾元音是i或o的双音节、四音节或五音节单数普通名词上用-yali（Austin 1981a:48-9）。有趣的是，该整合性的标记只能在一组并列名词结构的末尾使用。显而易见，词缀的支配域可以超越它所依附的词。

还有一种更深入的解释。有一些形式从句法角度看可以像独立成分一样进行分析（也就是说它们是词），但发音上却是相邻词语的一部分。这样的形式被称为**附着词**（**clitics**）。如果作为后面词语发音的一部分，就称之为**前附着词**（**preclitics**）。如果作为前面词语发音的一部分，就称之为**后附着词**（**enclitics**）。这两种形式可以举法语的例子来说明，法语中的主语人称代词通常是前附着词，但在某些情况下就成为后附着词，例如特殊疑问句中使用"主语–动词"的形式：

---

10 包括极少使用的并列连词 kuliko 在内，所有的并列结构都要使用格标记（Jae Jung Song，私人通信）。

（13）Où descends-tu?

"你在哪里下车？"

A l'arrêt de la rue Rivoli, je vais faire des emplettes.

"在Rivoli大街站，我要去买些东西。"

这两个例子中的tu和je分别是后附着词和前附着词。它们不会成为重音或者像那些和相邻动词截然分开的词一样。如果需要重音，那么就必须另外使用非附着词形式的toi和moi。

有些前置词和后置词也被分别分析成前附着词和后附着词。例如土耳其语有表达工具或伴随的形式-ile/-ila。在短语tren-le "以坐火车的方式"和kız-lar-la "和那些女孩们"中，它以简省形式出现并表现出元音和谐。它看起来像一个格后缀。但是它却能像一个独立的词一样发音，而且和很多其他类似后置词的形式一样，它支配单数人称代词的属格。这说明它是一个可以被附着词化的后置词，即可以被当成附着词。-ile/-ila不同于法语的人称代词，法语的人称代词通常就是附着词，而-ile/-ila可以是附着词，也可以不用作附着词。

本书所采用的观点是，语音上的整合应作为格标记具有词缀性质的最好原则，但实际上，语言中仍然有很多在短语末尾没有语音整合的格标记，语法上把它们描写为后缀、后置词或小品词，却没有给出任何关于这个结论的论证。[11]

1.3 相互竞争的手段

格的最核心表现是标记依附性名词与其中心语关系类型的系统。但它不是标记"中心语–修饰语"关系的唯一语法手段。一种替代手段是标记中心语而非依附语的原则（参考Nichols 1986）。另一种常见的替代是使用语序而不是标记中心语或修饰语。其他的方式还包括使用关系名词和领属形

---

11 我认为的小品词是属于封闭类的一种自由形式。大多数小品词都有副词性功能。小品词不能支配名词，但介词可以。

容词（possessive adjective）。有人也会认为所有这些表达句法关系的手段都是格标记的形式。该观点在3.3节有简要讨论。

1.3.1 中心语标记

在很多语言中，实际上是大多数语言中，除了通过名词短语表达某种核心语法关系之外，还可以通过代词表达出来。这种表示方法几乎都是用在谓语上，通常是在一个语法性（助动词）动词上。在一些语言中，它是句中第一个成分的后附着词［例如，某些帕马–尼荣根语（Pama-Nyungan）和某些犹他–阿兹特克语（Uto-Aztecan）］。在下面的斯瓦希里语（Swahili）例句中，第三人称单数主语通过动词上的第一个前缀（a-）表现出来，而第三人称单数宾语通过第三个前缀（-m-）表现出来（Hinnebusch 1979:219）。和其他班图语（Bantu）一样，斯瓦希里语的名词也区分性范畴。每种性范畴都通过一个前缀来标记，该前缀也和形容词、限定词保持协调关系。指人的名词用前缀m-表示单数。这一点可以在短语mwanamke mrembo中看出来：

（14）Ali　a-na-m-penda　　　m-wanamke　m-rembo
　　　 Ali　3SG.PRES-3SG-love　 M-woman　　M-beautiful
　　　 "Ali爱着一个漂亮的女人。"

最常用这种方式表示的语法关系是主语；但某些语言，包括斯瓦希里语在内，也用这种方式表示直接宾语或其他句法成分。传统上，动词的标记指的是主语一致或宾语一致等，但这个说法也适用于法语以及日耳曼语言的"主语–动词"一致，如英语的She runs和They run。这里有一个很重要的区别。在法语和日耳曼语言里，作主语的名词短语一般不能省略为只有一个限定性的非祈使动词，但以斯瓦希里语为例的多数语言的类型中，对应于动词所表达的关系的名词短语可以被省略。在斯瓦希里语中，人们可以用anampenda表示"她/他爱着他/她"。"**交叉参照一致**"（**cross-referencing agreement**）这个术语经常用于斯瓦希里语类型，而不用于日耳曼语类型（Bloomfield 1933:193ff）。

还要说明的是，"交叉参照—致"关系语言中与动词相关的代词形式仅仅被解释成承担语法关系的交叉参照名词短语的一致关系标记。在其他情况中，代词标记是表示相关关系的独立成分，而交叉参照的名词短语仅仅是一个附属成分，是类似代词成分的同位语。[12]在此我们不再进一步讨论这个问题。可以说交叉参照的代词在表示语法关系上起到了代替格的作用。有不止一组的交叉参照成分存在时，这些交叉参照成分可以通过顺序或形式相区别，也可以同时通过顺序和形式区别出来。斯瓦希里语的主语和宾语形式通常根据其位置相互区别，大多数用例则通过不同的形式相互区别，如上面的例（14）。

涉及这些区别的不同形式可能反映了从自由形式派生出来的较早的格的区别。在很多北部澳大利亚土著语言里，黏着代词（bound pronoun）在表示第一人称单数主语时是nga，宾语时是ngan。很明显，-n表示了宾语关系，并且它可能来源于一个宾格，但还有一个未解决的问题，我们是否应该把动词中的代词性成分的标记称为格标记。[13]

另外一种被当作中心语标记的动词标记类型是通过标记显示价（valency）的变化。例如，动词的被动标记是一种中心语标记形式，它可以决定依附语如何被标记出来。在拉丁语里，Gallī vincunt是"高卢人征服"的意思，但给动词加上被动标记-ur后就变成了Gallī vincuntur "高卢人（正在）被征服"。[14]

有些语言依附性领有者的人称范畴和数范畴在被领有的中心名词上是交叉参照的，如匈牙利语（Hungarian）的az ember haz-a（the man house-3sG），字面上是"那个男人他的房子"，即"那个男人的房子"。同时标记中心语和依附语的领属结构，可参考1.1节给出的土耳其语用例。

在名词短语中，标记中心语的另一种类型是指出存在的依附语。在闪米特语（semitic）里，带有依附性名词成分的名词处于所谓的结构状态（the construct state）。以阿拉伯语（Arabic）为例，"国王的书"是

---

12 参见 Bresnan & Mchombo (1987)，也可见 3.2.2 节相关内容。
13 参见第 5 章的注释 2。
14 其他价变过程可参见 3.2.1 节的论述。

kitābu lmaliki，其中的kitābu"书"处于结构状态（缺少定冠词和无定标记-n的主格形式），lmaliki是属格（Kaye 1987:678）。在波斯语里，带有依附成分的名词都有后缀-e：ketàb-e mán"书我的，我的书"（Windfuhr 1987:532）。

1.3.2 语序

英语、泰语、越南语、印尼语这样的语言区别主语和宾语时，很明显语序是格标记的一种替代手段，这些语言都把"主–动–宾"顺序作为无标记的选择方式。英语的语序还能区分双宾语结构中的受事宾语和接受者宾语或受益者宾语，在双宾语结构中受事宾语通常跟在其他宾语之后，如She gave me good marks, She cut me a bunch of dahlias。

我们常常可以看到，名词短语上用来区分主语–宾语的格标记和灵活的语序之间有相关性，并且这种相关性似乎是必然的。从Greenberg的研究来看，有这样一个语言趋势，即名词短语上标记主宾语区别的以"主宾动"（SOV）语序为基础，相反，另一个趋势是，缺少主宾语区别的以"主动宾"（SVO）语序为基础（Greenberg 1963）。下面的数据来源于100个语言样本。这些数据显示出样本中有85种语言在格和标记之间有联系，且这些语言的语序都是已被普遍证实的基本语序中的某一种。其中的[+case]表示带有某种标记，包括前置词，这些格标记都是在名词短语上标记出主语和宾语的区别（Mallinson & Blake 1981:179）。

（15）VSO [+case] 3　　　SVO [+case] 9　　　SOV [+case] 34
　　　　[–case] 6　　　　　　[–case] 26　　　　　[–case] 7

缺少格标记（caseless）的SVO型语言集中在西欧（如英语）、南非（如斯瓦希里语）和东亚、东南亚（如汉语和越南语）。

1.3.3 副词和关系名词

澳大利亚诸土著语言在表达处所格时普遍在连词上使用"处所词"（location words）。处所格通常表示处所或距离，而处所词指出处所实体的具体方向。下面的例句来自皮塔皮塔语（Pitta-Pitta）：

（16）Nhangka-ya　thithi　　　 kunti-ina　　 kuku-ina
　　　 sit-PRES　　old.bro house-LOC　back-LOC
　　　"哥哥在房子后面坐着。"

　　Kuku-ina等同于kuku"（结构上的）后面"，但这里它不是一个普通的名词：它不能被限定。不管怎样，所有用来表示相对方向的词都不能分析为相当于名词的词干和相当于格标记的后缀。例（16）中kukuina这样的词被当成动词的依附语，与标记为处所格的名词地位相当。这些词和处所格名词的位置关系并不固定，而且二者无需相连。例（16）较好的字面翻译应该是"哥哥在房子附近坐着，在后面"。

　　例（16）中类似副词的词与标记为处所格的词是平行的。另一种可能则是，相对方向以中心语和处所之间的一系列词语表示出来。例如，It stands on top of the cupboard中的top和She is sitting in front of the house中的front。Top和front是处于名词短语中心语位置上的名词，但与普通名词top和front不同的是，它们不能被不定冠词和形容词修饰。它们属于名词下的一个小次类，常被称为"**关系名词**"（**relator nouns**）。[15]因此，与被处所格标记的名词平行使用的处所词，即像例（16）中kukuina这样的词，也可以被处理成关系名词，而不是副词。

　　关系名词（即方位名词——译者注）是汉语的一个特点。下面例子中的"前头"是名词短语的中心，就是英译中的"front"。它是"站在"的补足语并且通过"的"使"大门"成为它的依附语（Starosta 1988:203）：

（17）Tā　　 zhàn-zai　dà-mén　de　qiántou
　　　 s/he　　stand-at　big-gate　of　front
　　　"她/他站在大门的前头。"

　　汉语还允许名词和处所名词的组合。处所格的形式不作为单独的词汇成分出现，并且在某些描写中实际上被处理为后置词或"处所小品词"

---

15 另一种处理方式是把 on top of 和 in front of 这样的表达当成复杂的介词。

（Li & Thompson 1981:25,390ff）。由于带有处所格形式的名词组合能够被前置词支配，因此更好的分析是把这样的组合当成"准复合词"（pseudo-compounds）（"准"是因为第二个成分不是自由形式）。Starosta（1988:206）就采用了这种分析方法。在下面例子中，"门前"是一个准复合词：

（18）Tā　　zhàn-zai dà　mén qián
　　　s/he　stand-at　big　gate front
　　　"她/他站在大门前。"

基于这种解释，我们把处所关系看作派生性的。这种复合形式在英语口语的诸多变化中会导致处所副词出现，如He went States-side和She went sundown-way（即西边）。处所在构词中也会被当成派生的，如homewards（向家里）、skywards（向天上）或Keats的诗中的Lethewards（向忘川河）。在班图语中，名词上的处所格标记是派生性的。与前面已给出的斯瓦希里语用例（14）相关，班图语中的名词分成了很多小类，每一类都有一个前缀来标记。这些类别和人、植物等相关，不同类别的复数范畴也有单独的小类。名词为表示处所会变化为若干处所格小类中的一类。以斯瓦希里语为例，pa-类表示确定的处所，ku-类表示"到某地""来自某地"以及不确定的处所，m(u)-类表示"在……里面"。表示"房子"的词是nyumba，通常属于n-类。要表达"在房子里"就会在nyumba后添加后缀-ni，并且要归到m(u)-类中。前缀n-和m(u)-不会直接和nyumba共现，但可以通过协调关系出现在依附语上，以及通过交叉参照一致关系出现在动词上。比较下面的用例：

（19）Nyumba　i-na　　mi-lango　mi-wili
　　　house　　N-has　MI-door　　MI-two
　　　"这个房子有两个门。"

（20）Nyumba-ni　　m-na　　　wa-tu
　　　house-LOC　　MU-has　　WA-person
　　　"房子里有人。"

例（19）中的nyumba属于n-类名词，把i-作为其交叉参照一致关系的主语标记。例（20）中的nyumba带有后缀-ni，看似是处所格的屈折后缀，但是nyumba现在属于mu-"在……里"这一类，以动词上的主语标记表示出来。Nyumbani是通过主语标记成为交叉参照的，这意味着它就是一个主语。Nyumbani并不是nyumba的屈折形式，而是变成了另一种小类形式。一般来讲，通过屈折变化表示处所格的名词或被处所附置词标记出处所格的名词，都不能用作主语或宾语。班图语把数范畴（单数和复数）和处所并入一种名词小类或性范畴系统。

1.3.4 领属形容词

名词的代词性依附语可以通过属格表示出来，而有些语言的领属形容词可以起到类似的作用。在古英语中mīn是第一人称代词的属格形式，如mīn bāt是"我的船"。然而，像mīn这样的属格形式又被重新分析为词干，并被用作领属形容词。因此"他看见我的船"就被表达为Hē seah mīnne bāt，其中的mīn为了和bāt保持协调关系，就带上了表示阳性宾格单数的屈折形态。

拉丁语人称代词的属格形式通常用作宾语的属格，而领属形容词用于充当"主语性"角色。例如，tua memoria meī（your memory me.GEN）的意思是"你拥有的关于我的回忆"，其中的tua是领属形容词，和相应的动词主语一致，而meī是领属人称代词，是动词的宾语或属格补足语。

2 格系统描写中的问题

2.1 传统分析

西方描写格系统的传统可以追溯到希腊人。古希腊语和其他"较古老"的印欧语一样都是一种融合屈折语（fusional inflecting language），在这种类型的语言中，格标记无法和数标记剥离开，并且词干和屈折形态也有融合，性范畴与第一类（阴性）和第二类（阳性）变格的类型密切相关。换句话说，正如1.1节所论述的，希腊语和拉丁语在结构上是平行的。正因为这种结构，希腊语描写格以词为基础而不是词干和后缀为基础，这就不足为奇了。语素的现代语言学定义（最小的有意义的，或更好的说法是，最小的语法单位）并不适合于那些几个语法范畴在整个语言中有融合式表现的语言，也就是Matthews所说的累积形式（cumulative exponence）或累积（cumulation）（Matthews 1974/1991）。

本书的格是用格形式来描写的，一个格形式就是名词的一个屈折形态。由于格的屈折形态和数的屈折形态是融合的，因此在讨论格形式或数形式时就要更准确。"格"这个术语源于拉丁语的cāsus，这个词是对希腊语ptōsis"掉落"的解释。该术语本来指的是动词和名词脱离了假定的标准形式，这也反映在以屈折类型为依据的"变格"术语中。"变格"来自于dēclīnātiō，字面上指"弯曲或离开"。对名词来讲，主格是最基本的形式，对动词来讲，现在时直陈式的第一人称单数是最基本的形式。在Aristotle那里，ptōsis这个概念扩展到副词性的派生以及屈折上，如：dikaiōs"公正地"源于形容词dikaios"公正的"。在斯多葛学派时期（公元前3世纪），这个术语逐渐限定在名词性成分的屈折形态上（Sittig 1931:3, Calboli 1972:87）。

"主格"先是被称为为orthē"直的""向上的"或eutheia"直的""直接的"，然后表示为ptōsis orthē和ptōsis eutheia，最后表示为ptōsis onomastikē"主格"。这里的ptōsis具有我们所知道的格的含义，不仅仅表示对标准形式的脱离。换句话说，这个词涵盖了所有的格，不只是非主格的格，这些非主格的格在古希腊语统一被叫做ptōseis plagiai"斜格"或"旁格"，在早期希腊语法中包括genikē"属格"、dotikē"与格"和aitiatikē"宾格"。古希腊语中的"呼格"直到Dionysius Thrax（古希腊语法学家狄俄尼索斯·特拉克斯——译者注）（约公元前100年）确认后才识别出来，呼格不标记名词性成分的依附语和中心语之间的关系（见1.2.3节；参考Hjelmslev 1935:4, Calboli 1972:102），人们根据这一事实可以理解呼格。现有的格名称都是拉丁语对希腊语的翻译，还包括了拉丁语有而希腊语没有的离格。"离格"这个名称要归功于Caesar（即凯撒大帝——译者注）（Sittig 1931:1）。"宾格"这个名称则是对希腊语aitiatikē ptōsis的误译，这个词本来指被致使发生的动作行为的受事（aitia"致使"）。Varro（古希腊作家瓦罗——译者注）（公元前116—前27）应该对这个术语负责，他似乎是受了aitia其他意思的影响，即"控告"（accusation）（Robins 1967:35, Calboli 1972:100）。

在描写拉丁语和古希腊语所显示的格系统类型时主要有两个问题。一个是格的区分问题，另一个是描写意义和功能的问题。由于不同类型的词干显示了一系列不同的区别，也就是说词形变化表是不同构的（见表1.2），因此格的区分成了一个难题。传统的解决方式是在普遍具有的功能基础上确定词干类型中的格。对格的意义和功能的传统描写包括找出反映在名称中的主要意义以及列出一系列另外的意义和功能。关于如何区分格以及如何描写其意义和功能的理论将在本章的其余部分讨论。

2.2 各种格的区别

2.2.1 区分方法

如1.1.节所示,从传统意义来看,格的识别要以任何一组名词的不同格形式为基础。不需要对所有类别的名词都作出区分。在拉丁语里(见表1.2),和其他印欧语系的格语言一样,主格、宾格在阳性名词和阴性名词上有不同的格形式,但对中性名词来说,这一区别失效了,或者叫做通常所说的**中和**(syncretism)。复数名词的第四、第五类变格以及第三类变格的辅音词干也有主格和宾格的中间状态。即便如此,我们还是认为这些区别是适合所有名词的,因为在各种句法环境中都能让我们对不同功能的形式作出无例外的归纳。

传统方法基本上是以功能为基础安排表格的横行,然后参考表格纵列的类型以显示出表现形式和功能之间的关系。例如在拉丁语里(如表1.2所示),我们希望能做出如下这样的表述:

(i) 宾格用来表达直接宾语

(ii) 宾格用来表达某个前置词的宾语

(iii) 宾格用来表达时长,如xxvii annos "持续了27年"

对于这条规则的目的而言,把宾格实现为和主格相同的形式,在某些词形变化表中不是什么大问题。

这并不是处理区别中和的唯一方法。我们可以观察到每个词形变化之间的形式区别,并且把它们直接和不同的功能联系起来。第一类变格的单数有主格–呼格、宾格、属格–与格和离格。第二类变格的单数非中性有主格、呼格、宾格、属格和与格–离格等等。句法功能的编码规则需要参考这些格的形式。例如,上面的规则(i)说明直接宾语以宾格形式表达出来,应该被修订为:

(iv) 直接宾语是这样表达的:

任何一类变格的阳性和阴性名词使用宾格;

第一和第二类变格的复数名词使用宾格;

第三、第四和第五类变格的复数名词以及所有中性名词使用主格–呼格-宾格。

传统描写把间接宾语描写为与格形式。如果我们要去描述它所出现的格形式，那么规则就可以表述成这样：

（v）间接宾语是这样表达的：

第一和第五类变格的单数名词使用属格-离格；

第三和第四类变格的单数名词使用与格；

第二类变格的单数名词和所有复数名词使用与格-离格。

（iv）所给出的直接宾语的格形式清单会为传统宾格的全部功能不断重复，这些功能大概有四种。同样，（v）所给出的间接宾语的格形式清单也会为传统与格的全部功能不断重复，这些功能大概有六种或更多。

这表明要在拉丁语里尝试着把格的形式和功能直接联系起来是不太合适的。考虑到协调关系，这个尝试是不可行的。

在拉丁语里，修饰性形容词与其中心语保持格、数、性的一致。形容词可以是第一、第二类变格［如bonus（阳性）、bona（阴性）、bonum（中性）］，也可以是第三类变格［如tristis（阳性和阴性）、triste（中性）］。在形容词和其所修饰的名词之间有较大区别时，就出现了一个无法逾越的问题，即如何直接以不同格形式为基础进行描写。例如，词形dominae，可能是属格或离格。如果被第三类变格形容词修饰，比如tristis（和表1.2里cīvis的变化相似），那么就没有办法判断这个形容词应该是属格的tristis还是与格的tristī，然而只有一个是符合语法环境的。另一方面，如果使用传统方法，就不会出现这种困难。形容词和所修饰名词表现出格、数、性的协调关系，这种影响通过一条简单的规则可以控制。只要有像dominae这样属格和与格单数（还有主格和呼格复数）的中和，就会有两种同音的格形式被识别出来。Dominae（属格）带上tristis就产生了dominae tristis "那个难过的女主人的"，dominae（与格）带上tristī就产生了dominae tristī "给那个难过的女主人"。

如果不同的格形式有严格的分布限制，那么似乎就没有办法确立一个适合于整个范围的格。在拉丁语里，呼格只在第二类变格的非中性名词上和主格不同（参看表1.2里的domine和dominus）。我们可能会尝试给第二类变格的非中性名词划分出[±离格]的小类。这样的话，像Avē Maria"你好，Mary！"中Maria这样的第一类变格名词就是主格，而不是呼格，尽管这里使用了称呼语。但是，当第三、四、五类变格的单数阳性名词被第一或二类变格的形容词修饰时，这种解释就很难行得通，如O sol laudande"哦，儿子，你值得被称赞"中的sol是第三类变格名词。这样区分出的呼格形式就出现在修饰语上而不是中心语上。总之，为了能让协调关系原则一以贯之地发挥作用，有必要为名词区分出呼格。

传统描写中还有一个被忽略掉的问题，就是中和的模式。像拉丁语这样的语言，中和最初看起来很随意，但有两类中和是占优势的。一类是所有中性和大部分复数的主宾格的中和，另一类是所有复数、第二类变格的单数以及第三类变格i-词干单数的与格和离格的中和。如果我们把严格意义上不算是格的呼格也包含进来，同时如果我们注意到属格几乎是唯一一个定语格，那么剩下的就是四种状语格，这四种格的中和类型可以分成两组：主格加宾格，与格加离格。

从其他角度看，这个分组也是很重要的。如，主格和宾格通常编码了大部分动词的补足语，而与格只编码了很小一部分动词的间接宾语，离格则只编码了几个动词的补足语。[1]在很大程度上，离格和与格编码附加语（详见2.3.2节）。对不同格的概括，包括中和在内，都能在特征符号上充分体现出来。下文2.3.4节会讨论这个问题。

2.2.2 非自主格

在一些语言里，格系统中某一功能或意义的识别并不是通过不同的格形式，而是通过不同词形变化表中的不同中和。以俄语为例，部分格（partitive）的意义，就像带补足语nemnogo"一点"这样，是以属格形式表现出来的。但是，在某些阳性单数名词上，会选择一种和与格相符的形式。表2.1是syr"奶酪"和xleb"面包"的一些格形式。对于syr，我

---

1 我用"补足语"这个词指所有体现论元成分的短语，包括主语。在大多数现代用法中，原则上把主语排除出去了。传统用法中的主语和宾语也倾向于被排除在外，只是因为被标注为特殊类型的补足语。

们可以说nemnogo syra或者nemnogo syru"一点奶酪"。对于xleb，我们只能说nemnogo xleba"一点面包"而不能说*nemnogo xlebu。没有一个格形式是专门用来表部分义功能的，但是这个功能又和属格功能（领有者等）、与格功能（接受者等）都不相同，这是词形变化表显示出的比较结果。Mel'cuk把没有格形式或格标记的格特指为**非自主格**（**nonautonomous case**）（1986:66）。

表2.1 俄语的部分格

	奶酪	面包
主格	syr	xleb
宾格	syr	xleb
属格	syra	xleba
部分格	syra, syru	xleba
与格	syru	xlebu

相似的情况也出现在拉丁语里，其处所格通常表现为受前置词in支配的离格。而在乡镇或小岛的名称上则不使用前置词，处所格的表达形式和属格相似，这些属格是第一或第二类变格单数地名的形式，如Rōmae"在罗马"，Mīlētī"在米勒都斯"。还有一些第三类变格的单数地名形式和与格一样，如Karthāginī"在迦太基"（尽管离格Karthāgine也是可选择的一种形式）。再如rūrī（第三变格）"在那个乡村"和domī"在家"。Domus"家"是第二和第四类变格的混合形式。离格是domūs或domī。

表2.2 拉丁语的处所格形式

	罗马 第一变格	米勒都斯 第二变格	迦太基 第三变格
属格	Rōmae	Mīlētī	Karthāginis
处所格	Rōmae	Mīlētī	Karthāginī
与格	Romae	Mīlētō	Karthāginī
离格	Rōmā	Mīlētō	Karthāgine

由于处所的表达形式包括不同变格的不同中和类型，因此处所格功能可以区分出来，我们在表2.2中能识别出处所格。但是，如果我们试图说明所有表达处所的形式都处于处所格之中，那么就会产生问题。以名词urbs"城市"为例，"在城市里"表达为urbe，下面例子里的urbe和处所格Antiochae是同位语（apposition）。

（1）Archias poeta Antiochiae　natus est,
　　 Archias poet Antioch.LOC born is.3SG
　　 celebrī　　　quondam urbe　 et　copiosā
　　 thronging.ABL once　　 city.ABL and wealthy.ABL
"诗人亚斯出生在那座曾经繁荣和富有的城市安提俄克。"
（Cicero,《支持曼尼亚法案》4:53）

首先，这似乎可以证明，urbe以及表示处所的所有离格形式都是和离格同音的处所格形式；毕竟通常认为同位语包括了格的协调关系。但是，要注意一下和urbe保持协调关系的形容词copiosā。如果像Antiochae这样的处所格名词要控制协调关系，那么它就会用copiosae。[2]很明显在-ae（处所格）形式和-ā（离格）形式之间有相反的词形变化。如果考虑表示"在我家"和"在我的别墅"这样的同位短语，即domī meae和villā meā，我们就能让这种相反的变化显得更为清晰。格形式domī在传统意义上被称为处所格（和属格同音）。格形式villā是离格。如果我们承认这是和离格同音的处所格，那么就面临着要去解释meae和meā之间的对立，前者是domī需要的形式，后者是villā需要的形式。这两个形式属于相同的词形变化，即都是第一类变格的单数。结论应该是，确实存在处所格，但是它限制在诸如domus这样的某些名词上，以及与这些名词处于协调关系的形容词上。我们也不得不承认，在例（1）所显示的情况中，或者可能更为普遍的情况中，同位语是在功能或关系的基础上而不是格形式的基础上进行操作的，

---

[2] 很难直接证明这个问题，因为处所名词通常不直接被修饰，而是像例（1）一样作为普通名词使用。但是也有一些额外的例子是处所名词被指称处所的形容词修饰的，如 Suessae Auruncase "在 Auruncan Suessa"（Woodcock 1959:36）。

在例（1）中就是以处所格的语法功能为基础。

除了这些处所格形式之外，还有处所格副词（locative adverb）。实际上，拉丁语区分了"到……""在……"和"从……"三种不同的形式（表2.3）。在残存的处所格所提供的证据之外，一系列表示处所的不同形式为处所格语法关系的存在增加了更多证明。

表2.3 拉丁语的副词

"到……"		"在……"		"从……"	
quō	"到哪里"	ubi'	"在哪里"	unde	"从哪里"
hūc	"到这里"	hīc	"在这里"	hinc	"从这里"
illūc	"到那里"	ibi, illīc	"在那里"	illinc	"从那里"

2.2.3 标准方法

在2.2.1节，我们认为把格的形式和功能直接联系起来不太容易，并且在有协调关系存在的地方更是不可能实现的，在这样的协调关系下，词形变化表中的修饰语比中心语更易区分出来（回想dominae tristis"悲伤的女主人的"和dominae tristī"对于悲伤的女主人"之间的区别）。不管怎样，虽然描写无法包含2.2.1节中拉丁语所展示出的那种最坏的格的情况，但我们仍然可以描写格，这种描写全部或至少部分地处理了格形式或格标记，而不是传统的格。

直接谈及格标记和格形式在描写帕马–尼荣根语（Pama-Nyungan）核心格系统的澳大利亚土著语学者那里是常见的做法。在这些语言中可以普遍找到表2.4中所显示的格标记模式。

表2.4 帕马–尼荣根语的核心格标记

功能	名词	代词
P	-Ø	-nya 或 -nha
S	-Ø	-Ø
A	-lu, -ngku, -Tu	-Ø
工具	-lu, -ngku, -Tu	-

T表示与齿音、卷舌音或词干末尾的舌面中辅音相匹配的齿龈停顿。

在这里我们要对S、A和P的句法功能做一个前期理论上的（pretheoretical）介绍。S指的是不及物动词的唯一论元，A指的是及物动词的施事论元，P指的是二价及物动词的受事论元。A和P这两个术语的适用范围超越了施事和受事而扩展到句法上同样被当作施事和受事的其他角色上，所以不仅在Martha hit Ruben中被描述为A和P，在Martha saw Ruben中也一样。"A是及物动词的施事论元"这个定义意味着排除了被动态的施事附加语，因为这个施事在句法上并没有作为及物动词施事论元来处理。[3]

从表2.4可以看出，帕马-尼荣根语的名词有表示A功能的格标记，相反却没有表示S和P功能的格标记。A功能的标记通常认为是作格标记，区分SP和A的格标记系统被称作**作格系统**（**ergative system**），是一种"作格-主格"系统或"作格-通格"系统。"通格"这个术语用于包含S+P功能的格或格形式中。[4]这种形式通常没有标记。对于代词来说，或至少是第一和第二人称代词来说，大多数帕马-尼荣根语都有P的格标记，即宾格的格标记，与之相反，S+A通常是零标记的，至少对非单数人称代词是这样的。区分SA和P的系统被称作**宾格系统**（**accusative system**）。

如果像典型的传统处理方式那样，以词形变化表中的不同标记来识别格，或以词形变化表间的不同处理方式来识别格，那么就要为S功能确立一个主格，为P功能确立一个宾格，为A功能确立一个作格。这些格并非由S、P和A独享，它们还可以编码与S和P具有表语关系的名词性成分（Mick is **a man**, They made him **a man**）、双宾语结构中的两个宾语（She gave **the man bread**）以及S、P、A的同位语成分。在大多数帕马-尼荣根语中，

---

3 对前理论（pretheoretical）句法概念的使用源于Dixon对迪尔巴尔语（Dyirbal）的描写（Dixon 1972:xxii），而且被证明在语言中或跨语言间的格标记对比中是非常有用的。Dixon使用了S、A 和 O，其他人包括Comrie，则更倾向于S、A和P（可参见Comrie 1978）。P在承担受事关系方面和A所承担的施事关系在功能上是相似的，因此使用P更符合逻辑性。我们也需要记住，P不仅涵盖了及物动词的受事，而且扩展到在句法上被处以相对方式对待的其他角色。由此推断，它并不包含I got hit by a car中的受事，因为这种结构中的受事和及物动词的受事论元在句法处理方式上不一样；同时它也不包含其他角色被升级为受事而受事被降级为附置词短语或外围格的结构中的受事。例如第3章的例（2）中，工具格成为P，而受事出现在与格形式中。关于及物动词的定义可参考"术语指南"。

4 我倾向使用主格来表示用于编码 S 的情况，不管该情况是否包含 S+A 或 S+P，或者只包含 S 或 S+A+P。这个格一般不被标记，并且是一个独立于结构的格。我用**通格**（**absolutive**）这个术语表示包含 S 和 P 的语法关系。

作格可以表示工具和受事。在传统分析中，宾格是人称代词时用-nha（或某些语言用-nya）表示，是名词时用-∅表示。作格则被描写成：名词时用-lu、-ngku等格标记表示，人称代词时用-∅表示。但是根据澳大利亚人的惯例来看，名词在作通格词形变化中，而人称代词在主宾格词形变化中。被-lu或-hgku等标记的名词是作格，而具有A功能的无标记人称代词是主格。相反地，被-nha或-nya标记的人称代词是宾格，而具有P功能的无标记名词是通格。

由于一个词形变化表是名词的变化，而另一个是代词的变化，因此协调关系问题并不显得突出，但它们确实存在。[5]

请看以下来自皮詹加加拉语（Pitjantjatjara）的例句（Bowe 1990:49）：

（2）Paluru=rni　　　tjitji　　tjukutjuku-ngku　nya-ngu
　　　3SG.ERG=1SG.O　child　small-ERG　　　see-PAST
　　　"当他是个小孩子的时候他就见过我了。"

Paluru是作A功能的人称代词。其形式和作S功能时一样，没有特别的作格标记，且这里给出的作格标注和格的传统解读相一致。黏着代词-rni是第一个成分的后附词（enclitic），它编码直接宾语（标注为O）。短语tjitji tjukutjuku-ngku带有作格标记，这个标记表明它要和paluru放在一起分析，而不是和-rni放在一起。解释这个作格标记的最简单方式是使用一条影响表语名词和其管控成分的格一致关系的普遍原则，但如果该原则取决于管控成分是否带有特殊格标记，那么就无法成立。

另一个问题出现在澳大利亚诸土著语言普遍所具有的"整体–部分"结构中，整体和部分在该结构中是平行出现的，各自带有与其在小句中的功能相匹配的格。皮詹加加拉语中的整体人称代词和编码了及物动词受事的部分名词在格标记上并不一致，因为人称代词会带上宾格标记，而名词

---

[5] 有些帕马–尼荣根语言只在短语的最后一个词上标记格（短语标记型语言），另外的则全部在名词成分上标记格（词标记型语言）。在词标记型语言里，翻译一个英语名词短语的所有名词性成分并不容易联系在一起。可能出现的是，没有名词短语，而只有平行的名词性成分。基于这种理解，从依附语和中心语协调的意义上看，这里并不存在协调关系。

不会（Bowe 1990:54）：[6]

（3）Tjilka-ngku　　ngayu-nya　tjina　　　waka-rnu
　　　prickle-ERG　　1SG-ACC　　foot.ACC　pierce-PAST
　　　"一根刺扎了我的脚。"

如果我们采用传统方法（如标注中使用的），那么像这样的例子就会很简单地归入到格一致的普遍规则中，并且不需要对照作P功能的人称代词为作P功能的名词的格标记作出说明。[7]

名词和人称代词可能平行使用的另一种情况是，名词用来补充非单数人称代词的所指。例如，"那个白人和我"在帕马–尼荣根语里通常表示为 ngali walpala（we. two white. fella）。如果这样的短语用来编码及物动词的受事，那么人称代词就会有宾格标记，而名词就没有。于是这也是协调关系普遍原则在澳大利亚土著语学者的惯例中的又一个例外。

对于像拉丁语或古希腊语这样的语言来说，在句法中使用格形式而不用格，是不大可能的，原因在前面已经给出过。尽管如此，惯例还是由于下列原因而保留在了澳大利亚土著语研究中：

（a）格标记的不对称性主要限于核心格，即表示S、A和P的格（见2.3.2节）。

（b）相关的独立词形变化表的数量较少。

（c）名词词形变化表和人称代词词形变化表之间的差异削弱了协调关系问题。

（d）词形上无标记的形式，其分布或许很重要。在格的传统分析中，分布是不太明确的。但如果根据区别特征来描写格，就可以找到共同的特点。2.3.4节将详细讨论这个问题。

---

6 像例（3）这样，在名词性成分平行出现的时候，可能只有一个名词性成分承担了语法关系，其他的都是附加语。例（3）中的人称代词很可能成为直接宾语，原因是可以被宾语附着词所取代。该结构在语义方面的描写（及物动词的受事）为句法分析提供了空间。

7 关于澳大利亚人惯例和传统惯例之间的分别，可以参见 Goddard（1982）和 Blake（1985）的讨论。

腊克语（Lak）是高加索的一种达吉斯坦语（Daghestan），在该语言中及物动词的A表示成属格，只有第一和第二人称代词使用无标记的主格形式（表2.5）。这种分布提高了识别非自主作格的可能性，这个作格和名词词形变化表中的属格是同音的，和第一、第二人称代词词形变化表中的主格也是同音的。但Mel'cuk（1986:67-8）反对设立一个非自主的作格，其理由是不需要特殊的词项来指称它。

表2.5 腊克语的格标记图式

功能	名词	人称代词
P, S	nom	nom
A	gen	nom
属格	gen	gen

俄语中的部分格也是非自主的（见2.2.2节），通常和属格或离格一致。但对某些词项来说，这是很特别的，Mel'cuk认为去证明如果相关名词是X、Y、Z等，那么在某些语境中就该使用与格，要比证明应该使用部分格更为复杂。使用部分格能够使我们毫无例外地指出依附语在三种或更多语境下的表达方式，并且指出只需在词库中给出与格类形式的词语的标准。[8]

在土耳其语语法里，我们可以发现关于两种格出现在一个句法环境中的情况（例子可参见Lewis 1967）。很多后置词支配单数人称代词的属格和其他名词性成分的主格。其中一个这样的后置词是için"给"：[9]

（4）a. siz-in için　　（you-GEN for）　　　　"给你"（单数）
　　　b. siz-ler için　（you-PL.NOM for）　　"给你们"（复数）
　　　c. bu adam için（this man.NOM for）　"给这个男人"

---

8 Wierzbicka（1983:249ff）反对存在部分格，把 -u 看作属格标记，与某些不可数名词一起使用，也就是说，正是一个格标记可以累积性表达另一个语义概念。

9 主格是语素上没有标记的格，在土耳其语的某些语法里和通格所指相同。可参见第1章注释2。

总之，在土耳其语中没有协调关系，相关的一种词干类型是代词性的。仅仅为一些介词宾语设立一个非自主格并没有什么优势。

类似的情况也出现在印地语（Hindi）中。和其他后置词一样，作格后置词ne支配旁格。[10]但是对第一和第二人称代词来说，它支配主格。为了和第一、第二人称代词的主格以及其他旁格相协调而设立另一格没任何好处，尤其是这样的非自主格需要一个特定的句法环境，也就是作ne的补足语。

最后一个观点。大多数帕马-尼荣根语都使用同一个格标记来表达A和工具。这两种功能可以通过句法条件区别开（详见3.2.1节），但是不需要识别出这两个格。由于工具一般不和代词共现，因此这两种功能通常有不同的格标记分布。澳大利亚诸土著语言中的工具几乎总是无生命的，并且无生命的物体倾向于通过代词表达出来。但有些语言的工具表示间接致使（"由于"）或嫌恶（aversive）功能（避免发生的）。例如在马加尼语（Margany）中就有这种情况（Breen 1981:303-8）。在这种语言中，工具和代词共现，代词词形变化中表示施事功能的-Ø格标记和表示工具功能的工具格标记（如-tu）是对立的。在这种情况下，就需要识别出两个不同的格，如表2.6展示的作格和工具格。

表2.6　马加尼语的格系统（部分）

功能	格	名词	代词
P	宾格	-Ø	-nha
S	主格	-Ø	-Ø
A	作格	-ngku, -tu	-Ø
Inst	工具格	-ngku, -tu	-tu

2.2.4 小结

描写格系统的传统模型以古希腊语和拉丁语为基础，其中有三个主要的因素：

（a）（当包含数范畴时）有大量带有不同中和模式（即词形变化表不

---

10 比较第1章的例（11）。

同构）的词形变化表。

（b）每个格都有多种功能。

（c）在名词短语的中心语和依附语之间有协调关系。

有了这几个因素，就会发现要找到比传统分析更为简单的方法有多困难。传统描写的唯一缺点是，没有涉及特定词形变化表中的中和模式，认为所有这些中和都是不重要的。

如果词形变化表的数量最小，比如只有两个，其中的功能数量也很少，而且很少有或没有协调关系，那么就可以用格形式（或格标记）来处理。这是澳大利亚土著语学者目前的惯例，名词表示A功能时用作格标记，表示S和P功能时用零标记，而代词表示P功能时用作格标记，表示S和A时用零标记。这样的描写模型在传统视角下找出了中和模式。

如果一种功能或几种功能在某些名词上以一种格形式表达出来，而在其他名词上以另一种格形式表达出来，那么就可以设立一个其特有的无任何形式的非自主格。在某些情况下，这种做法是很有价值的，如对俄语的（词汇）部分格而言，只要中和是不规则的，就有很多相关的功能。只有涉及单独一个功能或句法环境以及格形式的转换很简单时，在格中处理转换要容易得多，否则就像土耳其语一样，用某些前置词支配单数代词的属格和主格。

2.3 意义和功能

传统上把格描写为具有很多功能或意义。例如，古希腊语中的宾格被描述成表示直接宾语和双宾语结构中的两个宾语。

（5）Edidaksan   ton   paida   tēn   mousikēn
　　　 taught.3PL   the.ACC   boy.ACC   the.ACC   music.ACC
　　　 "他们教了那个男孩音乐。"

还有一个表示领域或参照的宾格，通常标记形容词的补足语，用来指明这个形容词的特征存在于什么领域（Smith 1888:150）。

（6）Oudeis　anthrōpos　autos　　panta　　sophos
　　　　no　　　man.NOM　 self.NOM　all.ACC　wise.NOM
　　　"没有人在每件事上都能自作聪明。"

最后还有一个表示距离或时间的副词性宾格。

（7）Treis　　　mēnas　　　emeinen
　　　three.ACC　months.ACC　stayed.3SG
　　　"他待了三个月。"

意义或功能的区别原则通常不是很明确。有些区别似乎以句法为基础，而另一些则以语义为基础，在缺少明确标准的情况下，从语法直觉上进行区分也是有可能的。实际上，这不仅仅是一种可能，不同学者会提出某个特定系统中意义和功能的不同分类。但是，根据前面给出的希腊语宾格的例子，这些区别似乎是有一个看起来合理的句法基础。宾语被一组特殊的动词，也就是及物动词支配着；相关宾格是形容词和分词的补足语成分，副词性的宾格是可以成为任何一个谓语修饰语的附加成分，可以和宾语及相关补足语共现。

很多一般性的区别在描述格的意义和功能时显现出来。第一个是主格和其他格的区别，第二个是语法格和语义格的区别，第三个是补足语和附加语的区别。这些区别将在下面各小节中详细描述。

2.3.1 主格和旁格

回到希腊语中，我们看到的区别之一就是主格和其他格之间的区别，这些其他的格总体称为旁格（参看2.1节）。有些语言在主格和旁格之间有形式上的区别，原因是这些旁格有特殊的词干。例如，这种情况多出现在达罗毗荼语（Dravidian）和达吉斯坦语（Daghestan）中（例子可见4.4.2节）。主格这个术语（希腊语onomastikē，拉丁语nōminatīvus）的意思是"命名"；主格是用于结构之外的格，是单独使用的格，是用来命名的格。大多数语言的主格都没有格标记，由光杆词干构成；主格的地位要归功于有标记的格的存在。印欧语系格语言的大部分词形变化表都不太多见有标记的主格。Aristotle在《解释篇》的第二章指出，只有主格是名词，其他形式都是名词的格。希腊语主格的区别特征是，它是编码存在谓语的主语的唯一形式。现代观点认为，主格把名词描述成一个"单纯的简单概念"（Juret 1926:16），主格形式是所指简单的格（de Groot 1956:189）。[11]Hjelmslev否认主格–旁格的区别，而把主格描述成一种只能被反向定义的形式（Hjelmslev 1935:2,96）。从这些观点来看，这个概念在于说明主格只简单地表示一个实体，而不表示实体和谓语之间的关系。

Jakobson注意到主格的主要作用是表达话题这一个可追溯至希腊语的概念，并把句子分成了onoma和rhēma。Onoma最初表示"名字"，后来表示"名词"，用于句子结构时，实际上就是主语。Rhēma，最初表示"谚语""格言"，后来表示"动词"，实际上指谓词性短语（参看Robins 1967:26-7, Calboli 1972:89）。由于主格没有明确表示出关系性的内容，因此可以兼任话题功能。人们经常要去讨论名词表示的实体，但不常讨论实体间的关系。鉴于这个原因，处所格、离格等通常都不是话题。事实上，班图语中可以成为话题的处所格主语［见第1章例（20）］是不太常见的。

如上文所指出的，主格通常被当作用于句法之外的格，是用来命名的格，是用于讨论词项（lexeme）的格，但Rubio提出在拉丁语里宾格和主格一样都是独立使用的，并且是作为元语言使用的。他把这两个格看成是所指单纯的格（1966:95-7）。这使我们想起了英语人称代词旁格形式的用法：Who wants it? Me. Me, I'll get it. De Carvalho也指出拉丁语中的宾格是脱离语境使用的（1982:257ff, 1985）。他认为主格更准确地说是可以在其中表达主要参加者的格（1982:248, 263）。

奇怪的是，古典语言的语法都忽略了主格。主格确实没有太多的功

---

11 罗马作家 Varro 认为主格是标准的格，旁格都从主格发展出来（Robins 1967:52），尽管从学术上看这通常不是拉丁语的真实情况（其他印欧语系的格语言也不是）。例如，对于带有 -g 的词干，主格中 g 和清辅音 -s 发生同化，所以表示"群"的词有主格形式 grex（/greks/），属格形式 gregis。但是，有 /-k/ 的词干，就有主格为 dūx（/du:ks/）、属格为 dūcis（/du:kis/）的格。这意味着不能从主格预测出属格或任何一个旁格。鉴于这个原因，词典既给出了属格，也给出了主格，因为属格显示出了旁格的词干。

能，而且和其他任何一个旁格相比，它都是在更小的句法环境中使用。Woodcock（1959）对拉丁语的格系统进行了非常细致的分析，在这个系统中，主格也完全被省去了。

总之，主格是单独使用的格，且从形态上看通常没有标记。它是一般用来编码主语的格（尽管不是在作格语言或主动语言里，详见3.2节、5.2.2节和5.2.3节），由于主语在特征上和句子的话题关联在一起，因此主格和话题之间建立了联系。

2.3.2 语法格和语义格

另一种常见的区别是语法（或句法）格和语义（具体）格。传统上认为语法格包含主格、宾格和属格［如Kuryłowicz（1949, 1964:188）包含属格］，还应该包含与格和作格。建立这种区别的基础经常不太清楚，但如果把格划分为语法的或句法的标准是它只表达了句法的而非语义的关系，那么与格和作格当然也应该被包含进来，因为与格编码间接宾语，而宾格编码A或者经常被指称的"及物动词主语"。本文将用"及物动词主语"指作格关系。A和作格关系的区别是，A是普遍适用的前理论术语，而作格关系这个术语只能用在A通过形式手段区分出来的地方，如作格标记这样的方式。

假设语法格和语义格之间的差别是清晰的，那么语法格只编码句法关系，语义格只编码同质的语义关系，如处所或源点。但对于句法格来说，编码一个在其所表示的任何句法关系之外的语义关系或语义角色，这是很常见的。例如在拉丁语里，宾格不只是表达直接宾语，还表示终点语义角色，这个角色不能归入到直接宾语里。另一方面，也存在所谓的语义角色编码纯句法关系的情况。这经常发生在被动语态里，降级的主语通常通过一个语义格表现出来。拉丁语的被动"施事"通常用ā/ab支配的离格来表示。这个"施事"虽然不是语义上的施事，但包含了可以表达为主语的一系列角色，包括真正的施事（occīsus ā cōnsule"被领事杀死"）、感事（experiencer）（amāta ā cōnsule"被领事爱上"）和知觉者（perceiver）（vīsus ā cōnsule"被领事看见"）。

拉丁语的离格以另一种方式混淆了语法格和语义格之间的区别，原因是离格在语义上是分散的。像1.1节中所指出的，离格可以表达源点、处所、工具这样的语义角色。拉丁语没有格和语义角色一一对应的语义格，但在具有更大的格系统的语言里经常有至少在语义上近似同质的格（参看Agud 1980:454）。

有人可能会争论，如果一个格的主要功能是编码一个纯句法关系，那么这个格就是句法格。Kuryłowicz（1964:181-3）认为表示直接宾语是宾格的基本功能，因为所有的副词性功能都是由语境决定的，特别是通过对动词的选择或宾格名词的选择。表示终点的宾格只能在位移动词中找到（拉丁语：īre Rōmam"去罗马"），表示范围的宾格只能用于指称距离长短或时间期限的名词（拉丁语：rēgnāre septem annōs"统治七年"，ambulāre mīlia tria"走了三英里"）。

为了进行某种归纳而区分出编码典型一价动词和二价及物动词补足语的格，这也是很方便的。这些格包括主格、作格和宾格。我认为这些格是**核心格**（core cases），其他的都是**外围格**（peripheral cases）。还有另一套术语也在使用，即直接格（direct）和旁格（oblique）。但这里使用的"旁格"有些含混不清，因为主格–旁格的区别已经相对较好地建立起来了。

在某些处理方式中，术语**"处所格"**（local case）包含了指示地点的概念，如处所、源点、终点或路径。

表2.7总结了这些区别。

表2.7　格的类型

语法格	核心格	主格
		宾格
		作格
		属格
		与格

（续表）

语义格	方位格*	处所格
		离格
		向格
	经过格（perlative）	
	工具格	
	伴随格	
	其他格	

*可能还有其他的方位格，但都包括了处所、源点、终点、路径和其他概念的整合。

2.3.3 补足语和附加语

包括Kuryłowicz（1949,1964）和Touratier（1978）在内的很多人，都把动词或前置词支配的格的用例和格表达附加语的用例进行了区分。似乎他们考虑的是标记依附语的羡余（redundancy），该依附语的角色在选择动词或前置词上不明确。拉丁语里大多数二价动词带一个宾格补足语，但正如1.1节所阐释的，也有一些带属格、与格或离格补足语。例如，ūtī"使用"在gladiō ūtor"我正在用一把剑"中支配了离格。我们可以把使用离格和表达工具功能的附加语gladiō ferīre"被一把剑弄伤"进行比较。Kuryłowicz认为被支配的和动词在一起的外围格标记（如gladiō ūtor）是"没有语义内容"的，而且已经成为"（直接宾语）宾格末尾的语素变体，是一个简单的从句标志"（1964:193）。同样，Nichols认为，俄语的ljubit"爱"的宾格补足语和interesovat'sja"对……感兴趣"的工具补足语，以及udivljat'sja"对……感到惊讶"的与格补足语和serdit'sja"和……生气"的前置词补足语之间，即补足语带了一个前置词na"在（到）"，这个前置词转而又支配宾格，它们之间不存在句法关系上的差异。她把这些全部描写为"第一宾语"（Nichols 1983:171）。

但是这些观点有很多问题。带旁格或外围格标记的补足语通常能显示出和被宾格标记的直接宾语在句法上的区别，直接宾语和相应的被动态的主语相匹配，对于带了一个外围标记的补足语的二价动词来说，没有相应的被动态。从语义上看也是有问题的。如果有人把像ūtī"使用"这样的拉丁语动词所支配的离格看作缺少语义内容，那么就如Touratier指出的那样，这说明附加短语中的离格，如gladiō ferīre"被剑伤到"，成为了一个不同语素（Touratier1978:102）。但是，无论在什么地方，选择支配格都与使用格的附加语功能相关。拉丁语的离格是用来表达工具功能的格，这对ūtī"使用"来说似乎也是适用的。对于认为被支配的格不重要这一观点更不利的是，出现了某些交替形式并且倾向于是有意义的。在拉丁语里，moderārī"支配"一词可以带与格或宾格。用与格倾向于表示管住某人的舌头（moderārī linguae）或某人的怒气（moderārī īrae）以便锻炼自制力，而用宾格倾向于表示管理或控制某些外在的东西，可能是马群，也可能是领土。[12]格标记在一定程度上是任意的，但不是随意的（参看Nichols 1983:190）。存在于语言之间的一条普遍原则是，带有外围补足语的动词不是可以影响受事的动作动词，尽管这并不能说明所有带有被宾格标记的直接宾语的动词都是这样。

像Kuryłowicz和Touratier这样的作者正确地指出了格在使用时出现的羡余。英语也有清晰的用例，在这些例子中动词和前置词通常支配宾格，它们实际上对意义没有起到任何作用。但是，如果动词和前置词可以支配很多格，那么选择可能就很重要。甚至是因为动词或前置词决定着角色，所以格没有对意义产生任何依附性的作用，但这个格仍然有意义，即便是存在羡余（就像拉丁语支配工具离格的动词ūtī"使用"）。此外，格的选择具有句法上的重要性，例如，标记直接宾语而不是外围补足语，那么这个补足语反而具有话语–语用上的（discourse-pragmatic）重要性。[13]

---

12 在拉丁语里，很多带一个外围的或直接标记补足语的动词都是异态动词（deponent verbs）；实际上，所有带离格而不带宾格的动词都是异态的，如：fungī"忙于，履行（职责）"、fruī"享受"、ūtī"使用""利用"、potīrī"拥有"以及vescī"食用""供给"。异态动词在形式上描述成被动的，但是在意义上是主动的。从历史上来说，它们来源于反身代词，在某些反身代词中，和主语相关的受事义始终是很明显的。正是因为这个受事，显性的补足语被外围化表达了。

Potīrī也可以支配属格以及偶尔支配宾格，在这种情况下倾向于表示"得到某种控制"，与"处于某种控制中"相反（de Carvalho 1982:263ff）。

13 详见 5.2.6 节的论述。

2.3.4 格的特征

如2.3节指出的,格在传统描写中具有很多功能。典型的拉丁语法把离格的主要功能分为分离(separation)、工具和处所。"分离"里面有次类,如分离或源点(source)(Athēnīs redeō"我从雅典回来")、出身(origin)(potimīs parentibus nātus"出生于非凡的家庭")以及比较(lūce clārior"比白天清晰")。在使用像离格这样的一个表达单位去表示一系列不同功能时,语言利用的正是互补分布(complementary distribution)这个概念。这些功能通常通过选择支配者或选择表示格的词项相区别。在短语Athēnīs redeō"我从雅典回来"中,分离义或源点义是从redīre"回来"的意义中推断出来的;在Athēnīs habitō"我住在雅典"中,处所义是从habitāre"居住在"的意义中推断出来的;在句子Totā Italiā erat bellum(all.ABL Italy.ABL was war)"战火遍及意大利"中,处所义是从Italia指称地点这个事实推断出来的(参看Rubio 1966:155-87)。这种互补性提高了得出一个独立的概括义(generalised meaning)的可能性,而具体义都是这个概括义的可预测变体。概括义有时会使用德语术语**Gesamtbedeutung**(整体的/集合的意义),这个概念也可以通过另一种途径获得。不去考虑一个格的具体意义或功能,而是单独从格系统或对立系统中所处位置来看待格。于是可以分配给它们一个在同一系统中能够有效区分出不同格的特征。

概括义的源头可以追溯到古典时期,在13世纪愈渐突出,在拜占庭语法学家Maximus Planudes(1260—约1310)和学院派语法学家的著作里(Hjelmslev 1935:11f, Serbat 1981a:24-6),用概括特征使格的集合呈现出系统性。例如,Simon the Dane把拉丁语的属格和离格的特征表示为表达起源,作为我所认为的表达终点的与格和宾格的反面。实体和实体的关系,即定语关系,实体和动作的关系,即状语关系,两者之间形成了横向(cross-cutting)区别(Serbat 1981a:24-6)。如表2.8所示,这些二元对立以区别特征的形式呈现出来。

表2.8　拉丁语格系统（Simon the Dane）

	主格	宾格	属格	与格	离格
起点	−	−	+	−	+
终点	−	+	−	+	−
实体−实体	−	−	+	+	−
实体−动作	−	+	−	−	+

标记性（markedness）这个概念不是12世纪以前语言学的特征。显然，在实体−实体和实体−动作的±值上存在某些羡余。Simon把不及物的格（主格和呼格）和及物的格进行了进一步区分。主格的特征是表达事实主语（suppositum actuale，中世纪摩迪斯泰语法使用的术语——译者注），呼格的特征是表达虚拟主语（suppositum virtuale，中世纪摩迪斯泰语法使用的术语——译者注）。主语（suppositum）是预先假定的或已知的，事实主语和主语的话语功能相关。对话预设一个说话者（或作者或歌者）和一个听话者。听话者是虚拟主语。Simon对主格与呼格的对立处理没有形成主格与呼格相对立的非标记特征。要确立这些概括性的特征会涉及部分证据的忽视或最小化。Simon用与格表示实体和实体的关系（定语），但与格也具有和定语相同的状语功能。

同时期的Martin the Dane提出了一个系统，这个系统显示与格和离格都有定语和状语功能，尽管他似乎忽略了拉丁语属格也有某些受限制的状语功能这个事实。如1.1节指出的，少量动词如oblivīscī "忘记"和miserērī "遗憾"可以带属格补足语。他的系统指出了可以作定语的格（属格、与格、离格）和不能作定语的格［见下例（10）］，这是有价值的。Martin系统的一个显著特点是方位主义（localist）。在方位主义理论中，不仅仅是方位格用源点和终点这样的方位概念描述，其他的格也被解释成比这些概念更抽象的用例。在Martin的系统里，主格被看成是起源格，因为动作行为通常由主语产生；呼格被特征化为具有"向着"（towards）这样的特点，因为对话都是直接指向一个听话者（Serbat 1981a:26-7）。这个系统令人颇为好奇的是，Martin把与格的特征表示为"到"（to）格，而把宾格的特征表示为"向着"（towards）格。即使那些对格的抽象特征很冷漠的人也可能会很乐意看到用像"到"（to）这样的普遍特征来找出和作格、与格一样普通的终点概念。Martin已经去试图寻找不凭借定语/状语的区别而区分[+终点]格的方法。他的系统以表2.9中的特征展示出来。

表2.9　拉丁语格系统（Martin the Dane）

	主格	宾格	属格	与格	离格	呼格
起点	+	−	+	−	−	−
终点	−	+	−	+	+	−
实体−实体	−	−	+	+	+	−
实体−动作	+	+	−	−	+	−
到（to）	−	−	−	+	−	−
从（from）	−	−	−	−	+	−
向着（towards）	−	+	−	−	−	+

正如Hjelmslev（1935:13-15）所言，对古希腊语格系统的阐释在拜占庭时期的学者Maximus Planudes那里得到发展，如表2.10所示。希腊语有五个格：主格、宾格、属格、与格和呼格（虽然呼格被排除在Planudes的表格之外）。属格包含"从"这个概念和领有者，与格包含处所格和工具格功能。根据Hjelmslev所述，Planudes最早从宾语角度而非主语角度看待格。需要注意的是，与格在Hjelmslev所说的rapprochement（德语词，本义为"接近"——译者注）（带来）到éloignement（德语词，本义为"疏远"——译者注）（带走）这个范围上处于中心的、中立的、关键的地位。主格也是关于两极的中立，但它不是依附性的，而是独立的。

表2.10　Planudes的古希腊语格系统

	（到）	+	0	−	（从）
依附语		宾格	与格	属格	
中心语			主格		

文艺复兴时期以及延续到今天的描述格系统的主导模型，使用的都是像前面2.3节论述的那样，为每个格列出一系列意义和功能的传统方法。然

而，在19世纪早期，一个以历史比较语言学的发展而闻名的时期，拥有独立抽象意义的格这种说法可以在Rask、Bopp、Wüllner等语言学家的著作中找到。Gesamtbedeutung这个概念在20世纪结构主义时期越来越重要，这并不令人感到惊讶。主要的支持者是Hjelmslev和Jakobson，二人在30年代中期出版了重要且极具影响力的著作。

Hjelmslev

对于Hjelmslev来说，格和一般的语言学形式一样，没有表现出什么不同。格是"一个人们能够以之推断出具体用法的抽象概念"（Hjelmslev 1935:85）。格的意义不能被独立决定，只能从格系统中的对立出发。Hjelmslev是方位主义者，实际上正是他唤起了被人们遗忘的Maximus Planudes（详见上文），他从方位主义的角度描述了格系统内部的对立。格系统中的第一个维度是方向，方向的正极是**接近**（带来），负极是**疏远**（带走）（1935:128）。为了弄明白这一观点，我们来看一下Hjelmslev对格陵兰爱斯基摩语（Greenlandic Eskimo）的解释（Hjelmaslev 1937:65-75）。这种语言有如下几种格：主格、作–属格、等同格（或表语）、工具格、离格、向格、处所格和本文有些地方称为经过格（perlative）的表示"通过"的格（Hjelmslev称为状语）。这些格中的后四个很明确是处所，Hjelmslev用表示接近的to和表示远离的from描述它们，具体如下：

离格	from
向格	to
处所格	既非 from 也非 to
经过格	from 和 to 都可以

Hjelmslev系统里的第二个维度是紧密程度：**连贯**（**coherent**）和**非连贯**（**incoherent**）（1935:128）。这是另一个处所概念，Hjelmslev用介词来阐释它们的区别。连贯和接触或渗透有关，而非连贯只和接近有关。例如：She went **into** the building（连贯）；she went to the building（非连贯）；she went **between** the buildings（与连贯无关）。对爱斯基摩语而言，Hjelmslev用这个维度去描写方位格和句法格之间的差异。处所格并不

在乎这种差异，而句法格则是非连贯的。但表2.11里的方位格显示为[+连贯]，因为对于Hjelmslev来说，它们代表了对立中的正极。他把作格–属格和离格放在一起（动作行为从施事出发），把等同格和向格放在一起（A同于B）。把在中间的且要么包含"to"概念要么包含"from"概念的主格和处所格放在一起，把工具格和经过格放在一起，这是动作行为从工具过渡到受事的合理类推。表2.11对此进行了简要总结（在Hjelmslev 1937:74后面）。

表2.11　Hjelmslev的格陵兰爱斯基摩语格系统

	[− 连贯]	[+ 连贯]
[+from/−to]	作格	离格
[+to/−from]	等同格	向格
[+from/−to]	工具格	经过格
[−from/−to]	主格	处所格

Jakobson

和Hjelmslev一样，Jakobson果断地放弃了仅列举格的用法或功能的传统方法。正如van Schooneveld（1986:374）描述的：

> 如此列举的影响是，大部分语言学家认为在一种已知的语言里提取出每一个格的语义本体是可望而不可及的。在同一个十年（30年代）内突然出现了这位拉丁语的母语者（因为直到格被考虑进来之前，拉丁语和希腊语都是和俄语相似的），他说对于他而言，在他的母语里每个格都有一个固定的意义。不仅每个独立的格的语义特征具有共同的要素，而且它们还构成了一个词形变化表结构（paradigmatic structure）。

Jakobson区分了本体及其受句法或词法制约的变体。本体，即格的**内涵意义**（intensional meaning）；变体，即格的**外延**（extension）[参考例（5）（6）（7）]。一个格的概括义（原文为德语词Gesamtbedeutung——

译者注）不依靠语境，也不由个别意义（德语Sonderbedeutungen）决定，更不会由主要意义（德语Hauptbedeutung）决定。格是相互关联的，各自价值来源在于对立系统中与其他格的关系（Jakobson 1936/1971:35-6）。

Jakobson把他的理论应用到了俄语的格系统上。俄语的格有：主格、宾格、与格、工具格、属格和处所格，再加上两个更为严格的格：II类属格或部分格（见2.2.2节）以及II类处所格。处所格也被称为介词性的。Jakobson认为主格是无标记的。与之相反的是宾格，它总是从属于主格，而且指示方向或目标。工具格、与格和主格、宾格相对，边缘格或外围格（拉丁语Randkasus）与直接格或中心格（拉丁语Vollkasus）相对。

（8）中心格　　　主格　　　宾格
　　　边缘格　　　工具格　　与格

把与格和宾格放在一起，因为都表示事件的目标。把工具格看作是无标记的边缘格，就像把主格看作是无标记的中心格或直接格一样。大多数人考虑的是工具格的核心意义，即在句中表达一个工具，如Petr rezal mjaso nožom（Peter-NOM cut meat.ACC knife.INSTR）"Peter正在用刀子切肉"，工具是和主语、直接宾语相关的背景，这样的背景象似地反应在其附加性的边缘句法地位上（参考Wierzbicka 1980）。工具格也用来表示被动态中背景化了的施事。属格和处所格则关注"实体参与到信息中的程度"（Jakobson 1958/1971:179），处所格也被认为是边缘的。II类属格（部分格）和II类处所格的标记与I类属格和I类处所格相关。表2.12（来自Jakobson 1936/1971:65）显示了整个系统。在每一组对立里，有标记的格都在右边或下边。

表2.12　Jakobson 1936：俄语的格系统

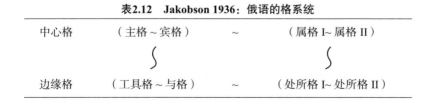

在1958年的文章里，Jakobson用立方的形式表达这个系统，根据的是用作维度的各种特征：[±方向]，[±边缘的]（如表2.12所示）和[±量]（部分包含）。[±方向]这个特征从宾格、与格扩展到I类属格和I类处所格。它还和[±归属]相关，因为扩展到领属和处所上时，用"方向的"就不太合适。公平地说，我认为Jakobson根据特征描述的俄语的格的特点不是很明晰，并且在说明这种特征分析是如何被发现的问题上也不是很恰当（见表2.15下面的讨论）。表2.13是Neidle以区别特征矩阵表示出的格系统（Neidle 1982:397）。

表2.13　Jakobson/Neidle：俄语的格系统

	边缘	量化	归属
主格	−	−	−
宾格	−	−	+
属格 I	−	+	+
属格 II	−	+	−
处所格 II	+	+	−
处所格 I	+	+	+
与格	+	−	+
工具格	+	−	−

对格拥有独立的抽象意义的说法还是有支持者的，如Rubio（1966）和de Carvalho（1980）。但纯粹根据概念义描写意义还是有局限性的。正如Wierzbicka所指出的，Jakobson描述的俄语格的特征太过宽泛，以至于没有预测性，人们也无法从他的规则中学会如何使用俄语的格（1980：xv）。格的扩展通常并不来源于被概括出来的意义。但从这样的观察中也不能说明人们应该放弃概括出来的意义或至少是那些概括出来的特征。2.2.1节已阐述了传统格的用法。但也要指出完全根据分布的格（词形变化表中的行）作出的描写忽视了中和（垂直的维度）。概括的意义或至少是概括出的特征对于一件事来说是有效的，即用作把格系统划分为若干集合的等级序列，每个集合包含了一个或多个共同特征。在两个或两个以上的格之间

的中和或许是很重要的，特别是当它出现在很多词形变化表中时。在印欧语系的格语言中，不管主格和宾格（经常还有呼格）属于哪类变格或数范畴，它们在中性范畴上都会存在中和。在俄语里则存在宾格和属格的中和，包括第一类变格的阳性单数有生名词，或任何的有生复数，或任何的人称代词。重要的是，中和覆盖了发生在这些词形变化表中的全部不同形式，这些词形变化表都排除了语音动机，如sloná（ACC/GEN）"大象"，slonóv（ACC/GEN.PL）"一些大象"等等。这样的中和可以通过类型特征描写出来，从Simon the Dane（表2.8）到Jakobson（表2.13）的一批语言学家都对这些类型特征进行过说明。这种分析的焦点更多集中在共享形式特征上，而不是意义上，但在关于概括性特征的观点上保持了一致。

在音系学里，从所概括出的规则的数量上看，使用特征比使用原子音素（atomic phonemes）更有吸引力，随着格在很多领域中都展现出了共同特征，所以特征分析在格研究中变得越来越有说服力。这里有格所共有的几种表现：

（a）中和（Syncretism）

在具体词形变化表中的中和是最容易观察到的，而且是格与格之间最普遍的共有特征范例。

（b）复合格（Compound case）

在很多语言里，格与格之间的共有语义特征反映在对这些特征所使用的独立格标记上，也就产生了Mel'cuk所说的复合格（详见4.4.3节）。卡尔卡顿古语的格系统（表2.14）包含一个无标记的主格，再加上四个简单格和四个复合格（只显示了作格、与格、处所格各自的格标记）。标记-thi的分布表明处所格和离格有某些相似之处，而-thi和-thingu的对比表明-ngu带有"自……"（from）义。嫌恶格（aversive）用来表示要退避的事情（如Keep away from the fire!"远离烟火！"）或间接原因[sick from（eating）bad meat"因（吃了）腐肉而生病"]。标记-thungu以表示施事和工具的作格为基础，与表示"自……"（from）义的-ngu组合。标记的两个组成成分都有明确的动机。同样，也可以确定-nha是"到……"（to）且能够知晓其分布的动机。

表2.14 卡尔卡顿古语的格

主格	Ø		
作格	-thu	嫌恶格	-thungu
与格	-ku	向格 I	-kunha
处所格 I	-thi	离格	-thingu
处所格 II "对着"	-ngii	向格 II "向着"	-ngiinha

当然还存在着一些无法通过复合标记显示出的共有特征，但反复使用的标记的分布似乎是重要的，并且是值得指出来的。

（c）词干类型

有些语言可以根据与之相连的词干类型区分格。以泰米尔语（Tamil）为例，某些单数名词的旁格是在旁格词干上添加后缀的。表示"树木"的词有一个主格形式maram，而其他的格都是在词干maratt-后添加后缀。宾格是maratt-ai，与格是maratt-ukku，等等。词干上的这种差异足以把主格和其他的格区别开（参考4.4.2节）。

某些语言的关系名词带有像"……上面""在……后面""……下面"的意思，只能出现在方位格中。

（d）补足语 v. 附加语

格可以根据它们是否表示补足语划分为不同的类别。在某些语言中，标记补足语的格和标记附加语的格之间存在明显差异。如皮塔皮塔语，只有主格、作格、宾格和与格能标记补足语。

（e）状语 v. 定语

主格、宾格这样的核心格一般不能作定语使用。拉丁语的外围格（属格、与格和离格）可以作状语使用，但主格、呼格和宾格不能。

在某些语言里，一个格可以被另一个格替换。这种替换标志着较为紧密的关系，也预示着两个格之间有标记性关系。拉丁语里的主格可以被呼格替换，如下面来自Livy（罗马历史学家李维——译者注）的例子，其中的呼格是popule Albāne：

（9）Audī,   tū,   populus   Albānus
　　hear.IMP thou people.NOM   Alban.NOM
　　"听着，你们这群阿尔巴人。"

这证实了我们从中和得出的结论，即用类似的方式处理呼格和主格。主格可以被呼格替代这个事实说明主格是这对格中的无标记成员。

还有关于某些功能的标记性的证据。例如，Ramarao（1976）指出泰卢固语（Telugu）中的动词只有带宾格时才能带与格或工具格。他认为，和用来编码附加语的与格、工具格相比，宾格是无标记的。

跨语言中的中和分布、由词干形成的后缀、格标记的形式以及格的句法分布，反映出主格/旁格、核心的/外围的以及非处所/处所的对立是普遍的。在表2.15里，拉丁语使用的是这些旁格、外围格、处所的正值。呼格通过[+称呼]特征和所有其他格区分开，属格通过[+领有者]特征从其他外围格中区分出来。

有意思的是，这个来源于数量庞大的语言数据的特征系统不仅仅适用于拉丁语中对很普遍的中和现象的描写，而且适用于很多与句法分布相关的其他归纳。

表2.15　拉丁语格系统的特征分析

	呼格	主格	宾格	属格	与格	离格
称呼	+	–	–	–	–	–
旁格	–	–	+	+	+	+
外围格	–	–	–	+	+	+
处所	–	–	+	–	–	+
领有者	–	–	–	+	–	–

参数[–称呼]描写了状语格集合的特征，即所有能够标记动词依附语的格。

参数[–旁格]描写了主格–呼格中和的特征，参数[+旁格]描写了能够成为动词附加语和分词、形容词依附语的格集合的特征。在拉丁语里，属格、与格或离格短语能够作定语［见下例（10）］，但带有形容词或分词时的可能性更大。例如nūdae lacertōs（nude.NOM.PL arm.ACC.PL）"赤裸着的胳膊"中，宾格短语由形容词决定。这样的宾格是对上文例（6）希腊结构的模仿。[+旁格] 特征也和动名词或动词性名词有关。动名词只能是[+旁格]的。[14]

参数[−外围格]描写了主格、呼格、宾格的中和特征，这种中和出现在全部中性范畴上，以及第三、第四、第五类变格的复数范畴上。参数[+外围格]描写了可以作定语的格的特征：

（10）a. 属格

  vir mangī ingeniī

  man great.GEN talent.GEN

  "一个天赋异禀的人"

 b. 与格

  locus rēgnō

  place kingdom.DAT

  "王国的所在地"

 c. 离格

  vir summā prudentiā

  man highest.ABL prudence.ABL

  "一个最审慎的人"

主格和离格的中和形式描写为[+外围格][−领有者]两个特征。这种中和形式在所有复数范畴和第二类变格、第三类i-词干变格的单数范畴中都找得到。

属格−与格的中和形式描写为[+旁格][−处所]两个特征。它只出现在第

---

[14] 例子包括：

宾格	ad bene vīvendum	"为了好好生活"
属格	ars scrībendī	"写作的艺术"
与格	pār disserendō	"等于吵架"
离格	dē bene vīvendō	"关于好好生活"

一类和第五类变格的单数范畴上，因此某种程度上看是边缘的，即近乎于一个偶然而非系统的中和。即便如此，属格–与格的中和在跨语言中还是普遍的，由于已有的系统建立在语言的广泛分布特征上，因此它可以非常经济地描写出这个中和。

在第三类变格的单数i-词干中存在主格–属格的中和。由于这是孤立的，因此被认为是偶然。特征系统并不是为了描写跨语言中不普遍存在的中和形式。

[+处所]特征包含宾格［表示"到……"（to）和"经过……"（through）］和离格［表示"在……"（in/at）和"自……"（from）］。[15] 这是两个可以被前置词支配的格，而且可以满足像ponere"放下"这样的动词的配价。它们也是唯一允许非谓动词（supine）出现的格。非谓动词是一种来自动词的名词形式。下面例子中的admonitum和dictū是非谓动词。

（11）a. Vēnimus　　　tē　　　　admonitum
　　　　come.PERF.1PL　you.ACC　remind.ACC
　　　　"我们已经开始提醒你了。"

　　　b. Facilis　dictū
　　　　easy　　say.ABL
　　　　"容易说"

可以清楚地看到，根据特征分析格便于我们概括不同类型的格。特征分析的价值部分地依赖于描写所采用的全部句法框架。有一个例子是关于特征的标注如何在词汇–功能语法（Lexical Functional Grammar）框架中利用起来。该例子来自Neidle对俄语格的描写（1988）。

在俄语中，动词的宾语可以是宾格或属格。（这和前文指出的宾格/属格的中和是两个独立的问题。）Neidle认为宾语的格标记是句法上指定的某种东西。扩展动词短语的原则显示了宾语上的格分配：

---

15 虽然与格能够编码抽象的终点，这个系统也没有把与格看成是处所的［比较Simon（表2.8）、Martin（表2.9）和Jakobson（表2.13）的系统］。在某些语言里，表示终点的是与格而不是宾格，把与格看成是[+处所]的也没有任何问题。

（12）VP→ V　NP

　　　　　（CASE=[–，（–），+]）

（12）说明一个动词短语（VP）包含一个动词（V）和一个名词短语（NP）。这个名词短语有一个可以通过三个特征指定出的格。这三个特征参数是[±边缘的]、[±量化]、[±归属]，如表2.13所示。实际上，Neidle在其1988年的描写中使用了一套不同的特征，但这并不影响我们正在处理的问题。（12）的标注说明动词短语中的名词短语拥有一个边缘特征为负值而归属特征为正值的格。区别宾格和属格的量化特征的值没有指定（以圆括号强调），但给出了一个默认的负值，用来描写宾格的特征。这个标注简洁地描写了宾格和属格的配对，以及宾格是无标记选项的事实。过于简化了事实之后，我们可以说属格用于非具体的宾语，且通常是否定小句中的宾语。有意思的是，宾格/属格的交替（alternation）也表现在时间范畴的表达上（Neidle 1988:10,167）。

（13）a. On ne spal odnu　　 minutu

　　　　he not slept one.ACC　 minute.ACC

　　　"他没睡（=醒着）一分钟。"

　　b. On ne spal odnoj　　minuty

　　　　he not slept one.GEN　minute.GEN

　　　"他甚至没睡一分钟。"

Neidle指出格的配置是结构性的，适用于动词后的名词短语，和它们是不是宾语无关。但是，俄语的语序在句法上是非常自由的，因此在句法上配置格这种说法就包含了基本的主–谓结构，这个可以从"Sentence→NP VP，VP→V NP"这类带有后续庞杂规则的规则中捕捉到。从结构上指派格的问题在3.3节还会再讨论。

2.3.5 小结

传统上把格描写为具有很多功能或意义。例如，希腊语或拉丁语的宾格会被说成是表达直接宾语和表达地点或时间等语义内容。另外一种方法则是把格看成一个系统，每个格拥有一个独立的概括义。这些概括性的意义不是自足的，我们不能从归纳出的意义中预测出一个格可以使用的语境集合。但是，概括性的意义或者至少是概括出的特征可以形成对格进行一种成分分析的基础，这种分析使我们能够看到不同格集合之间的相似性。

3 格的现代研究方法

3.1 本章导言

本章要处理一些近四十年来出现的问题。因为从六十年代前期开始，Chomsky的理论就在语言学中占据了主要地位。其影响不仅显现在Chomsky工作框架所表达的成果中，而且也表现在Fillmore的格语法（Case Grammar）、Perlmutter和Postal的关系语法（Relational Grammar）以及Bresnan的词汇–功能语法（Lexical-Functional Grammar）上。以上这些理论以及最近几十年发展出的三十余种理论都是由此发展出来的，也是对Chomsky理论方法在某个方面作出的反应。

在第1章的开始，我们把格在本质上描写成标记依附名词与其中心语关系类型的一个系统。我们已经指出，格这个术语在传统意义上指的是屈折的标记形式（1.1节），也可以扩展为包括前置词和后置词（1.2节）。表示依附名词与其中心语关系类型的其他手段，如语序，被当作"竞争机制"（1.3节）。在最近的理论中出现了一种观点，其实Hjelmslev已经有所预示，即所有这些机制都可以用来表示格，格是独立于表达方式的抽象存在，也是普遍的。下文3.3节将会描述这一观点。

同时我们的注意力也集中在到底是什么构成了格的表达，也会花费更多的注意力在如何决定格所表达的是什么关系这个问题上。一个重要的观点是，存在一个包括像施事、感事、受事、工具等普遍语义角色的简单列表（3.4节）。

新近著作中另一个被讨论的概念是等级序列（hierarchy）。格标记、格、语义角色和语法关系都可以按照等级排列。本章的最后一节将描述这一概念（3.5节）。

在评述关于格的最新研究方法之前，我们要展示一些卡尔卡顿古语的材料（3.2节），因为这种语言为一系列问题提供了简洁而齐整的用例，如语法关系如何从格中区别出来，组织中心格的矛盾系统如何共存，是否可以由SP而非SA做主语等。

3.2 语法关系

在上一章中，我们把格描写成具有某种功能（如宾语）或意义（如起点）。在新近的著作中，从形态句法上讨论不同语法关系变得越来越普遍。语法关系在语义上可以是异质的（如主语通常表达包含受事（如He got run over）、施事（如She did it）等在内的多种语义角色），也可以是同质的。外围语法关系在语义上倾向于同质，如处所格关系只能编码处所。

语法关系和形态格并不是一一对应的，这个说法并非最近才有。罗马帝国时期的语法学家已经提到了在拉丁语离格中识别出不同语义角色（他们称之为格）这个问题，但使用的标准倾向于直觉的或是基于历史比较研究背景的（Calboli 1972:106ff）。如Quintilian（古罗马教育家、修辞学家昆体良——译者注）从离格中区分出了起点，以和处所、工具相区别，因为在已经丢失了离格的希腊语中，起点用属格表示，处所和工具用与格表示（《演说术教程》1.4.26）。如果使用结构主义的观察视角和形态句法的最新研究方法，现在就有可能更客观地划分语法关系。

3.2.1 一种格的不同语法关系

卡尔卡顿古语为如何从格中区别出语法关系提供了一些很好的用例。这种语言有两种核心格：作格和主格。从直觉上看，作格似乎可以编码及物动词的A和工具功能。通过词形变化表中的对立，我们可以看出A和工具实际上是不同的语法关系。卡尔卡顿古语有一种反被动结构（antipassive construction），这种结构用来代替表示正在进行的动作、习惯或特征、指向非具体或类指受事动作行为的及物结构。[1]在这种派生性的结构中，被标记为主格的S对应于A，与格对应于P。例（1a）是带两个作格的及物小句用例，例（1b）是与之对应的反被动结构。注意一下这种派生是如何区别A和工具的。例（1a）中编码A的作格短语和例（1b）中的主格相对应，但编码工具的作格短语不受这种派生影响。

（1）a. Marapai-thu　rumpa-mi　ithirr　　matyamirla-thu
　　　 woman-ERG　grind-FUT　seed.NOM　grindstone-ERG
　　　 "那个女人要用磨石磨碎种子。"
　　b. Marapai　　rumpa-yi-mi　ithirr-ku　matyamirla-thu
　　　 woman.NOM　grind-AP-FUT　seed-DAT　grindstone-ERG
　　　 "那个女人要用磨石磨碎种子。"

卡尔卡顿古语中的反身代词（reflexive）也是一种派生的不及物形式。这里及物动词的A被重新表达为S，而P被删除。工具不受影响。

（2）a. Marapai-thu　karri-mi　　pirlapirla　thupu-ngku
　　　 woman-ERG　wash-FUT　　child.NOM　soap-ERG
　　　 "那个女人要用香皂给孩子洗澡。"
　　b. Marapai　　karri-ti-mi　　　thupu-ngku
　　　 woman.NOM　wash-REFL.FUT　soap-ERG
　　　 "那个女人要用香皂洗澡。"

工具可以伴随非派生的不及物形式出现，但当然只能有几种可能性，如tyanparra-thu ingka "用拐杖行走"。

还有一种反被动和反身代词的对调（converse），其中的工具短语可以被重新表达为主格，而不是A，就像P而不是S一样。和例（1a）比较，例（3）说明了这个问题。动词被-nti-标记，表示工具和处所向主格的

---

[1] 卡尔卡顿古语中的反被动具有一种句法功能。详见第4章例（50）（51）。

升级。注意表示A的作格短语没有受到影响，也要注意及物动词rumpa的P降级为与格。

（3） Marapai-thu   rumpa-nti-mi   matyamirla   ithirr-ku
     woman-ERG   grind-IA-FUT   grindstone.NOM   seed-DAT
     "那个女人要对种子使用磨石（去磨碎）。"

卡尔卡顿古语还有另一种区分这两类作格短语的方法。A短语（或S短语）的数范畴和人称范畴可以在动词上体现出来，但工具短语不可以。S和A的第三人称复数形式是-na，S和A的第三人称单数形式是-Ø。例（4a）中，工具短语是复数的，而A短语不是，所以动词没有明显地标记。例（4b）中，A短语和工具短语都是复数的，A的第三人称复数标记要标记在动词上。

（4） a. Papi-yi   kati-mba   pirlapirla   malhtha-yi   kulapuru-thu
        fa's.mo-ERG   cover-PERF   baby.NOM   many-ERG   blanket-ERG
        "奶奶用毯子盖住了婴儿。"
     b. Papi-mia-thu   kati-mba-na   pirlapirla   malhtha-yi   kulapuru-thu
        fa's.mo-PL.ERG cover-PERF-3PL   baby.NOM   many-ERG   blanket-ERG
        "奶奶们用毯子盖住了那些婴儿。"

上面的例证包含两个方面：先从形态句法上分离出一个格，然后说明这个格表示多种关系的句法原因。由此产生了一个问题，在缺乏证据的情况下，一个格是否表达单一的关系，或换句话说，每个形态句法格是否都至少表示了一种格关系。一般对于外围格来说，并不存在超越形态的句法证据。例如，被标记的边缘格名词短语通常不能控制一致关系或者动词不定式缺失主语。我们在这里提出的观点是，每个形态句法格至少表达一种语法关系，除了一些并列下位词（co-hyponyms）的格或一个格的意义包含在另一个格的意义里。卡尔卡顿古语有一个"去"格（向格）和一个"向"格（向格Ⅱ）（见表2.14）。二者都表示终点，但区别在于行程是完成的还是未完成的。没有人会说它们表达了两种不同的语法关系。

3.2.2 矛盾的核心格组织系统

有意思的是，卡尔卡顿古语的黏着代词（bound pronoun）系统和格系统存在矛盾冲突。核心格系统在主格–作格基础上组织起来，而黏着代词系统是在SA/P基础上运行的。下面一系列的例子都说明了这个问题。首先看一下名词短语上的屈折格系统。例（5）中用作S功能的第二人称单数和例（7）中用作P功能的第二人称单数都用nyini表示。例（6）中用作A功能的第二人称单数用nyinti（<*nyin-tu）表示。现在再看一下黏着代词的形式。我们在例（5）的S功能和例（6）的A功能上发现了-ni，在例（7）的P功能上发现了-kin。这些例子中的黏着代词都附属于标记目的格/将行体的助词（也可能是助动词）。SA形式被标注为主语形式，P形式被标注为宾语形式（也可参见表3.2的标记系统）。

（5）Nyini　　　　a=ni　　　　　　ingka?
　　　you.NOM(S)　PURP=2SG.SUBJ　go
　　　"你要去吗？"

（6）Nyin-ti　　　a=ni　　　　　　nuwa?
　　　you-ERG(A)　PURP=2SG.SUBJ　see
　　　"你想见到他/她/它吗？"

（7）Nyini　　　　a=kin　　　　　 nuwa
　　　you.NOM(P)　PURP=2SG.OBJ　see
　　　"她/他想要见你。"

很多语言，可能是绝大多数语言，都是像卡尔卡顿古语一样，通常在词汇动词或语法（助动词）动词上带有某种黏着代词的表达方式。我们把这些标记称为黏着代词。在有些语言中，它们被分析为附着词（clitic），即从句法角度看是词，但语音上依附于一个主体成分〔见第1章例（13）〕。在另外一些语言中，更倾向把它们分析为屈折形态（inflection）。这是大多数印欧语表达主语人称和数的传统分析方法。表3.1是拉丁语中的人称/数标记的例子。

表3.1　拉丁语中的人称/数标记

	单数	复数
第一人称	habitō	habitāmus
第二人称	habitās	habitātis
第三人称	habitat	habitant

与黏着代词有关的一个重要问题是，它们是否独立表达核心语法关系，或它们是否能与其同指的名词短语一致地表达这些关系。在拉丁语和古希腊语的传统解释中，把主语在动词上的表现称为一致关系（agreement），尽管这种标记形式可能并不伴随任何同指名词短语的出现。[2]而在印度人对梵语的翻译中，动词上的标记用来表示主语，而主格形式的名词短语是一个附加语，该附加语是与之相关的一种同位语（详见下面的3.4.1节）。似乎很多在动词上用代词性成分表达全部核心关系的语言有个一致的解释是，任何表示核心论元的名词短语在某种程度上都是附加语，是一种带有黏着代词的同位语，黏着代词承担了语法关系。在这些语言中，表达核心论元的名词短语通常是无标记的。但是，这似乎并不能恰当地分析卡尔卡顿古语，卡尔卡顿古语的名词作A功能时用作格形式，显示出区分主格-作格与诸多句法规则相关，而主语-宾语的黏着代词则没有这种相关性。再者，黏着代词在一些小句中完全不能使用。这些小句中的核心论元单独通过名词短语表示出来，也就没有理由再在句法上把这些小句和那些用黏着代词表示核心论元的小句区分开。我们似乎具备了核心关系在两种不同系统中的双重表达，一种是带有黏着代词的SA/P系统，一种是带有名词的SP/A系统。有人试图通过用附着词表达名词的词形变化来回避这一结论，于是就出现了两个非同构的词形变化表，以功能为基础的配置将会产生一种三个核心格的系统：主格、作格（在自由形式的名词词形变化表中区别）、宾格（在附着词形式的词形变化表中区别）。这样的分析同样可以通过对带有名词作格标记和自由形式的代词宾格标记的传统分析方法得出（见表2.4）。但这种应用于名词和附着词的分析有些局限。

---

2 Bresnan & Mchombo（1987）允许动词上的代词性标记在一致关系（出现交叉指称的NP）或表现形式（出现交叉指称的NP）之间进行转换。

首先来看整体–部分结构（whole-part constructions），尤其是包括人和其身体部位的结构。在卡尔卡顿古语里，和澳大利亚诸土著语言一样，领有者和身体部位通常是平行出现的，在句子中都可以用适合其语义角色的格来标记。英语句子The snake is crawling towards your leg字面上的翻译是"那条蛇正在爬向你，向腿"，而Ants are crawling on your leg则是"蚂蚁正在你身上爬，在腿上面"。如果领有者和其身体部位是及物动词的受事，那么领有者可以用宾语附着词表示。在下面的例句中，领有者编码为一个宾语附着词和一个名词短语。

（8）Ngayi   a=ngi-(i)na   itya   milthi   milnga-ngku
　　me.NOM   PURP=1SG.OBJ.3PL.SUBJ   bite   eye.NOM   fly-ERG
　　"苍蝇正在叮我（在）眼睛。"

如果我们把附着代词（clitic pronoun）看成一个名词的词形变化表，并且以黏着形式（bound form）为基础，把宾语识别为宾格，那么例（8）中的ngayi就是宾格，milthi则不是。为了让其更为清楚，表3.2按照功能排列了自由形式和黏着形式。该表只显示了一个作格标记和两个附着词的词形变化。例（8）中的ngayi和ngi对应于P这一行，milthi对应于"其他"这一行。

表3.2 卡尔卡顿古语的格和附着词

功能	名词、代词的标记	附着词	
		1st	2st
S	-Ø	lhaa	n(i)
A	-ngku	lhaa	n(i)
P	-Ø	ngi	kin
其他*	-Ø		

*见例（8）（9）和（10）

这种方法的缺陷是，丢弃了一般原则之外的一个明显例外，就是领有者与其身体部位在格上是匹配的。另一个缺陷是，需要识别出另一种格，即关于身体部位的无标记的格（见表3.2中"其他"这一行）。注意这个例子和第2章例（3）的皮詹加加拉语并不平行，后者讨论的是，如果作格标记出现在某些名词上，那么就应该在所有名词上都识别出作格。

类似的问题也出现在双宾语结构（double-object contruction）上。卡尔卡顿古语和英语一样有两个与动词anyi"给予"有关的结构，一种是把接受者表达为终点（destination），如例（9a）；另一种是把接受者和接受之物都表达为适合于P的格，如例（9b）：

（9）a. Yanyi-ngku   a=ina   awa   ntia   nga-tyinha
        white.man-ERG   PURP=3PL.SUBJ give money.NOM   me-ALL
        "那个白人正在把钱给我。"

    b. Yanyi-ngku   a=ngi=(i)na   ngai   awa   ntia
       white.man-ERG   PURP=1SG.OBJ=3PL.SUBJ   me.NOM   give money.NOM
       "那个白人正在给我钱。"

由于接受者通过宾语的附着词形式实现交叉参照（cross-referencing），因此我把它当做直接宾语，把受事当做次宾语。和包含领有者和身体部位的结构一样，把附着词放到名词词形变化表中意味着让接受者宾语作宾格，而让受事宾语作主格。这不仅能在带有宾语附着词的句子中得到支持，而且也能在那些只通过名词短语表达宾语的句子中得到支持。

从这个角度看，值得再次思考"什么是格"。格是把与中心语发生关系的那些名词进行分类的范畴。格并不总是和语法关系一一对应。如果是一一对应的话，那么我们只需处理那些关系以及表达那些关系的词形或标记。例如，如果在整个拉丁语系统中，主格形式只表示主语，宾格只表示直接宾语，与格只表示间接宾语等等，那么我们要讨论的就是主语形式、直接宾语形式和间接宾语形式。格这个概念就无需存在了，就像在时态标记和时态范畴之间或在体标记和体范畴之间没有必要进行术语范畴化一样。[3]

把附着词系统和格标记系统统一起来的问题是，附着词系统只选择了某些特定的语法关系。如果能把句法参数加入到形态变化表、附置词系统或同时包含屈折格和附置词的系统中，那么我们就把两类系统混淆起来了，也就失去了解释两类系统之间关系的机会。

表3.3说明了把两种核心语法关系交叠在一起的影响。如我们所看到的，S通过主格名词或黏着在主语上的代词表示出来，A通过作格名词或黏着在主语上的代词表示出来。如例（4）所示，工具可以表达为作格形式，但不能被黏着代词表达出来。P通过主格名词和黏着在宾语上的代词表示出来。注意表格右上角的"主格的附加语和补足语"。它包含如下这些可能性：

（a）双宾语结构中的次要（受事）宾语，如例（9）；
（b）及物小句中P的身体部位附加语，如例（8）；
（c）小句中S的身体部位附加语，如例（10）。

表3.3　卡尔卡顿古语的格和格关系

功能	格	黏着代词	语法关系
	主格		主格的附加语和补足语
P		宾语	通格
S		主语	
A	作格		作格
			工具格

---

[3] 有些语言学家使用主语格（subjective case）和宾语格（objective case）的术语，而不用主格（nominative）和宾格（accusative）。当有人认为格是多功能时，主语格和宾语格就不是所指明确的学术用语。

（10）Nyini　　　arnka　　unu=n　　　　putu
　　　 you.NOM　　 ail　　　LEST=2SG　　stomach.NOM
　　　"你可能（在）肚子生病了。"

正如我们将在3.4.3节中看到的，关系语法认为这些补足语和附加语的处理是从通格关系转化而来的。

尽管通过比较格系统和黏着代词系统分离出了S、A和P，但在语法上没必要指出S。大多数句法规则都只谈及通格语法关系（SP）（见3.2.3节）。主语关系和宾语关系只能在黏着代词系统中得到证实。

3.2.3 作为语法关系的SP

在宾格语言中，S和A可以通过这样一些特征来鉴别，如格、动词一致关系的控制、语序以及通常不能和动词非限定式形式一起出现。SA的组合被描述成具有主语关系。在典型的作格语言中，S和P通过格来鉴别，产生的问题是是否应该把它们也描述成具有主语关系。尽管在最近一百多年里提出了很多关于这种影响的讨论，但近三十年却不太多。有些人因为概念太复杂，所以对把SP称为主语的观点避而不谈。其他人则指出大多数主格–作格系统的语言在其他语法方面上存在着对S和A的鉴别方法，例如在代词的格标记上，或是在黏着代词系统上（就如我们在前面章节看到的那样）。他们倾向于使用主语这个术语来表示S和A重合的情况，无论出现在什么地方。

从我们所观察的情况来看，卡尔卡顿古语是一个主语–宾语–黏着代词的系统，同时也是一个主格–作格的系统。尽管如此，我们应该注意SA的配置只出现在黏着代词系统里，在别处它就是我们普遍称作的通格（即SP）关系：

（a）如果目的小句的A与其管辖句的通格所指相同，那么这个目的小句必须去及物化（detransitivised）［如第4章的例（50）和（51）］。

（b）在不定式小句中，无法表达出来的正是通格［如第6章的例（23）］。

（c）只有通格能被关系小句化（relativised）。

最后一点在例（11）（12）和（13）中有说明，至少考虑到了S、A和P。每个例句都包含了一个带有动词分词形式的从属小句。例（11）中从属小句的关系化功能作用在保持隐性特征的S上，用"[ ]"表示，

（11）Ngulurrmayi-nha　nga-thu　yurru　　　[ ] ngartathati-nyin
　　　grab-PAST　　　　I-ERG　　man.NOM　　sit-PARTICIPLE
　　　"我抓住了那个坐下的男人。"
　　　（I grabbed the man [as he was/who was] sitting down.）

例（12）有关系化功能的是P，所以P是隐性的。

（12）Ngulurrmayi-nha　nga-thu　yurru　[ ] thuku-yu　itya-nyin
　　　grab-PAST　　　　I-ERG　　man.NOM　dog-ERG　bite-PART
　　　"我抓住了那个正在被狗咬的男人。"
　　　（I grabbed the man [as he was/who was] being bitten by a dog.）

但如果要把任何一个通常没有被编码为通格的角色关系化，那么就必须使用一个派生的动词。为了表达"当他正在打狗的时候，我抓住了那个男人"，其中的关系化功能是由A表达的施事，于是必须使用反被动派生形式。在这种结构里，S对应于及物动词的A，与格对应于P［见前面的例（1b）］。当然下面例子中的S也是隐性的。

（13）Ngulurrmayi-nha　nga-thu　yurru　[ ] thuku-u　lha-yi-nyin
　　　grab-PAST　　　　I-ERG　　man.NOM　dog-DAT　hit-AP-APART
　　　"我抓住了那个正在打狗的男人。"
　　　（I grabbed the man [as he was/who was] hitting the dog.）

很显然，通格（SP）发挥了和宾格语言SA类似的作用。SP是基本语法关系，是只能被关系化的特殊关系（privileged relation）。如此说来，反被动是允许A进入特殊关系的一种派生形式，正是这个促使Silverstein选择

了"反被动"这个术语；和作格系统中的被动相似（Silverstein 1976）。

由于作格语言常在某些语法方面显示出SA配置，而且很多作格语言看上去只是表面上的作格，即只在格标记中显示出SP/A配置，因此我不用"主语"这个术语表示包含了S和P的语法关系。我依据极为普遍的事实将之称为通格关系，并且认识到通格在某些作格语言里是基本的语法关系。

尽管用主格表示SP并不很通行，特别在那些SP不仅是无标记格而且明显是特殊语法关系的语言里，但还是存在把SP看作主语的形式分析。第一个就是Dixon对另一种澳大利亚土著语言的分析，即迪尔巴尔语（Dyirbal）（Dixon 1972）。Chomsky在《句法理论的若干问题》（1965）中提出的模型首先把句子划分为NP（作主语）和VP（作谓语），Dixon则直接把受句子节点控制的NP看作及物小句中的P，把受VP控制的NP看作A（图3.1）。

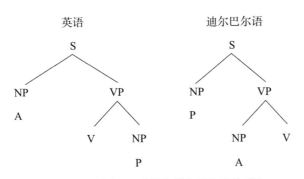

图3.1 英语和迪尔巴尔语的对比

迪尔巴尔语的分析可以应用到任何S和P在句法上表现一致的语言，即具有作格句法的语言。Marantz（1984）和Levin（1987）也提出了类似的分析。

关于语法关系的最后一点。我相信双及物结构也适用于卡尔卡顿古语，因为直接宾语能够通过宾语的一系列黏着形式提取出来。我把像例（9b）句子中的受事看成次宾语，因为它标记得像个宾语，而且是补足语［正好和例（8）中同样被标记的身体部位名词短语相反］。考虑到大多数句法规则，我们把直接宾语归入更大的通格关系中。在带有主格–作格系统、没有宾语黏着代词以及以通格为句法规则的语言里，宾语及其他术语，如双宾语等，都很难在内部语境中判定出来。与卡尔卡顿古语南部相邻的雅拉恩加语（Yalarnnga）似乎就是这样一种语言，但必须要承认支持句法作格的证据很贫乏。这种语言有一种和例（9b）所举的卡尔卡顿古语结构类似的nguny-"给予"结构，不过没有助动词。

3.3 抽象格

即使在有屈折格系统的语言里，格也并不总是以一个有区别性的屈折形式或标记表现出来，从这个意义上看，格通常都是抽象的。英语的屈折格系统只限于人称代词（I/me, he/him等）和who/whom。有人会认为英语里的所有名词性成分都有格，只不过仅在人称代词上有形态表现。在这种观点下，格的抽象本质就变得非常清晰了，因为名词性成分中只有一个小类显示出标记性。有些语言学家认为格是普遍的。这意味着把指示了依附性名词与其中心语语法关系的所有手段都看作是格的潜在标记。但如3.2.2节所示，有这样一种机制，即在一个结构的中心语上使用黏着代词去标记语法关系，这种机制往往涉及一个在标记和关系之间具有一一对应的系统。只有在格表示不止一种关系时，格这个概念才是有用的。"普遍"这种说法有危险，因为抽象格把格和语法关系混淆起来了。

在很多其他的新近理论中都可以看到抽象格。Chomsky管约模型中的格理论，主要针对的是抽象格而非形态格，它是一个很重要的语法模块或语法组成。该理论区分了结构格（structural case）和固有格（inherent case）。[4]结构格（习惯上写成Case，C要大写）根据其在一个结构配置中的位置指派给名词短语。[5]正如我们在前面章节中看到的，Chomsky最初把句子（S）的基本小句结构看作包含了一个作主语的名词短语（NP）和一

---

[4] 关于该模型的最早版本可参看Chomsky（1981）。格理论在不同地方都有描述，包括Chomsky（1985），van Riemsdijk & Williams（1986），Baker（1988）以及Haegeman（1994）。关于结构格和形态格区别的分析可参看Schütze（1993）。关于Chomsky理论框架中格的最新研究可参看Roberts（1997）的第2章。

[5] 词汇－功能语法中结构格指派的例子见2.3.4节。

个作谓语的动词短语（VP）。⁶VP的最简形式包含一个动词（V）；在及物小句中宾语NP和动词具有同等地位。管约模型中的小句结构是相当复杂的，会引入一个屈折短语（inflectional phrase）。这个屈折短语的中心语主管时态和情态，用Infl来表示。动词短语是这个屈折短语的补足语成分或内部修饰成分，而主语是指定语（specifier）或外部修饰成分。图3.2以句子They eat worms为例进行了说明。要注意，I（Infl）与其补足语（VP）形成了IP（Infl Phrase）内部标记为I'的一个组成成分。在They will eat worms这样的句子中，助动词will则占据了屈折短语的位置。

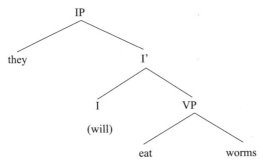

图3.2 管约论的小句结构

动词把宾格指派给它所支配的NP，即作宾语的NP。结构格的这种指派方式在宾格的形态标记中很明显，但也只是在某些语言中，并非所有语言。屈折短语（Infl），如果是限定式的（finite），就把结构中的主格指派给作主语的NP。大多数语言的主语都是无标记的或是主格形态，但在形态上有作格的语言中，如瓦尔皮里语（Warlpiri），及物动词的主语就会带上

---

6 "谓语"这个术语有两种不同的用法，但意义上有重叠。在传统语法里，谓语和主语相对，包含动词及其补足语和附加语，当然传统语法里主语比较少，在谓语短语之外的任何成分都比较少，通常在句子前面。逻辑里的"谓语"和"论元"相对，是表示一个实体性质或实体间关系的一个术语。这些实体是该谓语的论元。一个谓语可以很简单也可以很复杂。当一个谓语带多种补足语时，正如传统的谓语和主语的对立，那么它就是一个把主语看作其论元的复杂的一价谓语。

作格的形态。[7]当抽象的结构格和形态格之间出现差异或矛盾时，就能明显看到抽象的结构格更近似于语法关系。

如果格指派（case assignment）对某些特殊动词或动词集合而言是特有的，那么就将其视为固有的。例如德语的大多数二价动词都会带一个宾格补足语，少数则会带一个与格补足语。于是默认的指派就是宾格形式，而且这在结构上很容易操作，但在特殊动词的词库上就需要对与格指派作出说明，因此这样的与格指派就是固有的。

结构格和固有格的差异表现在被动态中。在管约理论中，所有名词短语都必须被指派格。由于被动动词无法指派格，因此导致宾语向主语位置移动，并在主语位置上从屈折短语（如果是有定的）变成了主格形式。与直接宾语相关的抽象宾格和标记这个抽象格或语法关系的形态宾格，在移动到主语位置上时很自然就没有伴随NP。但当动词指派固有格时，这个格就被保留下来。例（14）和（15）显示了这个差异。在例（14a）中被宾格标记的宾语在例（14b）中表现为主格主语。例（15）中，（15a）被与格标记的helfen的补足语在（15b）中体现为与格主语（Haegeman 1994:186f）。

---

7 Yip, Maling & Jackendoff（1987）提出了一个关于有宾格和作格的语言中格指派的理论。在他们的理论（Case in tiers，即"格层级"）中，句法格被定向指派，首先是无标记的格，其次是有标记的格（宾格、作格）。宾格语言的指派方向是从左向右的，作格语言的指派方向是从右向左的。通过这种指派方式，无标记的格应用于宾格语言中的 S 或 A 以及作格语言中的 S 和 P。请看下面西格陵兰语的例句及其英语翻译。

i) Kaali pisuppoq
  Karl walks
  NOM
ii) Kaali-p(ERG) Hansi takuaa
  ERG   NOM R-to-L
  Karl   sees   Hans
  NOM   ACC   L-to-R

尽管如此，这个系统并没有在句法作格和形态作格上作出区分；它设定了一些关于词序的假设，但不能应用于全部作格语言；它不能处理和语法词序相对的语用词序；也不能处理那些基于词汇内容或其他词汇方面使用作格和宾格标记的语言（见 5.2.4 节）；也不能处理主动系统（见 5.2.3 节）。

(14) a. Sie   sieht   ihn
       she.NOM sees   him.ACC
       "她看见他。"

   b. Er   wird   gesehen
       he.NOM   is   seen
       "他被看见。"

(15) a. Sie   hilft   ihm
       she.NOM help   him.DAT
       "她帮助他。"

   b. Ihm   wird   geholfen
       him.DAT is   helped
       "他被帮助。"

这种差异是很明显的，但很多分析都认为（15b）是没有显性主语的无人称代词被动，并且认为其中的ihm承担了和主动句例（15a）一样的语法关系。

动词和介词通常都可以指派格，但几乎不太能获得格。[8] 形容词和名词通常可以获得格，但不是在所有语言中都能指派格。Van Riemsdijk提出了一个格指派（case assigners）的等级序列（1983:249）：

（16）动词 > 介词 > 形容词 > 名词

他还指出，在等级序列中处于较低位置上的格指派成分，更有可能是在等级中靠近旁格一端的格。如果形容词和名词指派格，那么典型地就是与格或属格，不会是宾格。

名词和形容词通常不被认为是结构格指派成分。如*Dad is proud John中的短语proud John是不合语法的，因为John不能被指派为一个格。所有名词性短语都必须被指派成格。而上述短语则可以通过插入of形成Dad is

---

[8] Stowell（1981）为那些可以指派格却不能获得格的词类，提出了一个"**格抵抗原则**"（**Case Resistance Principle**）。

proud of John，这就变得合理了。Of被看作是表示抽象属格的无意义的格标记。但是要注意，和英语中的其他介词一样，of支配着宾格的形态，即Dad is proud of him。

属格被视为固有的，而非结构的。思考下面的例子：

（17）*Dad is proud [John to be the winner]

这句话即使插入了of也不能变成一个合语法的英文句子。直觉上其原因是很清楚的。因为父亲不是为John骄傲，而是为[John to be the winner]这个命题内容而骄傲。形容词是一个固有格的指派成分，而不是一个结构格的指派成分。结构格的指派成分通常只是对结构而言，而固有格的指派成分通常是就语义角色而言（管约论称之为题元角色）。固有格的指派成分只能在其指派一个语义角色时指派出格。例（17）中proud的补足语的语义角色是方框中显示的小句，而不仅仅是John。

管约论的格指派原则假设了一个VP。在某些语言中，动词及其宾语不是相邻的。例如凯尔特语（Celtic）就是这样，大多数情况下它的语序是动词–主语–宾语。这样的语序被看作是移位的结果，一种可能性就是动词移动到了主语的左边。某些语言的语序似乎是对话语需求的具体反映，并且很少有VP成分的证据。在另外一些复综语类型的语言中，论元通常表现在动词中，只要有名词短语表示论元，那么就会存在这样的可能，即在某些情况下这些名词短语是动词中通过代词表现出来的一种同位语位置上的附加语。在这样的语言里也是很少有VP的证据。但是，在所有这些情况下，Chomsky的传统是假设了一个潜在的VP结构。

管约论认为不定式（infinitive）是不能把格指派给其主语的，因此像（18a）这样的句子不符合语法，因为have不能给her指派格。但（18a）可以通过添加介词挽救回来，如（18b）中的for可以把宾格指派给her：

（18）a. *[[Her to have to chop the wood] was just too much]
　　　b. [[For [her to to have to chop the wood]]was just too much]

当不定式小句用作补足语时，像例（19）中him这样的名词性短语就能成为不定式的主语，并且通过限定性支配动词获得宾格形式。[9]

(19) We believed [him to be the culprit]

例(18b)和(19)是**特殊格标记**（exceptional case marking）的用例，在这种情况下格是在正常的支配范围之外被指派的，换句话说就是，格可以跨越通常所谓的障碍被指派，即不定式小句的边界。例(18a)(18b)和(19)的方框部分表示出了这种假设存在的边界。

拉丁语为动词指派固有格和结构格以及产生特殊的格指派提供了有用的例子。动词crēdere"相信、信任"带一个表示被相信或信任的实体的与格补足语，还带一个不常出现的宾格补足语，即直接宾语，这个直接宾语用来表示所相信或承认的内容。该动词还把一个"宾格不定式结构"也看作补足语，如例(20)：

(20) Crēdidimus   Iovem   regnāre
     believe.PERF.1PL   Jove.ACC   reign.INF
     "我们相信Jupiter能统治。"

Crēdere需要被分配出三个词汇位置。其一表示与格补足语，这是固有格指派的一种情况。其二表示NP补足语，其三是不定式小句补足语。在第二和第三种位置中不会指派任何格。句法上默认指派宾格，如果像例(20)中出现了一个不定式小句的补足语，那么就会应用特殊格标记原则把宾格指派给名词性短语，使之成为不定式的主语。由于拉丁语是一种在很大程度上由语用因素决定语序的语言，因此这将成为另一种语言用例，即该语言的结构格的指派需要假设一个底层的VP结构，且这个结构一般通过使用多种移位规则伪装起来。

在Chomsky最简方案的新近研究中（例证可参看Chomsky 1993），屈折短语（Infl）被分解为很多包含时态在内的不同节点，而且在底层结构中主语是VP的指定语（specifier）（即动词内主语假设）已经成为了普

---

[9] 更被普遍接受的分析是，把him看成升级高层小句，它是这个高层小句中的直接宾语。也可参见注释19。

遍的假设。如果我们注意到主语是实义动词的论元,而不是时态或情态的论元时,就可以发现提出这个假设的动机。这些都是高层谓语(higher predicates),主语从VP内的指定语位置上提升出来,进而成为表示任何什么时态或情态的谓语的主语。这种"分解的屈折短语"(split Infl)也包含主语节点和宾语节点,各自映射了一个带有指定语位置的短语。主语和宾语或显性或隐性地提升为具有主格特征或宾格特征,这些特征在指定位置上可以检测出来。这一程序适合于更大的理论检验框架,在这种理论框架中词汇项目通过有各种功能的中心语得到允准。这使我们能站在更高处描写这个系统。可以说,格理论不应作为一个可辨识的独立理论模块继续存在。

3.4 语义角色和语法关系

自从20世纪60年代晚期,很多新提出的理论都认为由名词依附语与其支配者产生的语义关系可以形成一个通用格的小集合。由于语言之间关于有多少个格和多少个附置词存在很明显的差异,因此语义关系常常不能直接在形态句法中反映出来。设定一套通用语义关系的理论包括Fillmore提出的格语法(1968,1971)、John Anderson的方位主义格语法(1971,1977,1997),Starosta的词格(1971,1988)以及Dik的功能语法(1978)。

所有的现代理论都涉及了一些语义关系,这些语义关系并不总是在形态句法上直接反映出来,但在某种程度上它们可以相互区别,也就是用句法的而非语义的证据去分离语义关系。术语上也还有很多混淆的地方。Fillmore最初提出了一套带有类似传统格标签的通用关系(施事格、工具格、与格、使役格、处所格、宾格)(1968:24-5),但后来又换成了施事、感事、工具、客体、源点、目标、处所和时间,其中除了客体之外,其余的在语义上都更加透明,并且和传统格标记也不太容易混淆(1971)。他将这些格称为"句法–语义关系"格,其关于语法的及其类似的概念逐渐被称为格语法(1968:19)。近三十来年,人们越来越普遍地把Fillmore式的格称为深层格（deep cases），而把传统的格称为表层格（surface cases）。使用最普遍的单纯用来表示语义关系的术语有语义角色、格角色、题元角色（词汇–功能语法）和 θ 角色（管约论）。[10]我要使用的是"**语义角色（semantic role）**"或仅仅用"**角色（role）**"来表示一种语义关系。

这些语义角色需要和**语法关系（grammatical relations）**相区别（见1.1节）。在格、一致关系、语序、附置词等形式差异的基础上，我们能够分离出很多语法关系。其中一些是纯句法的：主语、宾语、间接宾语、作格和通格，各自都包含了若干角色。另外一些则在语义上是同质的。例如，经常可以发现，处所和工具是通过格区别开来的。在这种情形下，语法关系和语义角色是一致的。有些角色如施事、感事和受事通常都包含在纯句法关系之下，通常只能通过语义测试分离出来。有些角色，如工具和处所，通常在纯句法关系之外表达出来，有时可以通过一种纯句法关系表达出来。通过离格关系表达出来的工具可见前文例（3）的卡尔卡顿古语用例。

如1.1节所述，"**格关系（case relation）**"这个术语也出现在一些文献中。对于某些人来说，它和前面所描述的语法关系是同义的（如Silverstein 1976），但它可能更多地用来指某些理论中提出的句法–语义关系。在本书中，它将被限制在方位主义格语法（3.4.4节）和词格（3.4.5节）的关系上。

不依附于名词短语标记的一套"句法–语义关系"这种说法并不完全是新产生的。实际上，这类关系在古印度语法学家Pāṇini的著作中就可以找到，所以在讨论近三十年的研究成果之前，有必要先简单讨论一下这类关系。

3.4.1 Pāṇini及其造作者理论

Pāṇini的梵语语法以《八章书》（*Aṣṭādhyāyī*）著称。其成书年代并不

---

10 词汇–功能语法的起源包括Bresnan（ed.）（1982）、Bresnan & Kanerva（1989）以及包含了理论基本框架的Neidle（1988）。

确定，约在公元前600年到公元前300年之间。这是一部源自古老传统的极其复杂的著作，至今都在为印度的语言学习提供范式。Bloomfield把Pāṇini语法描述为"人类智慧的最伟大的里程碑之一"（1933:11）。众所周知，18世纪晚期欧洲学者对梵语的"发掘"和对其在谱系关系上与希腊语和拉丁语同源的认识极大地刺激了历史比较语言学。也有人指出，熟悉Pāṇini和古印度语传统有助于提高描写语言学的复杂程度。我们这里涉及的是Pāṇini理论的某个方面，即造作者（kāraka）理论，该理论虽然已被很多学者讨论过，但还不是很有影响。

造作者指的是名词和动词之间的语义关系。动词被看成是句子的中心，而每一个名词性的依附语都要被指派成六个造作者中的一个。（21）列出了这些造作者，并且附上了常见的英文翻译。"宾语"（object）这个术语不太令人满意，因为它通常表示一种纯句法关系。类似"受事"这样的术语可能更合适。

（21）kartṛ　　　　　　　agent（施事）
　　　karman　　　　　　object（宾语）
　　　karaṇa　　　　　　 instrument（工具）
　　　sampradāna　　　　destination（终点）
　　　apādāna　　　　　 source（源点）
　　　adhikaraṇa　　　　locus（处所）

为了观察到造作者的重要性，有必要把它们和梵语的格系统进行对比，因为格显然是表示造作者的主要方式。梵语有八个格，在阳性单数a-词干中都能区别出来。在Pāṇini语法和印度的传统中，它们通常被标记为表3.4中的数字，而且经常由这些数字来代指。

表3.4 梵语的名词变格，以deva-"神"的表示为例

1	devas	主格
2	devam	宾格
3	devena	工具格
4	devāya	与格
5	devāt	离格
6	devasya	属格
7	deve	处所格
8	deva	呼格

呼格不能标记动词的依附语，因此呼格标记的名词不承担任何语义角色。属格被认为是定语，所以属格标记的名词也不能被指派造作者。但是，属格确实有状语功能，也就是标记一小部分动词的补足语，如mātuḥ smara-ti（mother.GEN remember-3SG）"她/他怀念他/她的母亲"（Filliozat 1988:86）。另外的六个格都有格和kāraka之间的常规关联，如下所示：

（22）主格　　　kartṛ　　　　　agent（施事）
　　　宾格　　　karman　　　　object（受事）
　　　工具格　　karaṇa　　　　 instrument（工具）
　　　与格　　　sampradāna　　 destination（终点）
　　　离格　　　apādāna　　　　source（源点）
　　　处所格　　adhikaraṇa　　 locus（处所）

然而，这个列表是有误导性的，即它显示出格和造作者kāraka是一一对应的，并且认为主格只表达一种造作者。如果考虑主动句和相应的被动句，就会看到这种一一对应的关系是有条件限制的。

（23）Devadatta　　　odana-m　　　paca-ti
　　　Devadatta.NOM　rice-ACC　　　cook-3SG
　　　"Devadatta煮米饭。"

（24）Devadatt-ena   pac-ya-te   odana-ḥ
      Devadatta-INST cook-PASS-3SG   rice-NOM
"米饭已经被Devadatta煮好。"

限定动词上标记的人称编码了一个造作者，即主动句中的施事（kartṛ）。主格只编码动词上人称标记的意义。由于被主格标记的名词和动词上的人称标记［例（23）中的-ti］所指相同，因此它就是施事（kartṛ）造作者的所指对象。主动句中的宾格编码受事（karman）。被动句中动词上的人称标记编码受事（karman）。带人称标记［例（24）中的-te］的有交叉参照一致关系的主格叫作受事（karman）。工具格编码施事（kartṛ）。

如果考虑了被动句，那么就可以说明格和造作者之间不是一一对应的，主格也不是编码一种造作者。但Pāṇini对被动的处理又给人留下了一个有误导性的印象，即造作者类似现代理论中倾向保持固定释义的深层格或语义角色。现在来看下面这组句子及其解释（Cardona 1976b：22-4）：

（25）Bhūmāv   ās-te   Devadatta-ḥ
      ground.LOC sit-3SG   Devadatta-NOM
"Devadatta正坐在地上。"

（26）Bhūmi-m   adhy-ās-te   Devadatta-ḥ
      ground-ACC on-sit-3SG   Devadatta-NOM
"Devadatta正坐在地上。"

这两个句子表述了相同的客观事实，其中Devadatta是坐着的那个人，bhūmi是处所。例（25）中的bhūmi被处所格编码，可以解释为表达处所（adhikaraṇa）。例（26）使用了及物动词adhyās-（adhi"在"+ās"坐"）。Bhūmi是宾格形式，可以理解为表达了受事（karman）。有很多与此相似的例子都表明Pāṇini把客观事实和语言的事件编码进行了区分，即他考虑到了一个事件的多种语义解释。我现在还不能十分确定例（25）和（26）在语义解释上的差异，但类似的成对用例可以在很多语言中找到，包括拉丁语、英语、印尼语和卡尔卡顿古语，在这些语言中，把处所升级为直接宾语，结果是对所影响的实体增加了一种意义。下文中例（34）和（51）给出了英语用例。拉丁语用例见第6章注释5。

3.4.2 Fillmore

Fillmore把存在一套普遍的基本语义角色这个说法提到了显著的地位上。在1968年发表的会议论文《格辨》（The Case for Case）中，他提出了六个"格"，后来修改和扩展到八个（见3.4节）。这些"格"都是深层结构的格，被描述为"底层的句法语义关系"。这种格区别于"格形式"，包含表达格的多种方式：后缀、异干、介词等（Fillmore 1968:21ff）。和Fillmore相似的角色集合在其他语言学家的著作中也能找到，包括Halliday（1967-8）、Chafe（1970）、Longacre（1976）、Dik（1978）和Cook（1979）。

建立一套普遍的语义角色是一项艰难的工作。尽管一些角色可以通过某些语言中的格或介词区分出来，但在很多情况下却都是靠语义测试分离出来的。既没有统一的标准，在普遍的格清单上又没有一致关系。要确立不同的角色并描写出角色的特定论元，在很大程度上会涉及世界上不同实体间的超语言学的关系分类。在角色的显著表现上，如施事、受事、源点和工具，倾向于保持一致，但随之产生的是显著角色之间的关系分类问题。在确定分类应该多么精细上也会出现问题。如，She made the bowl from clay（她用泥做了个碗）中有一个表现为制作某物材料的实体。概念上是有区别，但针对这个概念通常缺乏标记。另一方面，由于不同语言编码不同，如有的编码为离格，有的是工具格，因此就需要在跨语言的对比中来认识格。这里我们不准备处理这些问题，下面的角色清单被认为是在文献中频繁被区分出的角色清单。这也是本书所采用的角色清单，在某种程度上也反映了我自己的偏好。

受事（patient）

几乎所有语义关系清单都有一个包含如下内容的角色：

（i）处于某种状态或发生变化的实体：
　　The sky is blue　　（天空是蓝色的）
　　The flame grew bright　（火焰越来越亮）
（ii）放置于某地或移动的实体：
　　The lion is in the cave　（狮子在洞里）
　　The stone moved　　（石头搬走了）
　　He moved **the stone**　（他搬走了石头）
（iii）受影响的或被另一个实体影响的实体：
　　The bird ate **the worm**　（鸟吃了虫子）
　　The bird sang **a song**　（鸟唱了一首歌）

Fillmore把这个角色称为客体（object），后来改作宾格（objective）；Gruber称之为题元（theme）；其他人称为目标（goal）和受事（patient）。[11] 宾格和客体的叫法都不太令人满意，它们容易在格和语法关系之间产生混淆。题元这个叫法，源自Gruber1965年的博士学位论文（也可参看Gruber 1976），由于这个术语很早已被布拉格学派的语言学家用来表示一种话语语用功能，因此也不太令人满意。目标这个叫法，有时我用来表示终点角色，所以也不太理想。受事这个叫法，虽然它不能对所有例子都适合［像（i）和（ii）中的前两个例子］，但它是诸多选择项中使用范围最广的术语。实际上很多语言学家都区分了题元和受事，（i）和（ii）为题元，（iii）是受事。还有人把二者合并到受事或题元里。我在本书中使用受事这个术语，有必要将其分为受影响的受事、造成影响的受事或中立的受事。有人会说这样的受事和语义实体相比更像是一种句法实体，但我不确定是否需要在句内为了对立而再把它们细分成小类［还可参见下面例（27）的讨论］。从更广泛的意义看，受事是一个基本角色，它和谓语有着最紧密的语义关系。虽然对一小部分一价谓词来说，如SHOUT（喊叫）和URINATE（小便），这似乎并不正确，但包括Gruber（1976:38）在内的很多语言学家都指出受事是一个必选的角色（obligatory role）。对于表示

---

11 Fillmore把被影响的受事（She built a sand castle）处理为役事（factitive）（1968），后来又处理为目标（1971）。

身体发出的动作的谓语而言，也是存在受事（被影响的实体）的，但没有被表达为一个论元（Blake 1982）。

施事（agent）
完成某一动作行为或产生某种状态变化的实体。

  The robots assembled the car   （机器人组装了汽车）
  The crowd applauded   （众人欢呼）
  The sun melted the ice   （太阳融化了冰雪）
  The race was won by **the favourite** （比赛被最有希望的获胜者赢了）

工具（instrument）
动作行为或状态变化得以实现所使用的手段。

  She squashed the spider with **a slipper** （她用一只拖鞋拍扁了蜘蛛）

感事（experiencer）
感受某种情感或知觉的动物或人。

  They love music   （他们爱音乐）
  They see everything   （他们看见每个东西）

有些学者对像see或hear这样的动词的感知者（perceiver）或认知者（cogniser）和像love这样的动词的感事进行了区分。感知者几乎总是在句法上和施事相匹配，而感事则经常要区别对待（见3.4.3中对转换的简要讨论）。在一些东北部高加索语（Caucasian）中，感知者与施事、感事都不同。见第5章的例（6）（7）和（8）。

处所（location）
实体的位置。我们认为处所以及其他表示处所的角色都能像指空间那样来指时间。但有些语言学家，包括Fillmore和Dik在内，则区分了时间性的角色和空间性的角色。

  The vase is on/under/near **the table** （花瓶在桌子上/下/附近）

Australia Day fell on a Tuesday （澳大利亚国庆节在周二）

源点（source）
实体移动或开始的那个点。
They got news from **home** （他们从家里知道了消息）
Since **June** everything has been all right （自从七月一切都变好了）

路径（path）
实体移动的过程。
The dog chased the cat along the **path** and through the **conservatory**
（狗沿着小路穿过暖房抓住了猫）
They managed to survive through the **drought**
（他们努力活过干旱）

终点（destination）
实体移向的某个点或朝向的某个点。
He turned to **the altar** and walked towards **it**
（他转向圣坛并朝它走了过去）
She slept till **dawn** （她一直睡到天亮）

方向（**direction**）和目标（**goal**）也是可供选择的术语，但前者的意义并不透明，后者还用来表示受事/题元和与事。

与事（recipient）
有生的终点。
She gave her spare change to **the collectors** （她把零钱给了收银员）

目的（purpose）
动作行为的目的。

He went to the Red Rooster for **some take-away**
（他去红公鸡餐厅要了一些外卖）

受益者（**beneficiary**）
动作行为所要服务的有生实体。
She did the shopping for **her mother** （她替她妈妈去购物）

方式（**manner**）
动作行为得以完成的方式，或状态得以改变的方式。
He did it with **great skill** （他高超地完成了）

程度（**extent**）
动作行为实现或状态持续所需要的距离、范围或时间。
It lasted **the winter** （它持续了整个冬天）
He ran (for) **three miles** （他跑了三英里）

领有者（**possessor**）
拥有另一个实体的实体。
I saw **John's** golf clubs （我看见了John的高尔夫俱乐部）
有些学者把被领有之物称作所有格（possessum）。它应该和受事（主目）等同起来，有些语言有这种等同的形式证据。例如，参见5.4节阿巴扎语（Abaza）和尤皮克语（Yup'ik）的例子。

虽然语言学家们在角色的通用清单上没有达成一致，但在描述这些角色时都倾向于坚持一套共同的惯例：

（a）清单要小
（b）一个角色在一个句子中只能被指派一次
（c）依附语只能担任一个角色
（d）角色在释义中保持不变

清单要小

所有已提出的角色清单都是相对较小的，通常和一种典型格语言的格数量一样，也就是在6到10个左右。如果把补足语考虑进来，那么在动词的意义与其论元角色之间就会出现明显的关联。动词hit隐含着一个击打者和被击打者，动词scrape隐含着一个刮擦者和被刮擦者，等等。当然没有人会建议把击打者和刮擦者处理成两个不同的角色，而是抽象为施事概念；类似地，也没有人会建议把被击打者和被刮擦者看成两个不同的角色，而是抽象为受事概念。但问题是要确定这些角色的范围。来看一下The pelican watched the fish（鹈鹕观察着那条鱼）中的动词watch。鹈鹕可以被描述为施事，但在被行为所影响的实体这个意义上鱼却不是受事（至少它不是必然受影响的），有人会把它描述成承担了题元角色（见上文）。但是，受hit影响的受事和没受到watch影响或中立的受事在组合关系上不是对立的，而且在聚合关系上也不是对立的，所以有人会把它们处理为共用同一个角色。如果有人确实这么做了，那么就会发现一条语言的互补分布原则。由于补足语角色在语法上能够发挥的唯一功能就是指出一个动词的方向，因此采取这个措施也还是有效的。[12]例如我们来看下面的句子及其法语翻译：

（27）a. He misses you very much （他非常想你）
　　　　感事　　　受事
　　　b. Tu lui manques beaucoup （他非常想你）
　　　　受事 感事

对于英语动词miss而言，主语表达出有失落感的感事，而直接宾语表达中立的受事。对于法语动词manquer而言，当用来表示相应意义时，主语编码中立的受事，而间接宾语（lui）编码感事。很显然语法需要去指出哪个语法关系编码哪个角色，但并不需要指出某种区别，如受影响的受事和不受影响的受事或题元之间的区别。当然如果有人能全部探索出互补分布，那么最终就会倾向于得到句法实体而非语义实体。

---

12 参见 3.5.4 节的角色等级序列。有人认为角色和反身代词、被动态的句法性质有关。

然而，对句法关系的探索引出需要多少种分布的问题，对介词的考察则引出了相反的问题，即最少需要多少种分布。在很多语言中都能找到一套达到40余个成员的介词，某些芬兰语（Fennic）和东北部高加索语的格系统也接近这个数字（参见5.6节）。组成这些介词集合的大多数形式是处所的，表达诸如"上面""下面""附近""在"等概念。如果要把这些都表达成独立的角色，那么格清单就会比经典的那个大很多。显然，不能把这些处所形式都当成独立的角色来表达，而是要保留基本角色这个概念。这些处所形式可以被分析为带有相关方向标记如"above""below"等的源点、处所、路径和终点等概念。还可参见表5.4。

一句一例

每个角色都只能在句中被指派一次，这是得到普遍赞同的看法。但有两点需要解释：允许并列结构（Jack and Jill went up the hill）和允许对某一位置的多项说明（It is on the shelf, to the left, behind the door）。当名词性成分出现在同位语结构中时，它们可以共享一个角色，但也有人认为同位的名词性成分中只有一个是应当出现在小句中的。无论如何，同位的名词性成分是共指的（coreferent），所以只有一种指称被理解为担任了被指派的角色。[13]而一个角色的多项指派是John Anderson的方位主义格语法的特点。例子可见3.4.4节。

依附语只能表示一个角色

大多数语言学家坚持认为，每个依附语只能承担与其支配者相关的一个角色，但有些动词已经提出了挑战。如buy和sell这组动词。来看下面的角色指派：

（28）Fred　bought　the book　from John　（Fred从John那儿买了那本书）
　　　施事　　　受事　　　源点

---

13 参见前文例（8）和例（10），整体和部分共有一个角色。

（29）John sold the book to Fred　（John卖给Fred那本书）
　　　施事　　　　受事　　　终点

例（28）中的Fred是施事，他引发了一个动作行为；书是受事，它从领有者John转移到了Fred；John被标记为源点，也就是书是从他那里开始转移的。例（29）中的John是施事，他引发了一个动作行为；书是受事；Fred被标记为终点。但有些人指出，例（28）中的Fred是终点，他接受了这本书；例（29）中的John是源点，书的转移始于他。如果有人持这种观点，那么他就不得不考虑和书相反的方向中钱的转移过程。[14]把两个动词定义中必需的全部角色都提取出来，似乎没什么必要。把施事归到主语上、把受事归到宾语上，这种角色归属可以把buy和sell与动作行为动词这个大类联系在一起，但如果这些动词被标记上[+动作行为]特征，那么就可以推测施事和受事分别是动作行为动词主语和宾语的默认角色。

Foley和Van Valin（1984）及Van Valin后来研究中的角色参照语法（Role and Reference Grammar）（Van Valin 1993）框架中介绍了两个超级角色（macroroles），即动作者（Actor）和经受者（Undergoer），没有施事、受事、感事这样的角色。动作者和经受者足以描述谓语的动作指向［如上述例（27）所示］，这个谓语所带有的更为具体的角色，如施事或感事，则可以从动词的语义中推测出来。

释义时角色不变

在普遍接受的传统分析中，格可以通过释义和同义翻译被确定出来；它们不依赖于表达方式（参考Agud 1980:456）。Fillmore把一个表达出来的施事认为是带与格施事的主语或带离格施事的主语（1968:19）。所有这些可能性都能在拉丁语中找到，其中与格和动形词（gerundive）一起使用，[15]而离格和被动态一起使用（虽然离格在有可能混淆的情况下可以和动

---

14 参见Jackendoff（1972:34-6）的论述；还有Somers（1987）。

15 动形词是一种源于动词的类似被动态的形容词。它表示"X需要被做"。英语里有一些保留下来的拉丁语动形词，如：amanda"要求被爱的女性"、memoranda"要求被记住的事情"和agenda"要求被做的事情"。

形词一起使用，且被动态也可能是与格）。

作为主语的施事

（30）Mīlītēs　　hanc　　provinciam　　dēfendērunt
　　　troops.NOM　this.ACC　province.ACC　defend.PERF.3PL
　　　"军队守住了该省。"

带离格施事的被动

（31）Haec　　provincia　　ā　　mīlitibus　　dēfensa　　est
　　　this.NOM　province.NOM　by　troops.ABL　defended.NOM　is
　　　"该省已经被军队守住了。"

带与格施事的动形词

（32）Haec　　mihi　　provincia　　est　dēfendenda
　　　this.NOM　1SG.DAT　province.NOM　is　defend.GERUNDIVE.NOM
　　　"该省要被我守住了。"

虽然话语语用结构有所不同，但通常认为主动句及其相应的被动态在命题内容上是同义的。Mīlītēs在例（30）和例（31）中都是施事，只是在主动句中，mīlītēs没有一个特殊的角色标记；主格标记主语语法关系，这个关系可以编码很多个角色，如施事、感事和受事。但在被动句中，mīlītēs出现在ā/ab（后者是在元音开头的词中的强制变体）支配的离格中，ā/ab的意思是"从……"，如：ab eō locō"从那个地方"。实际上，各种学派的现代语法学家在常规的实践中都会忽视像这种情形下格的选择和（或）介词的选择。不能把介词ā/ab解释为普遍的意义，而要将其视为一个语法标记。

用ā/ab和离格表示被动施事会产生一个有趣的对比，下面带有离格施事的句子并不是被动（《高卢战记》1:20, 4，译自 Rubio 1966:89）。

（33）Sī　quid　　　　eī　　　　ā　　Caesāre　　gravius
　　　if　anything　3SG.DAT　from　Caesar.ABL　more.serious.NEUT

accidisset,...

happen.PPERF.SUBJ.3SG

"如果任何戏剧性的事情从/在Caesar那里降临在他身上……"

如果没有被动，就不会有与之对应的主动，这很难避免在表面上让ā Caesāre发挥一个"从"类短语的功能。虽然没有表达出任何的中介物（agency），但从对所述意义的解释来看需要Caesar这个中介物。

与格施事也是非常类似的情况。虽然例（32）指的是一个自我（ego）成为施事的情况，但例句并没有把自我表达成施事。可以将其翻译成"守住该省取决于我"或"对于我来说该省要守住"。正如Rubio（1966:150）所指出的，"与格施事"这个术语不是很恰当。像例（32）这种句子中的与格可以被理解为间接涉及的人，即典型的间接宾语，中介的意义仅仅是动形词内容所需要的。例（32）中的与格很像例（33）中的离格。在这两个例句中，中介都没有直接表现出来。

很多用例显示出格语法的问题。被Fillmore认为确实是有问题的一种类型是选择不同宾语时出现的价变（valency alternations）。假设我们描述这样一个情景：施事（John）移动客体（a smoking pipe）并使之和另一个客体（a wall）有轻微接触。在英语里我们可以说成例（34a），也可以说成例（34b）：

(34) a. John tapped the wall with his pipe

（John用他的烟斗敲打墙面）

b. John tapped his pipe on the wall

（John在墙上敲打他的烟斗）

格语法中的深层格在释义时保持不变。认为例（34a）中的墙是受事，烟斗是工具，使之转换角色就成为例（34b），或者认为例（34b）中的烟斗是受事，墙是处所，使之转换角色就成为例（34a）。显然我们并不能同时表达这两种情况，从而就得出释义时角色不变。如果有人认为（34a）和（34b）表现了对同一物理事件的不同编码，那么问题就不存在了。如果

John被看到正在用他的烟斗敲打墙面以确认墙是否是中空的，那么（34a）可能是我们的选择。墙就被看作是受事，而他的烟斗是工具。如果John被看见正在墙上敲打他的烟斗以去除烟斗中的一些潮湿的烟丝，那么（34b）就是可能的选择。他的烟斗被看作是受事，而墙是处所。[16]

把一个实体编码为客体而非不相关的依附语经常会增加一种受动义（affectedness）。这可以在例（34a）和（34b）中看到。在这两个句子中，敲打是指向受影响客体的。文献中有很多这种例子，包括Pāṇini的例（25）和（26）这组句子。我不清楚梵语句子中是否有这种差异，但这种区别很容易被发现。受动义可以和这种事实联系起来，即bhūmim是动作行为动词的直接宾语。处所义则归因于动词的处所特征或位置特征。

这些例子并不意味着角色在释义过程中难以被追寻。很明显，有人可以在Mary gave a book to Martha和其释义Mary gave Martha a book中确定受事和与事，但要承认有不止一种看法的情况（"敲墙"的例子）和那些隐含着但未编码出来的角色（拉丁语与格施事的例子）。

Fillmore的格语法以及其他人对建立普遍角色小清单的类似探索多少都有点声名不佳，因为没有人有能力去制作一个确定的清单。但像管约论和词汇–功能语法这样的很多重要理论都接受了语义角色这个概念，只不过他们不去限制这个普遍角色清单。

3.4.3 关系语法

关系语法是20世纪70年代早期由Perlmutter和Postal首先发展起来的一个理论。[17]由于该理论关注的几乎完全是语法关系，因此就和格的研究产生某种联系。该理论将语法关系看作是不能被定义的初始概念。主语、直接宾语、间接宾语等语法关系是"**项**"（**terms**），处所格、受益格、工具格等是"**旁格**"（**obliques**），在项和旁格之间作出了区分。项是纯句法关系，而旁格是语义关系。语法关系形成的等级如下所示：

---

16 类似句对的相似阐释可参见 Dik（1978:99f）。
17 早期包括 Perlmutter(ed.)（1983），Perlmutter & Rosen(eds.)（1984），以及 Blake（1990）。

（35）主语　直接宾语　间接宾语　旁格
　　　　1　　2　　　　3

这个理论是多层的，即动词的依附语可以在不同层次上承担不同的关系。初始层（intial stratum）上的关系是由语义决定的。施事或感事会成为主语，受事会成为直接宾语，接受者会成为间接宾语，其他的角色如处所格会编码到适当的旁格关系中。下面的句子直接反映了初始层的关系。从这里开始，我们将采用关系语法中以等级位置来指代关系的惯例（1=主语，2=直接宾语，3=间接宾语）：

（36）Abel　slew　Cain　（Abel杀了Cain）
　　　 1　　　　　2

（37）Eve　gave　the　apple　to　Adam　（Eve给了Adam那个苹果）
　　　 1　　　　　　　2　　　　　3

把被动句或双宾语解释成包含两个层次。在被动句Abel was slain by Cain（Abel被Cain杀了）里，论元Abel从2升级到了1。论元Cain已经变成了一个**失业语**（**chômeur**）。法语词chômeur的意思是失业人员，这里表示与大量关系语法术语关联在一起的隐喻引申。（失业语是关系语法术语之一，指一个名词性成分，在小句中的作用被另一个名词性成分取代，缩写为cho.——译者注）

（38）Abel　was　slain　by　　Cain　　（Abel被Cain杀了）
　　　　 2　　　　　　　　　　 1　　　（初始层）
　　　　 1　　　　　　　　　chômeur（终极层）

失业语在初始层是找不到的，但在多层次的句子里就会出现，多层句子中依附语经过重新评估（revaluation）从项的地位上被取代下来，就如例（38）中初始的1升级并替代了2。失业语缺少一些对应项的特征，而且在不具有项地位的时候不能被升级。关系语法里没有对具有间接关系地位的处所格、工具格等重新评估。被动句中的1-失业语可以通过特定的前置词、后置词或/和格表达出来，但这种标记形式永远都不能表达间接关系。

下面的句子是对双宾语结构的说明。把接受者看成初始的3，它可以升级到2。升级的结果是初始的2（受事）降级成了失业语。

（39）Eve gave Adam the apple　（Eve给了Adam那个苹果）
　　　　1　　　 3　　 2　　　　（初始层）
　　　　1　　　 2　　 chômeur　（终极层）

把接受者宾语看成直接宾语的一个主要证据是，这个宾语能够通过被动形式升级为主语：

（40）Adam was given the apple by Eve （Adam被Eve给了那个苹果）
　　　　3　　　　　　　 2　　 1
　　　　2　　　　　　　 cho　 1
　　　　1　　　　　　　 cho　 cho

在有黏着代词的语言里，对于直接宾语而言，双宾语结构中的接受者宾语通常通过直接宾语系列表现出来，说明这个接受者宾语实际上是直接宾语。前文卡尔卡顿古语的例（9）可以证明这个观点。但在英语里，双宾语的分析是有争议的。接受者宾语被认为是直接宾语，在这个位置上可以直接跟在动词之后，而且可以通过例（40）那样的被动形式升级成主语。然而，当双宾语的第一个宾语是受益者［I made her a cake（我给她做了个蛋糕）］时，它就不能升级为主语。另外，第一个宾语不管是接受者还是受益者，都不能被自由地关系化（？I saw the man who you gave/made a cake），但直接宾语可以（I saw the man who you admire）。Hudson（1992）提出英语双宾语中的第二个宾语应该被看作直接宾语，但在目前的研究中会把接受者或受益者看成直接宾语，这种分析似乎得到了跨语言的支持。

另一种值得提出来的关系语法分析是领有者升级（possessor ascension），它和上文例（8）和例（10）中卡尔卡顿古语涉及身体部位的用例相关。我们要想出一个和例（8）类似的句子，但要投射在将来时中而不是目的格中，以便让我们避免黏着代词的复杂性。回忆一下，例（8）中身体部位领有者和被领有的身体部位是平行出现的。例（41b）表达了例（8）的命题内容，并且和例（41a）配对，（41a）展示了一个以与格（包含领有功能的格）表达出来的领有者。卡尔卡顿古语的与格通常不能用来指对某人自己身体部位的领有，所以一般就会认为（41a）是指对眼睛的领有而非某人自己的。

（41）a. Milnga-nkgu　itya-mi　　ngatyi　　milthi
　　　　 fly-ERG　　　bite-FUT　　1SG.DAT　 eye.NOM
　　　　 "蚊子要咬我的眼睛。"

　　　b. Milnga-ngku　itya-mi　　ngayi　　milthi
　　　　 fly-ERG　　　bite-FUT　　1SG.NOM　 eye.NOM
　　　　 "蚊子要咬[在]我的眼睛[上]。"

在关系语法里，这两个句子建立在同一个初始层的基础上，即一个潜在的（41a），其中的第一人称领有者被当作"领属短语"中的领有者依附语，中心语是被领有的身体部位（milthi）。（41b）体现了重新评估，即领有者在领属短语之外升级为动词的依附语。在这样的重新评估中，领有者假设了一种在初始层由被领有者表达的关系（即2），并且把这个被领有者降级为失业语。

（42）Milnga　itya-mi　ngayi　　milthi
　　　 [1　　　P　　　 [POSS　　2]]
　　　 [1　　　P　　　 2　　　　cho]

像例（10）那样的句子也可以作一种类似的分析，其中身体部位的领有者具有S功能。

如果我们把例（8）（9）和（10）放在一起考虑［例（9）是双宾语结构的用例］，就会发现在每个带有两个主格标记的名词短语的句子里，一个被分析成通格（S或P），另一个被分析成失业语。

关系语法并没有尝试去建立一套普遍的语义角色以及语义上异质的术

语（1，2和3），作为语义角色的旁格只是一个惯例。本书把关系语法的主要研究兴趣归纳如下：

(a) 普遍关联假设
(b) 处理通格和作格的关系
(c) "失业语"概念

普遍关联假设

如前所述，初始层的语法关系是由语义决定的。Perlmutter和Postal提出了一条普遍关联假设（Universal Alignment Hypothesis）（1984:97）。按照这个理论，施事、感事和知事（cogniser）都编码成1，受事是2，接受者是3。这个假设并非完全没问题。例如She speaks French（她说法语）中宾语的语义角色。一项对多种语言进行的调查显示，翻译的对等（translational equivalent）会出现在各种格中并且伴有多种多样的同位语。澳大利亚诸土著语言就使用了处所、工具、离格、经过格、与格、宾格和主格（在不及物结构中），这并不令人感到惊讶。某种语言或方言的名称和意为"说某种语言"的这种陈述之间的关系落在了受事、处所、工具等被突显的角色中。不同语言对此有不同的编码方式，有些允许两种选择，如英语（She speaks French, She spoke in French）（Blake 1987:27, Blake 1990:24f）。虽然普遍关联假设在大多数用例上是没有问题的，但其严格的形式被认为是站不住脚的（Rosen 1984）。主要影响是产生了对句子的多层解释，这并不能展现其"普遍关联性"。例如，可以思考下面的英语句子。

(43) a. That girl speaks to me　　　　　（那女孩和我说话）
　　　 施事　　　　　　接受者
　　 b. That girl matters to me　　　　　（那女孩对我很重要）
　　　 受事　　　　　　感事
(44) a. The prisoner escaped confinement　（那犯人逃出了监禁）
　　　 施事　　　　　　源点
　　 b. The reason escapes me　　　　　（那个原因被我忽视了）
　　　 受事　　　　　　感事

例（a）中呈现了角色和关系的默认关联，但例（b）中是一种有标记的关联。关系语法把对例（43b）中的me分析为初始层的1，因为它是一个降级到3的感事。The girl是初始层的2，因为它是一个升级到1并成为主语的受事。在关系语法里，初始层必须包含主语。

（45）That girl matters to me
　　　　2　　　　　1
　　　　2　　　　　3
　　　　1　　　　　3

类似的分析也适用于例（44b），初始的1降级为3，然后接着升级为2（Perlmutter & Postal 1984）：

（46）The reason escapes me
　　　　2　　　　1
　　　　2　　　　3
　　　　1　　　　3
　　　　1　　　　2

（b）的句子不能有被动态。Perlmutter和Postal将其归因为受到一个原则的影响，即在小句中只能有一次向1的升级。这几个句子都已经有了到1的升级。

编码角色的谓语通常和主语联系在一起，成为间接宾语，偶尔是直接宾语，这在关系语法文献中是众所周知的，也就是其他地方所谓的**倒置（inversion）**谓语。倒置的谓语一般带有"请求"义，如德语的gefallen，拉丁语的placēre，意大利语的piacere a，西班牙语的gustar a以及法语的plaîre à，其中的中立受事被编码为主语，感事被编码为间接宾语。例子可见第5章例（48）和（55）。

通格和作格

如上文所述，关系语法识别出了一套初始（未定义的）语法关系，包括主语、直接宾语、间接宾语和一系列尚未确定的旁格。它还把通格和作格看作派生（已定义的）关系。通格包含及物动词的2和不及物动词的1（详见下文）。作格是及物动词的1。

通作格的派生关系为主宾语初始关系提供了一种交叉式（cross-cutting）分类。二者之间的分类可能会使SA/P和SP/A两种关联出现一些混合，如3.2.2节卡尔卡顿古语的用例。

前文给出的关于通格的定义在只识别表层结构的系统中是合适的。但关系语法识别出了底层并把一些不及物谓语分析为带有一个初始层的2，大部分是带有受事论元的谓语动词如fall，die，be small。对派生关系的定义必须适用于所有层，因此通格应该更严格地定义为包含及物动词的2和不及物谓语的核心项（1或2）（见图3.3）。

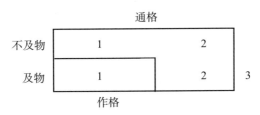

图3.3　关系语法中的核心关系

顺便应该注意一下，关系语法提出的大部分重新评估必须要在任何理论中都被认可。虽然会存在一些像例（43）matter to和例（44）escape的重新评估，它们没有直接的表层表现，但大多数重新评估都涉及了价变（valency-changing）派生，如：被动、反被动、反身动词形式［见前文例（2b）］、直接宾语的升级［见前文例（3）］、使役化等等。

失业语

正如上文对例（38）和（39）的讨论，只要依附语通过重新评估（通常是另一依附语的升级）被移除出了项的地位，它就成为失业语。在有些例子中，失业语保留了像双宾语结构（39）中的标记，有些则采取像被动式（38）那样的旁格标记。正是由于采取了旁格标记才和格关联到了一起。在上文例（31）所引用的拉丁语被动句中，被替代的主语用表示"从……"的介词ā/ab和离格标记出来，这是表达"从……"的一种功能。在关系语法的解释里，被替代的主语只能带有ā/ab标记和离格。既没有被重新范畴化为一个以ā/ab和离格表示的语法关系，当然也没有在语义上被重新范畴化。正如论述例（38）时所指出的，并不存在对旁格关系的重新评估。

3.4.4 方位主义格语法

John Anderson（1977，1997）在其方位主义格语法（Localist Case Grammar）中建立了一套普遍的"格关系"（case relations），只包含四个成员：

（47）通格
　　　处所格
　　　作格
　　　离格

很显然，这些格关系不是被普遍接受的语法关系。因此产生的问题是，Fillmore、Chafe和Cook等学者识别出的数量更大的语义角色如何能够被容纳进去。可以通过方位主义格语法的三个特征来说明这个问题：

（a）方位主义（localism）
（b）根据组合关系的对立阐释的格关系
（c）格关系的多重指派

（a）方位主义

如2.3.4节所述，对格进行方位主义的阐释指的是把句法格范畴看成方位格范畴向抽象领域的引申。例如，在方位主义的解释中，英语She has it中的动词have的主语就是[处所格]。把宾语置于主语的领有中，就可以得到合理的解释。如果充分运用这种解释，那么格关系的清单显然就会减少。

（b）组合关系的对立

在分别有作格和离格的情况下，就把通格和处所格解释为目标（终点）。例如，The stick broke（木棍断了）和The teacher broke the stick（老师弄断了木棍）中的名词短语the stick都是[通格]，但只有在及物小句中才能被解释为"动作行为的目标"（受事）。类似地，例（48a）的[处所格]可以被解释为"空间上的目标"（终点），但例（48b）不行（参考Anderson 1977:115）：

(48) a. They rode from Ghent to Aix　　（他们从Ghent骑到Aix）
　　　　　　　　　[离格]　　[处所]
　　　b. They remained in Aix　　（他们停留在Aix）
　　　　　　　　　　　[处所]

（c）多重指派

在方位主义格语法中，一个论元可以承担多种格关系。格关系的合并显然会对格清单的扩展产生影响，而格关系则会成为各种有效特征。

大部分语义角色系统可以区分She bit it（她咬了它）中的施事主语和She knew it（她知道了它）中的感事主语。Anderson对它们的区分如下（Anderson 1977:45,87,145）：

(49) a. She　　bit　　it
　　　　[作格]　　[通格]
　　　b. She　　knew　　it
　　　　[作格]　　　[通格]
　　　　[处所]

格关系[处所]源于和如下句子的比较，其中的"知道者"是[处所]：

(50) He　　taught　　English　　to　　migrants
　　　[作格]　　　[通格]　　　　[处所]
　　　[离格]

显然，Anderson的动机是保留超语言角色（extralinguistic roles）和格关系之间固定映射的需求。其方位主义的本质还体现在他把"教学者"看成[离格]的解释中，因为"教学者"是知识的抽象源点。注意，正是这个[离格]迫使在同一个小句中把[处所]格关系解释为空间上的目标。

Anderson把多重格指派运用到了下面成对的句子上：

（51）a. He sprayed the paint on the wall　（他把油漆刷在墙上）
　　　　[作格]　　　　[通格]　　　　[处所]
　　　b. He sprayed the wall with paint　（他用油漆刷墙）
　　　　[作格]　　　　[处所]　　　[通格]
　　　　　　　　　　　　　　　　　[通格]

正如3.3.2节［见例（34）］所述，Fillmore也讨论过这样的成对句子，并认为对于在释义中要保持角色一致的理论来说，这是一个麻烦。我在3.2.2节提出Fillmore的这个原则应该被舍弃，而且更多的概念化应该被识别出来，但Anderson捕捉到了这些论元的客观特征，同时正确地识别出它们的区别。例（51a）为及物动词的主语、直接宾语和处所短语分配了的典型角色。例（51b）则被解释为含有一种被标记的关系，这种关系是语义角色和句法关系之间的关联。The wall现在被标记为[通格]和[处所]，the paint保留了（51a）中具有的[通格]关系。（51b）的句子具有无标记形式所没有的整体性解读，即可以用来表示墙被全部覆盖或至少是大面积地受到油漆影响。Anderson将整体性解读绑定在[通格]关系上，从而发现了这个特点。每个小句都至少包含一个[通格]成分，不管其他的关系是否可以呈现，S和P一般就是这个[通格]。请注意Anderson有效地处理了介词with，让它去标记一个降级的[通格]而不是工具。实际上同样的处理方式在关系语法中也有，即把with看成标记了一个作直接宾语的失业语［参看前面章节中结合例（38）所讨论的对被动句施事的处理］。

无疑Anderson对其研究最为感兴趣的方面是他相信所有语言的核心语法都是基于底层的通格–作格组织起来的，即便像英语这样主语语法关系如此显著的语言也是一样。请看如下的格关系指派（Anderson 1977:82）：

（52）a. The stone moved　　　（石头移走了）
　　　　[通格]

　　　b. John moved　　　　　（John移走了）
　　　　[通格]
　　　　[作格]

　　　c. John moved the stone　（John移走了石头）
　　　　[作格]　　　　[通格]

语义动机是明显的。施事是[作格]，受事是[通格]。对John moved 的典型解读是，主语John是施事（John引发了移动）和受事（他被取代了）。¹⁸ Anderson相信所有语言在底层都有这样的格关系指派，但很多语言展现出的却是掩盖了通格和作格关系的主语形式。Klimov（1973）把这种类型的语言称作是主动的（见5.2.3节），该类语言直接在形态标记中反映格关系。作格语言虽然把[通格，作格]统一为[通格]，但也会像例（52）那样反映出格关系。像英语这样的语言可能会区分两种原则，一种是对设定的格关系比较敏感的原则，另一种是基于主语语法关系的原则。例如，提升的宿主（the host of raising）是[通格]，即提升为S和P，但不会提升为A：¹⁹

---

18 在John took himself off to the pictures（John让他自己离开那幅画）这样的句子中,[作格]和[通格]是分开表示的。

19 在The child seems to hear（这个孩子似乎听见了）中，名词短语the child 在语义上属于不定式依附小句中的动词。我们通过替换为无生名词及其反映出的语义不当的原因来说明这一点，如The stone seems to hear（石头似乎听见了）。也可以比较It seems that the child/the stone hears（似乎孩子/石头听见了）。分析The child seems to hear 并将其和It seems that the child hears 联系在一起的方法是假设一个底层结构seem [child hear]。It seems that the child hears 可以简单地通过满足某些语法条件（添加it、that和动词一致关系）直接派生出来，The child seems to hear 可以通过把the child 提升为seem 的主语派生出来。在The doctor expected the child to recover（医生希望孩子好起来）中，expect的逻辑宾语是命题 [child recover]（对比The doctor expected that the child would recover），但是名词短语the child 在语法上是expect 的宾语，虽然这不是管约论的解释［见本章例（19）］，但至少在最普遍的解释中是这样的。这种解释把the child 提升进高层小句中（Postal 1974）。

我们经常提及主语到主语（subject-to-subject）的提升，但实际上从未提升到A，只提升到S。在关系语法中，像seem、appear这种动词的提升都被认为是原始的2，所以较为合适的概括就是，提升目标一般是2。这就涵盖了像例（53）中的seem 类和例（54）中的expect 类。

（53）The patient seems [ ] better　（病人看起来好多了）

（54）The doctor expected the patient to [ ] recover
　　　（医生希望病人恢复健康）

另一方面，格指派（he和him等）、语序和动词一致关系等原则都是对主语比较敏感的，这和其他原则一样，如不定式动词的主语在大多数条件下不表达出来。

3.4.5 Starosta的词格

词格（Lexicase）是Starosta（1971，1988）提出的一种语法模型，在某些方面和方位主义格语法相似，认为所有语言的核心语法都是在通格–作格基础上组织起来的。有五种基本的句法–语义格关系：

（55）受事（PATIENT）
　　　施事（AGENT）
　　　对应物（CORRESPONDENT）
　　　处所（LOCUS）
　　　手段（MEANS）

受事包含S和P，即我们在本书所说的通格关系。施事相当于A，即作格关系。另外三种关系有内部小类和外部小类。内部小类把受事纳入其范围，外部小类把小句纳入其范围。双宾语结构中的第二个宾语（受事）属于内部对应，而外部对应要通过附置词或旁格来标记。外部的对应包含目的和受益者这样的角色。格标记（屈折形态、附置词等）和所选的动词（leave, cross, inhabit, approach等）导致处所包含了所有的处所关系，即源点、路径、处所和终点的差异。手段包含工具和方式这样的角色。具体说明如下：

（56）In the springtime　birds　　nest　（在春季鸟儿们筑巢）
　　　　　[+处所]　　　[+受事]
　　　　　[+外部]

（57）The diner gave the tip to the waiter（用餐者把小费给了服务生）
　　　　[+施事]　　　[+受事]　　[+处所]
　　　　　　　　　　　　　　　　[+内部]

（58）The diner gave the waiter a tip（用餐者给了服务生一笔小费）
　　　　[+施事]　　　[+受事]　　[+对应物]
　　　　　　　　　　　　　　　　[+内部]

（59）Lassie caught a rabbit for us （Lassie为我们抓了一只兔子）
　　　　[+施事]　　　[+受事]　　[+对应物]
　　　　　　　　　　　　　　　　[+外部]

（60）The kids smeared paint on the nursery wall
　　　　[+施事]　　　[+受事]　　　　　[+处所]
　　　　　　　　　　　　　　　　　　　[+内部]

（孩子们把颜料涂到了幼儿园的墙上）

（61）The kids smeared the nursery wall with paint with
　　　　[+施事]　　　　　　　[+受事]　　　　　[+手段]
　　　　　　　　　　　　　　　　　　　　　　　[+内部]
　　　　their fingers
　　　　[+手段]
　　　　[+外部]

（孩子们用手指把颜料涂到了幼儿园的墙上）

　　很容易看到，这里并没有去尝试在释义中保持格关系的一致。语义角色在释义中可以很好地被保留下来，除了能够根据标记和所选动词解释格关系之外，这些角色在该理论中并没有起到什么作用。例如，可以把施事解释成行为动词的施行者，也可以解释成心理动词的感受者。

　　显然，格关系从根本上看是句法的而非语义的，词格面临的问题和方位主义格语法相同，即在那些明显有主语的语言里如何确定施事和受事？实际上，发现受事的方法类似于方位主义格语法中发现[通格]的方法。受事属于内部格关系范围。在例（62）和（63）里，最后的处所短语都是内部的，而且都是指受事的处所：

（62） In the summer they sit in the shade　（夏天他们坐在树荫下）
　　　　　[+处所]　[+受事]　　　[+处所]
　　　　　[+外部]　　　　　　　 [+内部]

（63） In the summer they put their meat in the ice chest
　　　　　[+处所]　[+施事]　[+受事]　　　[+处所]
　　　　　[+外部]　　　　　　　　　　　　[+内部]

（夏天他们把肉放到冰箱里）

内部/外部的分别适用于不定式依附语。受事是不定式补足语所缺失的主语的控制者（Starosta 1988:133-7）。在例（64）里，可以把swim缺失的主语理解为不及物动词的受事，也就是Mary。在例（65）里，可以把go缺失的主语理解为及物动词tell的受事的同指成分，还是Mary。[20]

（64） Mary tried to [ ] swim the river to [ ] impress John
　　　　[+受事]　　　[−定式]　　　　　[−定式]
　　　　　　　　　　 [+内部]　　　　　 [+外部]

（Mary努力游过河以打动John）

（65） John told Mary　to [ ] go home to [ ] please his father
　　　　[+施事]　[+受事]　[−定式]　　　[−定式]
　　　　　　　　　　　　　[+内部]　　　[+外部]

（John让Mary回家以令他父亲开心）

---

20 不定式附加语缺失的主语在语法上并不受控制。如果支配的句子里有一个施事，那么缺失的主语将被理解为这个受事的同指成分，但可能有例子会说明支配句中缺失的主语无需和某个角色或关系同指：
　　Sand was spread to prevent slipping　（沙子被撒上了以防止滑到）
'　It was sanded to prevent slipping　（撒沙子可以防止滑到）
　　It rained to complete the miserable scene　（下雨形成了悲惨的场景）
下面的例子实际上是本书手稿中写出的内容：
　　Chapter one was moved across there to look up something
（第一章被移动至此以查找某些东西）
像promise（承诺）这样的动词是受事控制不定式补足语缺失主语这条规则的例外，至少在英语中人们会说He promised me to mow the lawn（他跟我承诺去割草）。这里的施事似乎控制了缺失的主语，但在Jackendoff（1972）之后，Starosta把promise看作是不及物的。这种不依附性的动机看起来是无力的。

提升的对象用[+受事]表示。提升分析在词格中无法使用，但可以提升动词，像例（66）的seem和（67）的expect都具有无法对其受事强加选择限制的特点。受事控制内部不定式补足语所缺失的主语，且这个主语满足了不定式的选择性需求（参考Starosta 1988:158f）：

（66）Cindy seems to [ ] speak French　（Cindy似乎会说法语）
　　　[+受事]　　　　　　[+受事]
（67）I expected Cindy to [ ] speak French　（我希望Cindy说法语）
　　　[+施事]　[+受事]　　　　[+受事]

语序、动词一致关系等规则也建立在格的基础上。例如，英语的动词一致关系受标记主格的名词短语控制。且还需要另一个实体。在一些带有格标记的主格–作格系统的语言中，S和A即使并不是主格形式，也会在某种句法原则中被同样处理。3.2.2节给出了一个卡尔卡顿古语的例子，该语言是主格–作格系统，但黏着代词成分却根据SA和P的对立发挥作用。为了得到SA的关联，词格引入了不依赖于格关系系统的特征[+行动者（actor）]。

3.5 等级序列

语法关系、格以及格标记并不能形成三组相对等的实体集合。正如我们在前面章节看到的，格的集合要共享一些特征，并且在格之间能够找到标记性联系。共享特征和标记性能够通过特征分析的形式描述出来（2.3.4节）；标记性在某种程度上也可以通过等级序列描述出来。语法关系是否应该进行成分分析还是一个假设，这部分地决定于识别出的那个关系集合，但语法关系无疑能够在等级上进行排序。格标记是对不同类型成员的抽象概括，如附置词和词缀。不同类型的格标记可以按照形式特征来排序（如自由的和黏着的），这些形式特征与格和语法关系的等级序列一起变化。

和语法关系相关的语义角色也可以在等级上进行排序。某些观点认为这种序列还和某种结构如反身、被动的接受度相关。

3.5.1 语法关系

如3.4.3节所述，关系语法假设存在如下语法关系等级序列：

（68）1. 主语

2. 直接宾语

3. 间接宾语

4. 旁格（处所格、工具格等）

等级序列可通过多种方式体现出来。在有些语言中，无标记的语序会遵循这个等级。如英语、法语（附着代词除外）、泰语、印尼语和斯瓦希里语都是这样。而在有些语言中，等级体现在致使结构中，如果让一个动词使役化，那么就会把一个新的施事添加到该动词的配价中。这个施事被编码为主语，它代替了原来的主语。在土耳其语、法语和意大利语这样的语言中，被取代的主语占据等级上的第一个有效关系：直接宾语、间接宾语、旁格。下面是土耳其语的一些例子。例（69a）是一个不及物小句。当新的施事作为主语加入到例（69b）时，原来的主语就成为直接宾语。例（70a）是一个带直接宾语的及物小句。当新的主语加入到例（70b）中时，原来的主语就成为间接宾语。（71a）中是一个带主语、直接宾语和间接宾语的双及物动词。当把新的主语加入到（71b）中时，原来的主语则通过后置词tarafından支配的短语表达出来（Comrie 1976,1989:175-6）。

（69）a. Hasan   öl-dü

    Hasan.NOM   die-PAST

    "Hasan死了。"

   b. Ali   Hasan-ı   öl-dür-dü

    Ali.NOM   Hasan-ACC   die-CAUS-PAST

    "Ali杀死了Hasan。"

（70）a. Müdür   mektub-u   imzala-dı

　　　director.NOM letter-ACC sign-PAST

　　　"主任签了那封信。"

　　b. Ali   mektub-u   müdür-e   imzala-t-tı

　　　Ali.NOM   letter-ACC director-DAT sign-CAUS-PAST

　　　"Ali让主任签那封信。"

（71）a. Müdür   Hasan-a   mektub-u   göster-di

　　　director.NOM   Hasan-DAT letter-ACC show-PAST

　　　"主任把信给Hasan看。"

　　b. Ali   Hasan-a   mektub-u   müdür   tarafından

　　　Ali.NOM   Hasan-DAT letter-ACC director by

　　　göster-t-ti

　　　show-CAUS-PAST

　　　"Ali让主任把信给Hasan看。"

等级序列还体现在关系化上。英语能关系化主语（the man who left）、宾语（the man I saw）和旁格（the gun with which I shot the intruder）。但是，Keenan和Comrie（1977）指出有些语言只能关系化主语，有些只能关系化主语和直接宾语，有些只能关系化主语、直接宾语和间接宾语，等等。[21]

大多数语言都允许改变动词配价的动词性派生。被动就是一个普遍的用例。在语法关系等级基础上，这种动词性派生可以用升级（advancement或promotion）和降级（demotion）来描述。被动包含直接宾语升级为主语以及主语降级为外围关系。

除了被动之外，印欧语太多普遍性的价变派生，虽然有一些可能性能够通过词汇选择实现，如英语的steal和rob。但是在有些语言中，尤其是班图语、南岛语和一些澳大利亚土著语言，存在着广泛的可行的动词性派

---

21 在诸如迪尔巴尔语和卡尔卡顿古语这样的语言里，只有通格能够被关系化。参见本章例（11）（12）和（13）。

生，这种派生允许语法关系（及其相关的角色）提升它们的等级。一般有两种模式的升级。宾格语言中的核心语法建立在主语/宾语基础上，因此宾语的升级依靠被动，使间接宾语或旁格关系升级为主语。作格语言，像迪尔巴尔语和卡尔卡顿古语，其核心语法建立在通格/作格基础上，因此升级是升到通格，它处在关系等级的顶端。作格语言没有被动，但是有反被动，这能够使作格升级为通格（表3.5）。关于处所格升级到直接宾语的用例可参考例（25）和（26）的梵语用例。关于工具升级为通格的用例可参考例（3）的卡尔卡顿古语用例。

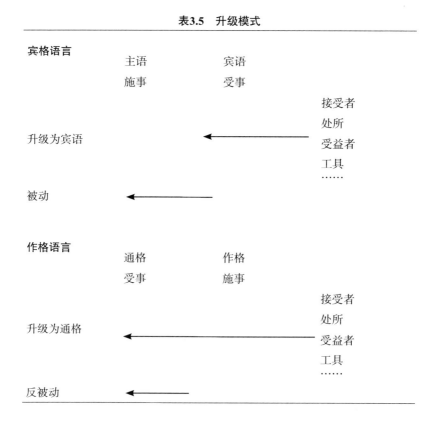

表3.5 升级模式

有些西部马来-波利尼西亚语（Western Malayo-Palynesian，南岛语的一种），如他加禄语（Tagalog）和巴厘语（Balinese），存在可选择的语义角色和语法关系的关联。例如，巴厘语的受事在无标记的及物结构中是主语，而在有标记的及物结构中，施事是主语，其中的动词都有鼻音前缀。旁格关系的升级会导致受事从主语（无标记结构）或宾语（有标记结构）位置上被替换下来。这相当于一个语言既有宾格升级模式又有作格升级模式（Artawa & Blake 1997）。

不管核心语法如何组织，升级替换的是受事/题元论元。最近的文献把反映这种升级的结构称为施用结构（applicative）。

3.5.2 格

第5章末尾（5.8节）提出，屈折格系统倾向于建立在如下序列中：

（72）主格　宾格/作格　属格　与格　处所格　离格/工具格　其他

序列的解释如下所述。如果一种语言有一个确定的格，如处所格，那么通常它会有主格和至少另一个核心格，以及属格和与格。如果这种语言有工具格或离格，那么通常会有主格，宾格或作格或二者都有，以及属格、与格、处所格，等等。如果等级序列中出现缺口，那么通常是因为高一级的语法关系被黏着代词标记标出或通过语序相互区别开来。所呈现出的这个等级是语法关系等级，是例（68）所示关系语法等级的扩展。

Pinkster指出，格能够根据其所编码的谓语论元进行等级排序而不是根据附加语。拉丁语的等级序列如下所示（在Pinkster 1985:167之后）：

（73）主格 > 宾格 > 与格 > 离格 > 属格

一般还有主格 > 宾格 > 与格 > 其他（或作格语言中的主格 > 作格 > 与格 > 其他）这样的序列，但必须要记得给"与格"这个标签指定给一个格，因为它是在核心格之后补足语最偏爱的一个选择（详见5.3节）。

Ramarao（1976）指出，在某些语言中，如达罗毗荼语系的泰卢固语，宾格之所以具有凌驾于非核心格之上的优先权是基于这样一个事实，即如果不出现一个被宾格标记的补足语，那么非核心格就不能编码补足语。

3.5.3 标记

有关形态上无标记的形式的分布、综合型标记和分析型标记以及中心语标记和依附语标记，在这里需要做一个总结。

如果存在一个无标记（零标记）的格，那么这个格一般就是编码宾格语言SA（主语）和作格语言SP（通格）的主格。印欧语中并不常见表示主格的标记*-s。而有些名词会有零标记的主格，即那些ā变格，如：希腊语chōra"陆地"、拉丁语mēnsa"桌子"。现代希腊语的某些宾格形式是无标记的，如logos"词"（主格）、loge（呼格）、logo（宾格）、logou（与格）。有几种语言则是其所有的名词性成分都没有宾格标记，但主格是有的。瓦波语（Wappo，佩努特语系）就是一个例子（Li & Thompson 未刊）。

语法关系的标记类型与其在等级序列中的位置有明显的相关性。分析型格标记（附置词）更多用于非核心的或外围的关系，尤其是语义关系（见表示这些区别的表2.7）。相反地，综合型标记（屈折形态）与分析型标记相比则更多用于纯粹的语法关系，特别是核心关系。英语在某种程度就是这样，英语既有代词宾语的异干屈折形态，也有名词属格的标记，但介词是用于其他功能的。当属格标记's的作用范围是短语时，其身份比较特殊，如the man over there's dog（那边那个人的狗）。[22]

中心语标记，即通过标记一个结构的中心语来表达语法关系，而不是标记在依附语上（1.3.1节），这种语法关系实际上被定义为单纯的语法关系。有些语言有交叉参照一致关系的黏着代词形式，一般是在动词上，只用于主语。这是以拉丁语为例的传统印欧语类型（表3.1）。其他语言还有宾语的交叉参照一致关系（斯瓦希里语）以及少数语言有间接宾语的交叉参照一致关系（格鲁吉亚语）。在结构的中心语上通过交叉参照一致关系表示一个修饰性名词短语的领属功能是很普遍的。1.1节曾给出过一个土耳其语用例，即：adam-ın ev-i（man-GEN house-3SG.POSS）"那个男人的房

---

[22] 有人把这里的's看作派生定语的派生标记；比较his dog和the man over there's dog。这就意味着把整个名词短语看成一个词。

子"。[23]

屈折形态和附置词的区别以及中心语标记和依附语标记的区别受到格系统历史发展的影响。第6章将对此进行描述。

某些语言虽然对所有的外围功能都有标记，但对任何核心功能却没有标记，名词短语上没有，动词上也没有。这样的语言对主语/宾语的区别通过语序表现出来，通常是主语–动词–宾语的顺序，如泰语或柬埔寨语（Cambodian）。

格标记，特别是核心格的标记，可能对词干本身的范畴（普通名词和专有名词，名词和代词，等等）更为敏感，这些范畴也可包括数范畴等，可以标记在词干上。格标记对词干范畴的敏感性在5.2.6节将有所讨论。

3.5.4 角色

Fillmore在提出那些不依赖于形态句法的语义角色概念时，也提出了一个主语选择等级（1968:33）。

大部分现代理论都吸取了这个等级，有些还增加了宾语选择等级。下面的这个等级序列见于Dik的功能语法（用"受事"取代"目标"）（Dik 1978:74f）：

（74）施事＞受事＞接受者＞受益者＞工具＞处所＞时间

它体现了主语可及性（accessibility）等级。施事是最容易成为主语的，受事次之，等等。（74）还体现直接宾语的可及性等级，施事不能表达为宾语。在Dik看来，等级中的某段连续部分能成为主语，另外的连续部分能成为直接宾语。较低级的角色进入主语和宾语在某种语言或跨语言中是极为少见的；这些角色通常都受词汇限制并且通常都包含被标记的结构。在英语里，施事是无标记（主动）结构中（I shouted, I ate it）的首选主语，受事次之（I fell），但如果要移动一个施事论元（He got shot by a madman），就必须使用有标记的结构（被动）。

---

[23] 更多关于交叉参照—致关系模型的用例参看 5.2.2 节和 5.4 节。

动词give在选择宾语时可以用接受者置换受事（I gave the book to him, I gave him the book），但双宾语结构不得不考虑有关带介词短语的结构的标记，在不同动词间更为常见。接受者可以通过被动升级为主语（He was given the book）。但是，把接受者升级为直接宾语并不是对所有三价动词都是可能的（参考donate）。某些动词的受益者能升级为直接宾语（He built me a carport），但其他动词不可以（例如construct），很难找到把受益者当成主语的合适的被动句用例。[24]

英语一般不允许低级的角色被编码为主语，至少对某些动词是这样的。在The first chaper contains the definitions中主语似乎是处所格，在The war years saw a reduction in the crime rate中主语是有争议的"时间"，尽管有人会把它看成一种隐喻性的认知。

在跨语言中，被动可以被看作是对主语进行标记选择的一种方法。类似上文例（3）所指出的允许对宾语进行有标记选择的派生动词类型。

Dik没有识别出感事角色。如果涉及感事，其级别大概要高于受事，因为它和中立的受事相比更常被表达为主语（I like/hate/fear him）。在很多角色等级中，不仅把感事置于受事之前，而且几个其他的角色也是这样（例证参见Jackendoff 1972:43, Foley & Van Valin 1984:59和Bresnan & Kanerva 1989:23）。从某种程度来讲，这些把受事排在低级的等级序列都建立在不同前提基础上并且用于不同目的。如Jackendoff提出了（75）那样的等级并把它作为被动和反身代词主题等级条件（Thematic Hierarchy Condition）的基础。在一个被动句里，施事短语应该比派生主语级别更高一些，在反身代词里被反身的论元不能比其先行词级别高（Jackendoff 1972:43, 148）。

（75）1. 施事

　　　2. 处所、源点、目标

　　　3. 题元

---

[24] 双宾语结构在跨语言中是普遍的。有意思的是，要注意在关系语法中的给予类动词，实际上永远不能去标记间接宾语到直接宾语的升级。尽管双宾语结构是一个有标记的结构，但给予类动词是无标记的或是中立的。

题元等级条件能够用来解释为何下列句子没有被动。在这两个句子里，主语都是中立的受事或题元，以及被Jackendoff看作抽象目标的感事论元。

（76）That gril matters to me

（77）The reason escapes me

这些句子以前在关系语法讨论角色和关系普遍关联的假设中已经被提出过了［参见例（43）和（44）］。[25]

---

25 关于被动词句的讨论参见 Wierzbicka（1980:49-69）。

4 格标记的分布

4.1 本章导言

本章描写句子内部格标记的分布情况。各节内容安排如下：小句层面（4.2）、短语层面（4.3）、词层面（4.4）。最后一节（4.5）处理从属小句中格标记的分布。

4.2 小句内的格标记

在小句中，格标记了谓语和其补足语或附加语之间的多种关系。补足语或附加语通常以名词短语或副词短语的形式表现出来，而谓语通常就是一个动词。格的这种功能是我们在第1章开头给出格的基本定义的基础，关于这种功能的用例在文中都可以找到，此处不再赘述。但是正如1.2.1节指出的，格标记也可以出现在名词短语依附语上或者词上，大部分是作表语的名词和形容词。

例如在Virgil（古罗马诗人维吉尔——译者注）所使用的结构vēnit summa diēs "最后一天来了"中，diēs "天"上的主格形式表明它是动词vēnit的主语，这种用法符合我们对格的基本定义。但是，形容词summa "最高的"上的主格形式并不意味着它是主语，而只是说明它是主语的修饰语。这种用法有点偏离我们对格的基本定义，因为这里的主格只说明summa是diēs的依附语，并不能说明summa和diēs之间的关系类型（也可见4.3节）。

如果作表语的名词和主语有协调关系，格标记就更偏离我们对格的基本定义了。很多语言中的名词都可以不通过任何语法动词作谓语，至少在没有时态和情态标记的情况下是如此。[1]例如，拉丁语里的名词或形容词可以作全部的谓语，如Nihil bonum"没什么好的"，其中的形容词bonum是谓语，它和主语nihil"没什么"保持格范畴（主格）、数范畴（单数）和性范畴（中性）上的协调关系。如果有人把谓语看作小句中心，那么即使是通过名词表现出来的，也要在中心语和依附语之间保持协调关系。[2]但是，这并不是唯一可能有的解释。有人认为主语和非动词谓语都是一个抽象谓语的依附语，或者认为这种结构是离心的，缺少一个中心语。不管采用哪种观点，在两个依附语之间都要保持格的协调关系。

如果一个动词和一个作表语的名词或形容词一起使用，那么这个动词就会成为小句的句法中心，并且两个依附语之间就会产生协调关系。下面是来自Pliny（罗马学者普林尼——译者注）的用例，使用了动词esse"是"：

---

[1] 古阿拉伯语要表示"X 是 Y"，可以使用一个和主语保持协调关系的名词谓语。但是要表示"X 已经是 Y"，就要使用及物动词 kaana，可以带上一个宾格补足语。

i) Muḥammad-u   kabiir-un
   Muḥammad-NOM   old-NOM
   "Moḥammed 老了。"

ii) kaana Muḥammad-u   kabiir-an
    was   Muḥammad-NOM   old-ACC
    "Mohammed 已经老了。"

[2] 在欧洲语言的传统描写中，动词通常被认为是和主语有协调关系的，但是那些在动词上表现出交叉参照关系的语言中，更重要的是把动词描述为要求名词短语的某些范畴和动词的表现相协调。例如在拉丁语里，vēnit（他/她已经来了）这样的动词形式被标记出了一个第三人称单数主语。它需要一个与之相配的第三人称单数名词短语的主格形式。这种需求不需要被满足，但所谓的一致关系可以通过支配依附语（作主语的名词短语）的中心语（动词）表达出来。

作表语的名词或形容词和主语之间的一致关系通常被描述成作表语的词和主语之间的一致关系，因为它通常包含了标记在谓语之上的主语的内在特征。在拉丁语句子 Maria acuta "Maria 很精明"中，Maria 的内在特征（阴性单数）展现在作表语的形容词 acuta 上。

（1）Hominī　　　fidēlissimī　　　　sunt　　　　equus　　　et　　　canis
　　　　man.DAT　most.faithful.NOM.PL　be.3PL　horse.NOM　and　dog.NOM
　　　"对于一个人而言，马和狗是最忠实的。"

这个句子的协调关系体现在主语equus et canis和表语形容词fidēlissimi之间。Fidēlissimi是决定配价（主格和与格补足语）的谓语形容词，但sunt这个限定性动词却是这个谓语短语的中心语。

一个名词或形容词除了能够成为主格名词的表语，也可以成为其他格名词的表语。拉丁语里被宾格宾语控制的谓语很常见，例如：

（2）Cicerōnem　　　cōnsulem　　　creāvērunt
　　　Cicero.ACC　　consul.ACC　　made.3PL
　　　"他们让Cicero当领事。"

这里的名词cōnsulem是一个展现出宾格和直接宾语协调关系的谓语。在传统分析中，它是宾语补足语，也是包含了宾语的小句的一部分。在一种现代分析中，Cicerōnem cōnsulem是一个无动词小句（verbless clause），是另一个更大句子中的组成成分，即[[Cicerōnem cōnsulem] creāvērunt]。另一种分析认为，Cicerōnem从小句Cicerō cōnsul提升成为了主句的一部分，留下名词谓语cōnsul作非限定性从句的唯一成分。这个非限定性小句缺失的主语就是主句的宾语Cicerōnem。[3]

除了这些显示格协调关系的作谓语的名词之外，在任何一种格语言中，都还有用作谓语并表示格关系的短语。如下面的拉丁语用例：

（3）Cicerō,　　　vir　　　　capite　　　candidō,　　　dixit...
　　　Cicero.NOM　man.NOM　head.ABL　white.ABL　speak.PERF.3SG
　　　"Cicero，一个戴着白帽子的人，说……"

---

[3] 还有一种分析是Chomsky管约论中"小句"的分析，把[Cicerōnem cōnsulem]看作更高层小句的组成成分（Haegeman 1994:123-6）。提升分析的相关论述可参见第3章的注释19。对非限定性小句缺失主语的控制可参见3.4.5节。

（4）Vir　　　est　　　capite　　candidō
man.NOM　is.3SG　head.ABL　white.ABL
"那个人戴着白帽子。"

在例（3）里，离格capite（在candidō中也通过协调关系体现了出来）表示修饰语caput和中心语vir之间的关系，因此符合我们对格的基本定义。例（4）中的离格capite也表示了和vir相同的关系，但caput不是vir的依附语。看起来我们需要扩展格的定义，使之能涵盖对作表语的那些名词所做的标记，以此表示和控制成分之间的关系。

现在回到协调关系上。表语形容词在格、数、性上的协调是拉丁语和古希腊语的规则，很多其他语言中的表语形容词并没有协调关系。德语正是这种情况，表语形容词包括光杆的词干，并且和其他的格形式有区别。下面的例句展示了主格形式的定语形容词和表语形容词之间的区别。前三个例子中的定语形容词跟在定冠词之后，属于"弱"形式。例（8）中由于没有定冠词，定语形容词属于"强"形式。

（5）Der alte Tisch ist sehr gut
　　　"那个旧桌子（阳性）很好。"
（6）Das gute Kind ist sehr nett
　　　"那个好孩子（中性）非常出色。"
（7）Die nette Frau ist sehr alt
　　　"那个出色的女人（阴性）很老。"
（8）Alter Wein ist sehr nett
　　　"陈年老酒（阳性）非常棒。"

Hjelmslev（1935:120）把表语看成是独立于其他四个已辨识出的格（主格、宾格、属格和与格）之外的第五个格。这种分析的理由不充分，因为表语仅有的功能已超出了格功能的基本范围。认为德语所有的表语形容词都缺少格，这可能是更合理的分析。

Hjelmslev还指出，在格系统庞大的高加索达吉斯坦语族的塔巴萨兰语（Tabassaran）中（见5.6节），存在以-u-, -ä-或-ö-为标记的表语格（predicative case）。这些标记出现在数范畴标记和性范畴标记之前，而其他格标记都是在词尾，如mujeχr-ar sib-u-r-ar-u：“这些梨是绿的”中的sib-"绿的、不熟的"带了后缀-u-，是Hjelmslev所说的谓语格，后面还有性范畴标记-r-和复数标记-ar-（Hjelmslev没有说明最后的u：）。表语格标记的位置没有给Hjelmslev造成阻碍，原因是他认为功能是最重要的（1937：139）。但是正如前面所指出的，这个功能并不是典型的格功能。Hjelmslev分析为表语格标记的似乎都是派生词缀。塔巴萨兰语（Tabassaran）中表语的格标记和定语的格标记是相配的，详见下文4.3.2节的论述。

除了名词短语内部的一致关系以及由表语名词和表语形容词表现出的协调关系之外，一个名词短语内看似独立的各个部分之间还有协调关系。拉丁语可以把一个出现在短语里修饰名词的词和这个名词区别开。下面的例子来自Virgil（《埃涅伊德》II:3）：

(9) Infāndum,   rēgīna,   iubēs   renovāre   dolōrem
    unspeakable.ACC queen.VOC order.2SG renew.INF sorrow.ACC
    "难言的，[哦]王后，[是]你命令[我]重燃的悲伤。"

这里的动形形容词infāndum移离了通常被认为是由它修饰的名词dolōrem。在澳大利亚诸土著语言中，词语的非连续性表达是司空见惯的，而英语里的这种非连续性表达通常就出现在一个独立的名词短语内部。如果要把这个句子对译成英语，那么英语形容词就经常出现在句子最后，与其中心语在表面上被隔开了。下面是瓦尔皮里语（帕马–尼荣根语族）的例子。这种语言的格标记都在短语末尾（phrase-final）。例（10）中的作格后缀出现在短语tyarntu wiri（狗 大的）的最后一个词上。例（11）中的tyarntu和wiri是分开的两个短语，各自带上了短语末格标记。=tyu是一种与小句第一个成分有关的宾语附着词（clitic）（Hale 1973b:314）。

(10) Tyarntu   wiri-ngki = tyu   yarlki-rnu
     dog   big-ERG=1SG.OBJ   bite-PAST
     "那只大狗咬了我。"

（11）Tyarntu-ngku=tyu　　yarlki-rnu　wiri-ngki
　　　dog-ERG=1SG.OBJ　　 bite-PAST　 big-ERG
　　　"那只大狗咬了我。"
　　　"那只狗咬了我，大的（那个）。"

4.3 名词短语内的格标记

4.3.1 内部关系

名词短语内部依附名词与其中心名词之间的关系一般可以通过不同的非核心格或外围格表达出来。英语会使用介词（the house on the corner "转角处的房子"，the strike over leave loadings "带薪年假的罢工"，等等）；拉丁语会使用外围格，例如：

（12）a. 属格：cōnsulis equus　　　　"领事的马"
　　　b. 与格：obtemperātiō legibus　"对法律的服从"
　　　c. 离格：vir praestāntī prudentiā "智慧超群的人"

一般来说，一种格会作为具有多种功能的定语格出现。在拉丁语里，属格几乎是唯一一个定语格；它只能标记少数几个动词的补足语。其中一项重要功能就是为状语补足语的定语等价成分提供表达方式。比较下列两组句子：

（13）a. Catilīna　　　coniūrat　　adversus　rem　　　　pūblicam
　　　 Catiline.NOM　conspire.3SG　against　 matter.ACC　public.ACC
　　　 "Catiline 密谋叛国。"

　　　b. coniūrātiō　　　　Catilīnae
　　　　 conspiracy.NOM　 Catiline.GEN
　　　　 "Catiline 的阴谋"

（14）a. Metuit　　 calamitātem
　　　　 fear.3SG　calamity.ACC
　　　　 "她/他害怕灾难。"

b. metus   calamitātis
   fear.NOM   calamity.GEN
   "对灾难的恐惧"

例（13b）中，属格相当于相应动词的主语，所以是**主语属格**（**subjective genitive**）的例子。例（14b）中，属格相当于相应动词的宾语，所以是**宾语属格**（**objective genitive**）的例子。属格可以用来表示与格、离格，甚至是属格中等同于补足语的名词修饰成分，而且也可以和那些不是从动词派生来的名词一起使用。在下面的例子里，名词iniuria"伤害"有两个属格依附成分，但没有与之相应的动词（对比英语的injury和injure）。其中一个属格必须被解释成主语属格，而另一个必须被解释成宾语属格，但这仅仅在跨语言知识基础上奏效。虽然当两个属格都有人物所指时，倾向于认为在名词前的是主语属格，在名词后的是宾语属格（Torrego 1991:284）。[4]下面是一个典型用例，出自Caesar（《高卢战记》1，30，2）：

（15）prō veter-ibus   Helvēti-ōrum   iniūri-īs   popul-ī   Romān-ī
      for old-ABL.PL   Helvetii-Gen   injury-ABL.PL people-GEN Roman-GEN
     "……对于那些赫尔维西亚人强加于罗马人民的旧有伤害"

从跨语言角度看，定语格的出现是非常普遍的，这种格在小句名词化中起着重要作用。例子可见4.5.1节。

4.3.2 外部关系

名词短语的格关系通常被词缀或附置词所标记。附置词的位置，即前置词还是后置词，和该语言属于"动–宾"（VO）语序还是"宾–动"（OV）语序有关。一部分原因是由于附置词通常是从动词派生而来，因此很自然地倾向于与其补足语保持原有的位置。例如在英语中，分词concerning"涉及"在concerning the students"关于学生"中变成了

---

4 对于代词而言，有用于宾语功能的属格形式，但是没有主语功能。这些形式（meī, tuī, mostrī 和 vestrī）解决了一些含混不清的问题。

一个附置词；它变成前置词而不是后置词的原因显然是因为，和英语的其他动词一样，concern是在后面带宾语的。相反，与之对应的德语分词betreffend"关于"则变成了后置词，因为德语里的分词和大多数依附性动词一样，是在前面加宾语的（Vennemann 1973:31）。如果类似的变化已经普遍地发生在动词居末（verb-final）的语言里（德语只是在从属小句中把动词放在句末），那么这意味着后置词和动词置后结构有关联。正如一般人所坚信的，语言倾向于在小句和短语层面保持一致的"中心语–修饰语"的顺序，这一点确实是真的。由于动词是句子的中心，附置词是附置词短语的中心，这就意味着把动词放在前面的语言的前置词和把动词放在后面的语言的后置词之间有关联。不管何种原因，英语存在"主–动–宾"（SVO）语序和前置词的强势关联。

有人认为词缀是词的中心，而非词干。这在由词缀决定词性（part-of-speech）的派生中表现得最为明显。在英语fool"白痴"后面添加附加成分-ish就产生了形容词foolish"愚蠢的"；在词干foolish后面添加-ness就产生了名词foolishness"愚性"。这个规则对于屈折形态而言并不那么清晰，但我们可以说，屈折形态能够反映出词性范畴。如果接受这个观点，那么我们就可以问，是否可以把中心语和修饰语的语序一致关系扩展到构词中。如果可以，就会有下面这样的关联：

（16）中心语–修饰语　　修饰语–中心语
　　　动词在前　　　　　动词在后
　　　前置词　　　　　　后置词
　　　前缀　　　　　　　后缀

如果我们不接受词缀是中心，因为词缀在语义上毕竟没有词干那么重要，或者如果反对在安排中心语和修饰语顺序时有一致关系倾向，那么我们应该还是会希望（16）所体现出的关联是和格有关的，因为证据显示很多格词缀都源自附置词（还可参看6.1节）。事实证明在动词置后的语言（几乎都是SOV型）里词缀确实差不多都是后缀，但是在动词居首的语言（主要是VSO型）和SVO型语言里没有出现期望的前缀。这些语言也倾向使用后缀。在一项关于词缀分布的研究中，Cutler, Hawkins和Gilligan（1985）发现没有语言使用格前缀（但参看下面的4.4.1节）。他们提出了一种普遍趋势，认为语言都是倾向使用后缀的，并且提出了心理语言学上的解释。加缀法（affixation）显示的数据可以确定词语开头的部分是最显著的。Cutler, Hawkins和Gilligan认为词干更倾向于出现在这个显著的开始位置上，因为词干是在词缀之前产生的。只有确定了词干，才能确定词缀的作用。

格后缀有两种常见的分布。在其中一种分布类型中，格不仅出现在名词短语的中心词上，也出现在限定词以及形容词上（词标记型语言）。这种系统因印欧语而被大家所熟悉，并且可以从古希腊语中得到解释。在例（17）中，限定词、修饰性形容词和阳性的bios"生活"保持了格、数、性上的协调：

（17）ho　　　　　aneksetastos　　　　　bios
　　　the.M.NOM.SG　unexamined.M.NOM.SG　life.M.NOM.SG
　　　"没有被考验过的生活"

格的协调关系在帕马–尼荣根语、波罗的–芬兰语（Balto-Finnic）、闪米特语和其他语言中也可以找到，但不是大多数语言具有的系统。

在另一种分布类型里，格标记出现在名词短语的最后一个词上（短语标记型语言）。我们又可以区分出两种次类型。在第一种次类型里，末尾的词是名词短语的中心名词。这种类型很普遍。例如在克丘亚语（Quechua）里可以找到，巴布亚诸语言（Papuan）中也很常见，并且这是集中出现在亚洲语言中的一种类型，包括突厥语、蒙古语、喜马拉雅北部的通古斯语，还有次大陆上的语言，既有达罗毗荼语、门达语（Munda），也有印度–雅利安语（Indo-Aryan）（虽然很多印度–雅利安语有退化了的一致关系）。在这些地区，大多数语言在小句层面都有"修饰语–中心语"和SOV之间的协调关系，在短语层面则是"限定词–名词"和"形容词–名词"。下面是达罗毗荼语系坎纳达语（Kannada）的用例（Giridhar 1987:33）：

（18）Naanu   ellaa   maanava   janaangavannu   priitisutteene
　　　 I.NOM   all   human   community.ACC   love.1SG
　　　"我热爱全人类。"

在另一种次类型里，名词短语中的最后一个词不总是中心语。这种情况多见于澳大利亚诸土著语言和亚马逊语言（Derbyshire & Pullum 1986, 1989, 1991），也出现在巴斯克语（Basque）中（Saltarelli 等 1988:77）：

（19）etxe   zaharr-etan
　　　 house   old-PL.LOC
　　　"在老房子里"

除了这两种普遍的分布外，还有少数不常见的形式。澳大利亚有些语言只有名词短语的一个成分需要标记，它不一定是中心语，也不一定是短语的最后一个词。在尼基纳语（Nyigina）和古尼央迪语（Gooniyandi）中[5]，话语原则起到了某种作用。例如尼基纳语的标记经常在第一个词上：gudyarra-ni wamba（two-ERG man）"两个人"，或者总是出现在那个最重要的词上：ginya marninga Wurrawurra-ni（that woman Wurrawurra-ERG）"那个Wurrawurra女人"（Stokes 1982:59f）。另一种澳大利亚土著语言，乌拉提语（Uradhi），宾格标记必须用在中心语上，对依附语则是非强制性的（Crowley 1983:371f）。

（20）Utagha-mpu   amanyma(-mpu)   udhumpuyn   ighanhanga-n
　　　 dog-ERG   big(-ERG)   back.ACC   break-PAST
　　　"这条大狗弄伤了[另一只狗的]背。"

有些语言的格标记在限定词和名词上，而不标记在形容词上。一般认为限定词是名词的依附语，但也不能把它看做是理所应当这样的。很多语言的限定词在形态上和第三人称代词或指示代词相同或相似，也就是某些形式可以作为名词短语的中心语出现（代词用法），或者可以在名词短语

---

5 古尼央迪语参见 McGregor（1990）。

中和名词共现（限定词用法）。这些代词形式作限定词时，不能确定就是依附语，它们可以是中心语。迪亚里语（帕马–尼荣根语族）就是这样一种语言，其中限定词出现在名词短语的最前面，有格的屈折变化，短语剩余部分的最后一个词也如此（Austin 1981a）。[6]

（21）Nhu-lu   karna   pirna-li   wama   thayi-yi
　　　he-ERG   man   big-ERG   snake.ACC   eat-PRES
　　　"那个大个子男人吃蛇。"

雅基语（犹他–阿兹特克语系）为限定词和名词有格标记而形容词没有格标记提供了一个明确用例（Lindenfeld 1973:60）。

（22）Ini-e   tu?i   usi-ta=u   noka-?e
　　　this-OBL   good   child-OBL=to   speak-IMP
　　　"对这个好孩子说。"

另一种只在限定词和名词上有格标记的语言是匈牙利语（Abondolo 1987:591）。该语言里有一个区别于限定词的冠词。它没有任何格标记。

（23）ez-ek-ben   a   nagy   görög   ládá-k-ban
　　　this-PL-in   the large   Greek   crate-PL-in
　　　"在这些巨大的希腊木条箱里"

类似情况在塔巴萨兰语里也能找到，形容词都有一个标记-i，但在中心名词上找不到格标记，如：sib-i več"绿苹果"。如4.2节提出的，塔巴萨兰语中的表语形容词带有表语标记，Hjelmslev将其看作表语格的标记。他还把修饰语标记看成修饰语格的标记（Hjelmslev 1937:139-40），但这两种标记都是与自身类别相关的派生标记。这种分析很有说服力，主要体现在该系统中的第三类标记-d-上，-d-标记的是用作短语中心语的形容词，也标记从形容词到名词的派生，其后可以跟格后缀，如：bic'ur-d-i qap'ur "小

---

6 和迪亚里语非常接近的皮塔皮塔语也有在形态上和第三人称代词相同的限定词。见第 5 章例（20）和例（25）。

的说"，-d-后面跟着"作格–工具格"标记-i。

在印度–雅利安语中，形容词在格上的区别少于名词，并且在有些语言中，包括孟加拉语（Klaiman 1987:499），形容词和名词完全没有协调关系。在有形态格系统的日耳曼语中，由限定词、形容词、名词构成的名词短语中显然是限定词表现出最多的变异。表4.1是德语名词短语的形态变化。它展示了带有形容词和限定词的阳性单数名词的词尾变化。[7]

表4.1 德语格的屈折形态

主格	der liebe Mann	"尊敬的男士"
宾格	den lieben Mann	
属格	des lieben Mannes	
与格	dem lieben Mann(e)	

马巴语［Maba，尼罗–撒哈拉语系（Nilo–Saharan）］的主格和宾格通过限定词的声调来区分，例如：àmárà-gú "狮子–主格"和àmárà-gú "狮子–宾格"（Tucker & Bryan 1966:199）。

在一些波罗的–芬兰语中，某些格标记有协调关系，另外的则没有。Kilby把这种区别和格标记的年代联系起来。较老的格标记有协调关系，新的则没有。在下面的爱沙尼亚语（Estonian）用例中，从格（elative）表现出协调关系，如例（24）；而伴随格则没有，如例（25）（Kilby 1981：115）。

（24）Puu on murtud tugev-ast tuul-est
　　　tree be broken strong-EL wind-EL
　　　"树被大风毁坏了。"

（25）...iseäralise　elavuse-ga
　　　unexpected　liveliness-COM
　　　"带有意外的生动活泼"

---

7 比较表6.3古英语格的屈折形态。

在少数语言中，像格鲁吉亚语和胡利安语（Hurrian），协调关系从名词短语的中心语扩展到带有定语格标记的依附性名词短语上（Plank 1990）。其影响是产生了双重格标记（double case marking）。例（26）来自古格鲁吉亚语（Mel'cuk 1986:69）。

(26) sarel-ita man-isa-jta
   name-INST father-GEN-INST
   "用父亲的名字"

双重格标记在澳大利亚诸土著语言中并不常见。它可以在有协调关系的语言中找到，也可以在那些在短语末尾标记格的语言中找到。在阿尔亚瓦拉语（Alyawarra）（澳大利亚诸土著语言中的一种——译者注）的例（27）中，-kinh标记artwa ampu和ayliyla的关系，-ila标记整个短语的外部关系（在Yallop 1977:117f后面）。

后缀-(i)la体现了作格和处所格的中和（syncretism）或合并（merger）。它表示施事（A）、工具和处所，并且汇集在离格这一个形式上。

(27) Artu-la ayliyla artwa ampu-kinh-ila atu-ka
   man-OBL boomerang man old-GEN-OBL hit-PAST
   "那个男人用老年人的回旋镖打了[他]。"

克丘亚语是典型的"主–宾–动"（SOV）语言，且名词短语中使用前置修饰语，有短语末尾的格标记。独立的属格前置于中心名词，且可以交叉参照（Weber 1989:254）。

(28) Hwan-pa wasi-n-ta rika-a
   John-GEN house-3SG-ACC see-1SG
   "我看见John的房子。"

如果属格自己单独出现，可能是因为中心名词已经被省略性地删除了，如例（29），或者可能因为领有者和被领有者被表达成了两个独立的短语，如例（30），于是在属格标记之后可以带上一个状语格标记。

（29）Hwan-pa-ta　　　rika-a
　　　John-GEN-ACC　　see-1SG
　　　"我看见John的（房子）。"

（30）Hipash-nin-ta　　　kuya-a　　　Hwan-pa-ta
　　　daughter-3SG-ACC　love-1SG　　John-GEN-ACC
　　　"我爱John的女儿。"

名词短语里的双重格标记很自然地是源于两种独立的格标记策略的使用，一种是标记依附语，另一种是标记协调关系，因此这是合乎逻辑的。双重格标记相对来讲并不常见，这一事实表明语言倾向于用某些特殊原则禁止双重格标记的出现。印欧语通常不会有第二层或外层的格标记；协调格标记如果导致双重格标记就会被抑制使用。例如在拉丁语里，如果处于宾格的名词带有一个依附性的属格，那么宾格标记不会扩展到已标记为属格的依附语上，例如：Vīdī cōnsulis uxōrem（saw.1SG consul.GEN wife.ACC）"我看见了领事的妻子"。

另一种在名词短语中抑制双重格标记的方式是允许用协调格替代理应出现的属格。亚美尼亚语（Armenian）的属格就被离格和工具格所替代（Hübschmann 1906:479）：

（31）bazmnt'eamb　　zarauk'n　　Hayoc
　　　mass.INST　　　troops.INST　Armenian
　　　"使用大批亚美尼亚军队"

在小句层面用协调格标记代替关系性格标记的相关用例见下文的例（55）和例（56）。

4.4 词内的格标记

4.4.1 标记类型

如前面章节所述，格在很多时候都是通过后缀实现的。几乎完全不使用前缀，这一特点很突出。[8]楠加里语（Nungali）是一种北部澳大利亚土著语言，在这种语言里可以找到一个用前缀表示格的用例（Hoddinott & Kofod 1976:397）。该语言有名词类别。前缀可以累积性地标记格和类别（见表4.2）。

表4.2 楠加里语的类别前缀和格前缀

	通格	旁格	
类别1	di-gal	nyi-gal	水
类别2	nya-ngarrung	nganyi-ngarrung	女人
类别3	mu-ngulud	nyu-ngulud	帐篷
类别4	ma-yadayn	nyi-yadayn[9]	皮

有些语言的格标记从线性上看没有和词干分离开。这存在于古代印欧语中，虽然印欧语的词干和格后缀或数后缀的融合并不很深入。我们差不多可以分出词干和后缀，就如表1.2中的拉丁语格形式一样，这是一个非常典型的例子。更为深入的融合可以在德语经过元音变化的与格和复数中找到。在古英语中，fōt "脚"的与格是fēt，该词从 *fōti 经过 fœti 和 fœt 派生而来，原来的后缀-i 丢失之前在词干中产生了同化作用，使舌位变得靠前。

---

8 详见 Cutler, Hawkins & Gilligan（1985）。Frachtenberg（1922:324f, 462f, 570）在库斯语（Coos）和休斯劳语（Siuslaw）中提出了一个"区别格"（discriminative case），可能是个作格标记，以及在库斯语的"情态或工具"前缀。格的性质和形式的性质（前缀和后缀）不是特别明确。这两种语言都有通过词缀标记的格。也可参见 Sherzer（1976:69f, 261f）。

9 前缀类别标记或前缀格标记可能来自自由形式的普通名词置于专有名词之前的用法，这在澳大利亚语言中是存在的，但并不普遍。普通名词和专有名词有一样的格标记。与专有名词相比，普通名词可能显得没那么重要，而且经历着语音上的磨损，然后被吸收到专有名词中。有些语言在类别前缀上有明确的格标记。下面是曼加拉伊语（Mangarayi）的词形变化表（Merlan 1982:57）。Gardugu 是"女人"，nga- 是阴性类别的标记。Nga- 和 nganyi- 中的 nga- 同源，后者是楠加里语中第二类（阴性）名词上的类别标记或格的间接标记。

主格	ngarla-gardugu
宾格	ngarlan-gardugu
与格	ngaya-gardugu
处所	ngaya-gardugu-yan
向格	ngaya-gardugu-rlama
离格	ngaya-gardugu-wana

斯拉夫语的格通常也是通过添加后缀标记出来的，但有些语言会通过超音段语音特征反映某种区别。在塞尔维亚–克罗地亚语中，以i-为词根的属格/与格和处所格是通过声调进行区分的，如：stvâri"事物"（GEN/DAT）和stvári（LOC）（Corbett 1987:398f）。俄语的属格单数和主格复数在一些情况中是通过重音区别的，如：rukí（GEN.SG）和rúki（NOM.PL）（Comrie 1987:333）。词根和格的终极联合是被证实的异干，例如印欧语中的人称代词，英语中的I（主格）和me（宾格）就是很好的证据。

另一种经常出现在名词上的屈折形态是数范畴。和格标记一样，标记数范畴通常也是通过添加后缀，且数后缀一般在格后缀的前面，如泰米尔语：āRu-kaḷ-ai（river-PLUR-ACC）"河流"（Steever 1987:737）。[10]古亚美尼亚语有一些例外，在其词形变化表中能看到，数范畴标记在格范畴标记之后，如：am"年"，am-k'"很多年"；amaw（INSTR.SG），amaw-k'（INSTR.PL）（Coleman 1991:206）。

如果代词性的领有者被标记在名词上，那么这些标记通常出现在格标记之前，如在土耳其语里，这种标记出现在数标记和格标记之间，例如：adam-lar-ım-la（man-PL-1SG.POSS-LOC）"和我的人"；类似地如匈牙利语：hajó-i-m-on（ship-PL-1SG.POSS-LOC）"在我的船上"（Abondolo 1987:584）。但是波罗的–芬兰语的领有者标记通常在格标记之后。例如我们在芬兰语中看到：kirkolla-mme（church-ADESSIVE-1PL.POSS）"在我们教堂那"（Branch 1987:610）。位置格（adessive）表示"靠近"或"在"的意思。[11]

另一类经常标记在名词上并且通常在其依附语上的是性范畴或类别。如果有像达罗毗荼语或闪米特语中那样的独立后缀，那么通常像它会出现在格标记之前，比如阿拉伯语：mudarris-at-u-n（teacher-FEM-NOM-INDEF）"一位女教师"（参考Kaye 1987:672）。这个例子也可以说明另一种可以标记在名词性成分上的范畴，即有定和无定。迪尔巴尔语（帕马–尼荣

---

10 土耳其语里数标记在格标记之前的例子在第1章例（1）中已给出。阿奇语表现格标记和数标记的词形变化表见表4.3。

11 可参见Comrie（1980）对如何产生这种顺序的相关讨论。

根语族）在标记名词类别上是个例外，它通过在格范畴之后添加后缀来标记限定词，如：ba-gu-l（that-DAT-MASC）和ba-gu-n（that-DAT-FEM）（Dixon 1972:44）。

4.4.2 词干构形

在很多语言中，格标记都是添加在词干上的，词干包含一个构成词干的元素，常等同于一个格标记。这一点在达吉斯坦语中很常见。表4.3显示的词形变化是阿奇语（Archi）（阿奇是《旧约圣经》中的城市，在以色列和本杰明边界上——译者注）的部分词形变化（Kibrik 1991:256）。属格和与格是作格之外所有其他格的代表，它们以和作格相一致的词干为基础。有人认为，这种属格和与格以作格词根为基础，但需要指出-i和-čaj/-če形式在后接另一个格后缀时不能用作作格。作格似乎是无标记的旁格（还可参考Mel'cuk 1986:63）。

表4.3　阿奇语的格标记

	单数	复数
主格	qIin	qIonn-or
作格	qIinn-i	qIonn-or-čaj
属格	qIinn-i-n	qIonn-or-če-n
与格	qIinn-i-s	qIonn-or-če-s

尤瓦拉雷语（Yuwaalaray，帕马–尼荣根语族）代词的与格和离格以属格词干为基础。表4.4显示了典型的名词词形变化和典型的代词词形变化（Williams 1980:38,47）。Ngalingunda和ngalingundi中的-gu(n)-形式不表示属格，而-ngunda和-ngundi可以被当作不可分析的格标记。这并不是说-ngu(n)-的出现是不重要的。它标记了全部非核心格。这种概括可以体现在对格的特征分析中（见表2.15），但这种分析却不依赖于任何一个标记的出现。

表4.4　尤瓦拉雷语的格标记

主格	dhayn	ngali
作格/工具格	dhayndu	ngali
属格	dhayn.gu	ngalingu
与格	dhaynda	ngalingunda
离格	dhayndi	ngalingundi

如2.3.4（c）中提到的，泰米尔语的单数名词有一个不同于主格的词干，所有旁格的标记都需要添加这个词干，但词干组成成分后要有一个格标记。例如maram"树"的主格是maram，旁格词干是marratt-，格标记后缀要加在这个词干后面，如maratt-ai是宾格，maratt-ukku是与格，等等。（Steever 1987:737）。

有时，较古老的印欧语的辅音词干在主格和旁格上的区分是语音演变的结果。例如，古希腊语中的旁格词干是原始的，主格源于辅音丛的简化，如主格elpis"希望"有一个和宾格elpida、属格elpidos、与格elpidi中一样的词干elpid-。在主格形式里，词干末尾的d在s前丢掉了。

4.4.3 复合格标记

一个词干可能包含多个屈折的格标记。在有些语言中，特别是达吉斯坦语，有大量的方位格，其标记可以切分成表示处所、终点、路径或源点的成分，或者是表示相对位置的成分。例如，阿瓦尔语（Avar）的-de表示"在……上面"，可以拆分为表示"在……上"的-d和表示"从……分离"的-e。更为全面的解释可参见5.6节。

如Mel'cuk指出的，格标记构成词干的用法和复合格标记在逻辑上看是相互独立的。它们却共现于很多东北部高加索语言中，包括列兹金语（Lezgian），如vaxa-q^h-di一词表示"到姐姐后面去"，包含一个基本词vax"姐姐"，加上一个用来组成词干的作格-a，再加上表示"后面"的q^{h}和表示"到"的-di（Mel'cuk 1986:64）。

4.4.4 多重格

多重格（multiple case）不是一种常见现象。它包括两个或两个以上带有不同辖域和不同功能的格。大部分用例都包含一个内层定语格和一个外层状语格，如4.3.2节［例（25）—（30）］引用的古格鲁吉亚语、阿尔亚瓦拉语和克丘亚语的用例。但有些澳大利亚土著语言表现出两个作状语的格。如瓦尔皮里语中一个被部分标记的修饰语在及物小句中可以带作格标记（Hale 1982:266）。比较下面两个句子。在例（32a）中，表示终点角色的名词短语被标记成了我们所期待的向格。但是，如果把表示"致送"的动词换成表示"携带"的动词，那么就可能要在向格标记的短语上进一步标记出作格：

（32）a. Ngarrka-ngku ka maliki ngurra-kurra yilya-mi
　　　　 man-ERG　　PRES　dog.NOM　camp-ALL　send-NPST
　　　　"那个人正在把狗送到营地去。"
　　　b. Ngarrka-ngku ka kuyu ka-nyi ngurra-kurra(-rlu)
　　　　 man-ERG　　PRES　meat.NOM　carry-NPST　camp-ALL(-ERG)
　　　　"那个人正在把肉带到营地去。"

内层处所短语通常带有一个受事作为它的辖域［而且一般被编码为通格关系，也就是S或P（Blake 1982:76）］。在瓦尔皮里语部分被标记的短语上使用作格说明施事（A）也在其辖域内。对于"携带"这个动作来说，施事和受事一样，会移动到同一个地方去。

当带有主格主语和与格补足语的二价不及物动词和一个处所短语共现时，被部分标记的短语会表现出与格协调关系（Hale 1982:269），如：

（33）Ngaju　ka-rna-rla　　kurdu-ku　mari-jarri-mi　ngurra-kurra-ku
　　　I.NOM　PRES-1SG-IO[12]　child-DAT　sorry-INCH-NPST　camp-ALL.DAT
　　　"我对那个孩子（正在路上）去营地感到抱歉。"

---

[12] 标注为间接宾语的后缀 -rla 表示宾语后的附属成分要解释为编码了的间接宾语。但这对于第三人称单数宾语并不是显著形式。

另外一种澳大利亚土著语言，卡亚尔迪尔德语（Kayardild）也有一些引人注意的多重格用例。这种语言有定语格、状语格和两个语源上是格标记的外层成分。在下面的例子中，外层成分被标注为M（情态）ABL（离格）和OBLIQUE（Dench & Evans 1988:34）。

（34）Maku-ntha   yalawu-jarra-ntha   yakuri-naa-ntha
　　　woman-OBL catch-PAST-OBL   fish-MABL-OBL
　　　dangka-karra-nguni-naa-ntha   mijil-nguni-naa-ntha
　　　man-GEN-INST-MABL-OBL   net-INST-MABL-OBL
　　　"那个女人必须用那个男人的网抓鱼。"

定语格是被-karra标记出来的属格，状语格是被-ngumi标记在mijil"网"上的工具格并且和dangka-karra保持协调关系。

两个外层成分格中的情态离格出现在动词短语内部的所有依附语上，而离格出现在句中的每个词上。这些标记不能标记依附性名词与其中心语之间的关系，甚至是依附性动词与其中心语关系，它们只表示情态。虽然它们不是格标记，但却来源于格标记。其历史派生包含以下步骤：

（a）格被标记在一个依附性动词上。

（b）格通过协调关系从依附小句（动词）的中心语扩展至其依附语上。

（c）支配小句被删除，之前的依附小句就成为一个独立的句子。

例如，表示"从……"意思的离格，它经常标记在动词上，或者至少是一个在形式上指示时间范围的名词化动词上。比较英语的From working as a waiter he graduated to becoming one of the city's leading restauranteurs（从作了一名服务员之后，他就逐渐成为这座城市最好的饭店老板之一）。在很多澳大利亚土著语言中，标记在依附性动词上的格都会扩展到这个动词的依附语上，一般就会产生多重格标记。下文例（33）给出了和卡亚尔迪尔德语关系密切的尤库尔塔语（Yukulta）用例。让依附小句脱离其支配小句使用，这在澳大利亚诸土著语言中也是很普遍的［第6章例（24）给出了用例］。当发生这种情况时，之前依附小句中的格就不再标记依附成分和中心语之间的关系，因为这里已没有任何中心语。之前把从属小句标记为指称支配小句所描写的动作或状态的先行事件的离格，就变成了标记话语行为的先行事件。[13]

例（34）中的旁格，曾显示出和高层小句旁格成分的协调关系，现在则把小句标记成像是"看见"类感官动词的小句论元。旁格的作用是把命题（proposition）表达为推理（inference）（Evans 1995:450ff, Dench & Evans 1988:34-5）。它应该被处理为通过协调关系扩展到中心语上的动词特征。像情态格，它在共时上就不受支配（参见1.2.4节），因此它就在我们所给出的格的基本定义及延伸定义范围之外（参见4.3节）。即便如此，格标记的这种边缘用法的演变还是清晰的。

多重格不同于复合格标记，它不是对一组特定的无序特征的选择。这在包含两个相同格的用例中非常明显。根据Stephen Anderson（1982:598ff），我们可以认为多重格的每一层都可以指派到词法结构的不同层面，因此像例（33）的ngurra-kurraku一词，就可以描述为一种框式结构形式[[ngurra-向格]与格]（Anderson 1982:598ff）。[14]

4.5 从属小句内的格标记

当一个小句是从属小句时，格这个概念一方面和小句内部的关系标记相关，另一方面与小句和其支配的谓语间的关系标记相关。

概括地说，从属小句内部使用到的策略有：

（a）独立小句使用的模式基本不变

（b）非限定式谓语

（c）名物化

名物化可以是部分的，也可以是完全的。如果名物化是完全的，那么

---

13 一般情态格涵盖那些包含动词本身的整个动词短语。我们不讨论出现在例（34）动词上的情态格，因为这会偏离我们的论述。

14 表达多重格不需要黏着。Dench & Evans（1988）提供了一个"序列条件"集合，并阐释了混合词的格标记、格的同类删除（当有两个相同标记时只使用一个标记）、分离格标记的空语素的使用等等。

结果就是一个名词短语。这种名物化不是从属小句，但和从属小句的功能相当。

包括简化的对等形式在内的从属小句有多种功能：

（a）外部修饰语（和支配谓语的关系不大）

（b）内部修饰语（如从属小句中只对某些支配谓语有重要作用的目的小句）

（c）补足语（如言说类、希望类等动词的补足语）

（d）主语、宾语这样的核心功能

功能和形式是密切相关的。功能等级上离外部修饰语越远，趋于名词化的形式简省的可能性就越大。[15]

（35）形式：限定式＞非限定式＞部分名词化＞完全名词化

功能：外部修饰语＞内部修饰语＞补足语＞核心功能

4.5.1 内部关系

非限定式谓语和限定式谓语有很重要的区别，前者在动词或名词短语出现时常常缺少任何对主语的说明。[16]通常把补足语小句缺失的主语理解为和不及物动词支配的S或及物动词支配的P是同指的，不定式附加语小句的主语则由语用原则提供。[17]另一种可能性是，对于非限定式动词的主语来说，就将其表达为动词支配的宾语。这些区别可以在因巴布拉的克丘亚语中得到说明（Cole & Hermon 1981，转引自Foley & Van Valin 1984:275-6）。在例（36）中，yacha"知道"的补足语由带有正常配价的小句表示，主格表示主语，宾格表示宾语，而动词带了一个和时态相关的标记（j），它取代了任何关于动词主语的表达，还形成了可以添加格的词干。这个标记被标注为名词化（PRES.NM），但没有任何名词化的句法表现。

---

[15] 见Silverstein（1976:163）关于小句类型的更为细致的等级划分。

[16] 在句法上有作格的语言中，正是通格SP保留了不被非限定动词表示。见第6章例（23）。

[17] 见3.4.5节。

(36) Juzi   yacha-n   ñuca   Maria-ta   juya-j-ata
　　　Jose-NOM know-3SG   1SG.NOM   Maria-ACC   love-PRES.NM-ACC
　　　"Jose知道我爱Maria。"

在例（37）中，从属小句缺少一个显性主语，这个缺失的主语和Juzi同指。

(37) Juzi   muna-n   lichi-ta   ufya-nata
　　　Jose-NOM want-3SG   milk-ACC   drink-FUT.NM-ACC
　　　"Jose想要喝牛奶。"

在例（38）中，第一人称单数可以解释为juya"爱"的感事，但却被表示为yacha"知道"的直接宾语。一些现代的理论框架将其描述为从低级小句提升上来的高级小句。[18]

(38) Juzi   ñuca-ta   yacha-wa-n   Maria-ta   juya-j-ta
　　　Jose-NOM 1SG-ACC   know-1SG-3SG   Maria-ACC   love-PRES.NM-ACC
　　　"Jose知道我爱Maria。"

完全名词化允许小句的命题内容由短语表达。英语的用例可以解释这一过程：

(39) a. John read the book to the students quickly
　　　b. John's quick reading of the book to the students
　　　c. He read the book to the students quickly
　　　d. His quick reading of the book to the students
　　　（John快速给学生们读了那本书）

主语重新表达为限定语，而宾语重新表达为由介词of标记的补足语。[19] 副词重新表达为形容词。像（39a）中to短语这样的附加语则继续存在于名

---

18 见第3章注释19。
19 诸如his这样的领属形容词很明显属于限定词一类，但是对's-短语的分析却是有争议的。我认为's标记了名词短语向限定词的派生。

词化的短语里。

正如我们在（39b）中看到的，英语用类似属格的短语去表达名词化动词的主语和宾语。如果使用了两个属格短语，那么's-短语必须对应于主语，而of-短语必须对应于宾语。只有当动词的一个补足语随着名词化的动词被重新表达时，才有使用's-短语去表达主语或宾语的可能；像the robot's delivery这样的短语要依靠语境才能理解。还有某种可能是使用's-短语或of-短语去编码名词化的不及物动词，'s一般带有生的施事（the baby's crawling"婴儿爬行"），而of带无生的受事（the dripping of the tap"水龙头滴水"）。尽管如此，英语也很少有两个属格的表达可能，大多数语言都只有一个。

我们在4.3.1节中看到，拉丁语在主语和宾语上都能使用属格，当一个句子同时出现这两种属格时就会引发歧义。名词化的特征之一是，它通常包含动词可能表达的范围的缩小。在拉丁语里，和名词化一起使用的属格会对应于任何一个状语格，包含被前置词标记的补足语。因此，就会有imperium prōcinciārum "省里的命令"，其中基本动词imperāre支配与格，也会有reī pūblicae dissēnsiō（matter-GEN public-GEN disagreement）"关于政治问题的争论"，其中对应的动词及其补足语是dē rē pūblicā dissentīre，带了一个被前置词dē标记的补足语，dē支配离格。

尽管格的可能表达范围通常会缩小，但还有一些额外前置词出现的可能，它们主要用来解决那些使用两个属格所产生的歧义。短语amor dominī dominae 可以表示"男主人对女主人的爱"，也可以表示"女主人对男主人的爱"，尽管首先提到的属格是倾向于表示主语的。通过为宾语属格提供一个前置词的这种备选方案就可以解决这样的语义模糊，如amor dominī erga dominam就表示"男主人对女主人的爱"。

使用名词化的动词并不总意味着要完全将其转换为名词短语结构。例如（39b）英语的John's reading of the book中是部分名词化，和John('s) reading the book surprised me及His reading the book surprised me中的名词化一样，这里名词化的动词尽管带有限定词，但依然可以带直接宾语。

拉丁语的现在分词在形态上表现得像名词，它可以带格标记和数标记，并且句法上类似一个非限定式动词，把所带的补足语和附加语看作潜在的动词而不是主语（Virgil,《埃涅伊德》2, 49）：

（40）...timeō   Danaōs   et   dōna   fer-ent-ēs
　　　 fear.1SG Greek.ACC.PL and gift.ACC.PL bear-PRPART-ACC.PL
　　　"……我害怕有天赋的希腊人。"

例（40）中的ferentēs在格和数上和Danaōs保持一致，并且带了宾格宾语dōna。但是，某些用来指正在进行的状态或固定特点的分词会被认为是形容词，然后把补足语处理为属格，体现出完全的名词化。下面是一个典型用例（Cicero,《支持曼尼亚法案》3）：

（41）Semper appetentēs   gloriae   atque avidī   laudis
　　　always seeking.NOM.PL glory.GEN and avid.NOM.PL praise.GEN
　　　fuistis
　　　were.2PL
　　　"你总是在渴望荣耀和期待赞扬。"

拉丁语不太允许属格把主语和间接补足语编码成名词化，而且正如我们所见，英语也不经常在名词短语中用两个有效的类似属格的依附语去编码名词化动词的主语和宾语。大多数语言都只有一个属格范畴。有些语言的属格编码动词的宾语，另外一些语言则编码主语。根据Givón的论述，后者更为普遍（Givón 1990:504）。

在扎兰德济语（Dhalandji，帕马–尼荣根语族）里，属格是主要修饰名词的格，它用来标记非限定关系小句中及物动词的补足语。可以对比例（42）中kanyara上的宾格和murla上的与格（Austin 1981c:222）。和拉丁语的属格一样，这种语言的与格是专门的定语格，这一点很重要。

（42）Ngatha nhaku-nha kanyara-nha murla-ku   warni-lkitha
　　　I   see-PAST   man-ACC   meat-DAT   cut-REL.DS
　　　"我看见了那个正在切肉的男人。"

动词后缀-lkitha"关系，不同的主语"标记了一个描述性小句，其中的显性主语必须要解释为和主句不同的主语（也可参见6.4节）。

土耳其语的属格用来标记名词化动词的主语。这个动词的宾语如果是现在时则带名词格标记（Kornfilt 1987:640）。

（43）Ahmed-i　　　ben-i　　sev-diğ-in-i　　　　bil-iyor-um
　　　Ahmed-GEN　1SG-ACC　love-NM-3SG.POSS.ACC　know-PRES-1SG
　　　"我知道Ahmed爱我。"

-in形式是第三人称单数领有形式，和Ahmend-i交叉参照。土耳其语的名词领有者和其被领有者名词交叉参照，如：Biz-im heykel-imiz（we-GEN statue-1PL.POSS）"我们的地位"。名词化动词上的宾格标记将其标记为biliyorum的补足语，ben上的宾格标记将其标记为sevmek"爱"的补足语。

芬兰语不定式的主语表现为属格。在芬兰语中有很多出于不同目的而使用的不同不定式。下面的例子包含了一个标记在内格（"在……里"）的不定式，用来表达和支配动词一致的动作。例（44）中不定式的主语没有通过名词短语表达出来，因为它和支配动词sanoa"说"的主语一样，但它是通过领属代词后缀表达出来的，这个后缀使在内格可以标记在不定式上（Whitney 1956:142）。

（44）Tule, sano-i　　　täti　kahvi-a　　　kuppe-i-hin kaata-e-ssa-an
　　　come say-IMPF.3SG aunt coffee-PAR cup-PL-ILL pour-INF-IN-2SG.POSS
　　　"'进来'，姨妈边把咖啡倒到杯子里边说。"

例（45）中，被在内格标记的不定式的主语不同于支配动词tujiotta"盯着"的主语，它被表达为属格。

（45）Tädi-n　　　　kaata-e-ssa　　kahvi-a　　kuppe-i-hin,
　　　aunt-GEN　　 pour-INF-IN　　coffee-PAR　cup-PL-ILL
　　　tuijo-tti　　　Eeva　　　　　ikkuna-sta　ulos
　　　stare-IMPF.3SG　Eva　　　　　window-EL　out
　　　"当姨妈正在把咖啡倒进杯子时，Eva盯着窗外。"

除了这些使用非限定性动词和名词化的普遍策略之外，还有很多其他更为具体的策略，下面描写其中的两种。第一种是在古希腊语和拉丁语中发现的宾格不定式。第二种是使用去及物化表示某些互指模式，这种策略在很多澳大利亚土著语言中能看到，包括迪尔巴尔语和卡尔卡顿古语。

在古希腊语和拉丁语中有一种被称为"宾格不定式"的从属小句类型，用来补足言说义、思考义、相信义等动词。动词是不定式，非限定动词通常不带显性的主语，但这种结构中的不定式则带了一个表示S和A的宾格名词短语。如果动词是及物的，那么它还会带一个宾格形式的直接宾语，所以就会有两个宾格名词短语，如下面拉丁语版的女祭司在特尔斐对伊庇鲁斯国王皮洛斯所作出的预言：

（46）Aiō   tē   Rōmānōs   vincere   posse
      say.1SG you.ACC Romans.ACC   conquer.INF   be.able.INF

由于拉丁语的语序不确定，因此例（46）可以理解为"我说你能够战胜罗马人"或"我说罗马人能够战胜你"。皮洛斯优先选择了第一种，后来被证实这是个错误的选择。[20]

在少数澳大利亚土著语言中，去及物化结构（detransitivised construction）用于目的小句，以及与及物动词词义上的A和支配小句的作格具有同指关系的其他依附性小句。这种现象最为人们所熟知的用例是迪尔巴尔语（Dixon 1972）。下面是卡尔卡顿古语的用例（参看Blake 1979a）。如3.2节所论述的，核心格标记的使用以"作格–主格"为基础。例（47）表示不及物小句，例（48）表示及物小句。

（47）Kaun   muu-yan-ati
      dress.NOM   dirt-PROP-INCH
      "那件裙子脏了。"

---

[20] 另一个拉丁语的"宾格不定式"结构的用例在第3章例（20）中已经给出。联系类似的英语例（19），能够看出在通行分析中表示不定式主语的名词短语被理解为变成了支配动词的直接宾语。参见第3章注释19。

（48）Kuntu　wampa-ngku　kaun　　　muu-yan-puni-mi
　　　　not　　girl-ERG　　dress.NOM　dirt-PROP-CAUS-FUT
　　　　"那个女孩不要弄脏那件裙子。"

这里有一个从去及物化向及物结构的转变，也就是反被动（antipassive）。在该结构中，及物动词的A被重新编码为S（主格形式），而P被重新编码为与格形式［第3章例（1b）也有说明］。在独立句中，反被动表示语义及物性的降低，在这个例子里就是惯常行为。[21]

（49）Kuntu　wampa　　kaun-ku　　muu-yan-puni-yi-mi
　　　　not　　girl.NOM　dress-DAT　dirt-PROP-INCH-AP-FUT
　　　　"那个女孩不要弄脏[她的]裙子。"

在独立句里是否使用反被动取决于句法而非语义因素。下面的论述将涉及一个通过从属冠词ana引导的"唯恐"（lest）小句。例（50）的反被动用在第一个"唯恐"小句中，该小句表示及物动词muuyanpuni的A和支配动词的S是同指的。第二个"唯恐"小句与此形成对比，没有使用反被动，意味着隐性的A在所指上不同于支配动词的S。

（50）Wampa　　rumpi　ana　　kaun-ku　muuyanpuni-yi　ana　　lhaa
　　　　gril.NOM　fear　　LEST　dress-DAT　dirty-AP　　　LEST　hit
　　　　"那个女孩害怕万一[她]弄脏她的裙子就会[有人]打她。"

如果我们用受事的wampa替换及物支配小句，那么"唯恐"小句中使用的反被动也会产生相同结果。

（51）Wampa　nga-thu　yarrka-pini-mi　　ana　kaun-ku　muuyanpuni-yi
　　　　girl.NOM　1-ERG　far-CAUSE-FUT　　LEST　dress-DAT　dirty-AP
　　　　ana　lhaa
　　　　LEST　hit
　　　　"我要送走那个万一[她]弄脏了她的裙子就会[有人]打她的女孩。"

---

21 见 5.2.6 节 Hopper 和 Thompson 的讨论。

反被动用来指明及物动词在词义上的A和支配动词的作格（S或P）是同指的。

4.5.2 外部关系

从属小句与其支配谓语的关系通常被语言中常见的格标记所标明的，即后缀、前置词或后置词。在英语中，这在一定程度上是正确的，像before和after这样的前置词可以用作从属连词（Before I go, I'll phone. After you get there, phone me.），但是有一些从属连词像when、although和while在这种用法上就比较特殊。[22] 大部分语言的方位格标记和名词化动词一起使用时表示时间。例如克丘亚语的离格表示"自从"，限定格（limitative）表示"直到"（Weber 1989:291）。皮塔皮塔语的离格表示"自从"，处所格表示"当……时"，向格表示"直到"。上文例（43）给出了一个芬兰语用例，其中的在内格（"在……里"）表示"当……时"，下面要给出一个有转向格（translative）的用例。

当小句而非名词短语是独立的时，也会产生同样可能的格标记分布。在大多数用例中，格标记只出现在句子的中心上，也就是动词上，如下面的芬兰语用例，转向格在不定式上。转向格意为"到……里面"，主要是像You'll turn into a pumpkin"你要变成南瓜了"这样的句子中的隐喻用法，还有像mi-ksi"为什么"这样表示目的。它可以和名词化的动词一起表示目的。名词化动词的动作行为者表现为领属格的代词性后缀［比较上文的例（45）］（Branch 1987:615）。

（52）Osti-n　　　karttakirja-n　suunnitella-kse-ni　automatka-n
　　　bought-1SG　atlas-ACC　　plan-TRANS-1SG.POSS　car.trip-ACC
　　　"我借了一张地图为的是计划一次汽车旅行。"

另一种可能是依附性动词的格标记通过协调关系扩展至其依附语上。下面是尤库尔塔语（北部澳大利亚土著语言）的用例。注意用于动词

---

22 关于把英语中从属连词看作前置词来分析的讨论见 Huddleston（1984:338-41, 390）。

warratj-的与格扩展到被离格标记的补足语上，从而产生了另一层格标记（Keen 1972:270）。

(53) Taamitya=ngandi   tangka   natha-rul-ngkurlu   warratj-urlu
     ask=1SG.3SG.FUT.AUX man.NOM   camp-ALL-DATIVE   go-DATIVE
     "我要叫那个人去野营。"

这种扩展也可以发生在小句修饰一个名词短语时。在下面的帕马–尼荣根语族帕尼基马语（Panyjima）中，修饰性小句中的所有词都和主句中被宾格标记的宾语表现出协调关系（Dench & Evans 1988:28）。

(54) Ngatha   wiya-rna   ngunha-yu   maripa-yu   paka-lalha-ku
     I.NOM   see-PAST   that-ACC   man-ACC   come-PERF-ACC
     nharniwalk-ku   warrungkamu-la-ku
     hither-ACC   morning-LOC-ACC
     "我今早看见了从这条路走来的人。"

在吠陀梵语里，名词化动词的格标记通常是由不定式扩展到不定式的补足语（Burrow 1955:365）。

(55) dŕśáye   sū́ry-āya
     see.NM.DAT   sun-DAT
     "去看太阳"

(56) Trā́dhvam   kartā́d   avapádah
     save.IMP   pit.ABL   fall.NM.ABL
     "从坠落深渊中拯救[我们]。"

这些例子说明了两条原则。第一条是从属小句中的格协调［参考例（53）］，第二条是对名词化动词的补足语使用特殊格标记［参考例（42）］。

5 格标记纵览

5.1 本章导言

本章为格系统及其标记提供了一个全面的观察视角。总体上可以分为两部分：5.2节概述了核心关系或中心关系的组织，5.3节描述了外围关系的组织。正如Nichols（1983）指出的，很难在编码S、A、P的核心语法格和处所格、向格、工具格等语义格之间保持一种严格的区分。一个格可以涵盖A和工具功能，或涵盖P和向格（终点）功能。但不管怎样，即使有时包含了外围语法关系，人们已经对编码S、A和P的格作出了一些重要的概括。

5.2 核心关系的组织

如3.5.3节所述，承担了核心关系的名词短语通常都是无标记的，而表示外围关系的名词短语是通过屈折格和/或附置词标记出来的。在这样的语言中，交互参照黏着代词（cross-referencing bound pronouns）或语序就担负了区分主语（SA）和宾语（P）或区分通格关系（SP）和作格（A）的重任。另一方面，有些语言的屈折格只用于核心关系或附加的领有功能（属格），而后置词则用于其他的语法关系。

大多数语言的核心语法都是在SA/P（宾格系统）基础上组织起来的。少数语言的核心语法是在SP/A（作格系统）基础上组织起来的。个别语言被简单描写为与及物性无关的区分施事和受事的系统（主动系统），另外一些则是混合系统。

5.2.1 宾格系统

常见的那些欧洲语言，不管是印欧语系的还是乌拉尔语系的都显示出了宾格系统。例如，拉丁语把主语编码成主格，把宾语编码成宾格。另外，主语主要表现在动词上。像法语和西班牙语这样的罗曼语，无标记的语序也可以辨识出SA的组配，"主–动–宾"的语序和英语是一样的。班图语通常都没有格标记，但宾格系统中有交叉参照一致关系系统和语序在起作用。主语和宾语都表现在动词的前缀上，且基本语序是"主–动–宾"。

真正把名词短语的宾语标记和主语标记区分开的宾格系统是极为罕见的。朝鲜语是一个例子，但是如1.2.5节指出的［见例（12）］，语法上的格标记与后置词或后缀的区别是有争议的。日语是把后置词用作格标记的一个例子［见第1章例（9）］。但对于大多数语言来说，还需要一些与生命度和/或定指相关的限制。在拉丁语和其他印欧语系的格语言中，中性名词没有主格/宾格的区别。这和生命度有关，几乎所有的中性名词都是无生命的，尽管无生名词还有很多阳性和阴性范畴。在斯拉夫语里，宾格不是总能和主格区分开，但对于有生名词来说，则倾向于和属格一致而和主格不同。例如，俄语的阳性o-类有生名词和全部有生名词复数都有"宾格–属格"形式。

在很多语言里，如果直接宾语是"无定的"，就不使用宾格标记，更准确地说是"非定指的"，但也需要一些限制。请看下面土耳其语的用例。[1]

（1）a. Hasan　　　öküz-ü　　aldı
　　　Hasan.NOM　ox-ACC　　buy.PAST.3SG
　　　"Hasan买了那头牛。"

---

[1] 用例引自 Comrie（1989:132-6），包含了对"有定"和"定指"的讨论。

b. Hasan　　　bir　　öküz　aldı
Hasan.NOM　　a　　ox　　buy.PAST.3SG
"Hasan买了一头牛。"（非定指）

c. Hasan　　　bir　　öküz-ü　aldı
Hasan.NOM　　a　　ox-ACC　buy.PAST.3SG
"Hasan买了一头牛。"（定指）

在例（1a）中，宾格标记表示直接宾语是有定的（definite）。有定指称，指的是可以被听话人识别的指称。英语要表示有定指称时会在普通名词上使用定冠词。在例（1b）和（1c）中，直接宾语是不定的，用不定冠词bir表示。但和不定冠词一起使用的可能是"有定宾格"。如例（1c）中使用的宾格很可能指称的是可以被说话者识别的具体（定指）的那头牛。如果没有宾格标记，如例（1b），那么更可能指称的是一头非定指的牛（我正在寻找一头牛，但是我没有找到它）。我们可以这样认为，如果购买是一个复杂的动作行为，那么一个确定的实体必须要经历向购买者的领有转移，但如果这个实体的特征并不重要，那么就不使用宾格。

其他语言的直接宾语，只有既是定指的又是有生的时候才会被标记出来。例如，印地语的后置词ko标记定指的、有生的受事，南亚次大陆的其他语言也有这种平行用法［也可参见下文的例（26）至（29）］。西班牙语的前置词a用来标记定指的有生受事。比较（2a）和（2b）。

（2）a. Deseo　　un　empleado
　　　want.1SG　an　employee
　　　"我需要一个雇员。"［任何人都可以。］
　　b. Deseo　a　　un　empleado
　　　want.1SG　　an　employee
　　　"我需要一个雇员。"［我一时想不起他的名字了。］

前置词a（源于拉丁语ad）意思是"对于、向"，但没有在这个语境中表示出来。罗马尼亚语的pe"在……上"（源于拉丁语per"通过"）有类似的功能（Mallinson 1987:315-16）。

人称代词是有定的，且大部分是有生的，通常和有生或定指的受事共用一个标记。有些语言只有代词承担了宾格标记功能。显然，英语就是这样一个例子。

到目前为止，在讨论的所有用例中，P的标记只和P的特征密切相关，但有些语言的宾格却和A、P在人称等级序列1/2＞3或1＞2＞3（＞表示"高于"）中的地位密切相关。澳大利亚诸土著语言中的伦巴恩加语（Rembarnga）用来表示P的动词上的后接成分是-n后缀，只有在P的人称/数高于A的人称/数时才使用这个后缀。这种语言的等级序列是1＞2＞3复数＞3单数。比较例（3a）和（3b），前者的A低于P，后者的A高于P（以McKay 1976为基础）。

(3) a. Nga-n-pa-na

　　　1SG-OBJ-3PL-see

　　　"他们看见了我。"

　　b. Pa-nga-na

　　　3PL-1SG-see

　　　"我看见了他们。"[2]

5.2.2 作格系统

我们通常认为作格系统是很罕见的，但实际上它们构成了世界上至少20%的语言。作格系统存在于高加索语系的所有语族中，存在于藏缅语、南岛语、大部分澳大利亚土著语言、巴布亚语、中美洲的索克语（Zoque）和玛雅语（Mayan）以及南美洲的很多语言，如吉语（Jê）、阿拉瓦克语（Arawak）、图皮–瓜拉尼语（Tupí-Guaraní）、帕诺亚语（Panoan）、

---

[2] 如1.3节所述，有时可能在黏着代词系统中独立出明显的格标记。很多北部澳大利亚土著语言都和伦巴恩加语一样有第一人称单数主语 nga 和第一人称单数宾语 ngan。但是，不太合适把 -n 看成宾格标记，因为它出现在标记某种语法关系的系统里。最好是以主语形式和宾语形式来描写黏着代词系统。当标记被分离出来时，如 -n，就可以称之为宾语标记。当然所有这些都认为是把黏着代词看成了附着词。如果它们被分析为人称/数/关系的屈折形态，就不太适合用来指格标记了。

塔卡南语（Tacanan）、齐布查语（Chibchan）和加勒比语（Carib）中。[3] 除了这些普遍使用作格标记系统的语系和语族之外，作格还可以在一些其他语言中找到，包括巴斯克语、胡利安语以及近东语言（Near Eastern）、布鲁沙斯基语（Burushaski）、爱斯基摩语、楚科奇语（Chukchi）（堪察加半岛）、钦西安语（Tsimshian）和奇努克语（Chinook）等其他不同语言[后两种属于不列颠哥伦比亚省的佩纽蒂语支（Penutian）]。

在作格系统的格标记中，SP（通格）通常是零标记，而A是有标记的。形态上没有标记的格有一些是主格，另外一些是通格。本书使用主格这一术语，通格这个术语则保留为用来表示包含S和P的语法关系。达吉斯坦语中的阿瓦尔语提供了一个有趣的用例，它的SP/A系统显示在交叉参照的黏着代词上（Ebeling 1966:77）。

（4）W-as　　　　　w-ekér-ula
　　　M-child.NOM　M-run-PRES
　　　"那个男孩跑。"

（5）Inssu-cca　　j-as　　　　j-écc-ula
　　　(M)father-ERG　F-child.NOM　F-praise-PRES
　　　"父亲称赞那个女孩。"

主格是无标记的。表示作格的格标记也用来表示工具。在作格语言中通常能看到所谓的作格标记了属格、处所格、工具格这样的外围功能，也包含及物动词的施事（A）。实际上在阿瓦尔语里及物动词的施事（A）与受事（P）相比就是外围的。受事一般通过动词的阳性、阴性或中性前缀表现出来。在例（5）里，j-是表示阴性的代词性前缀。它也能出现在名词上，如"孩子"。另一方面，及物动词的施事并没有体现在动词上，它是可以省略的。注意，例（4）中不及物动词的主语（S）通过动词上的w-体现出来，这是个表示阴性范畴的代词性前缀。

在大多数语言中，看见类或听见类动词的知觉者（perceiver）和喜爱

---

3 亚马逊河流域的语言可参见 Derbyshire 和 Pullum（1986, 1989, 1990, 1991），以及 Dixon & Aikhenvald（1999）。关于作格语言的分布信息可参考 Dixon（1994）。

类或讨厌类等动词的施事和感事（experiencer）在句法上是一致的。阿瓦尔语则倾向于没有这种合并，而是把施事者表示为作格，把感事表示为与格［如例（6）］，把知觉者表示为处所格［如例（7）］，把领有者表示为状语属格［如例（8）］。[4]

经历者

（6） ínssu-je   j-as   j-óʌ'-ula
      father-DAT F-child F-love-PRES
      "父亲喜欢那个女孩子。"

知觉者

（7） ínssu-da   j-as   j-íx-ula
      father-LOC F-child F-see-PRES
      "父亲看见那个女孩子。"

领有者

（8） ínssu-l   j-as   j-ígo
      father-GEN F-child F-be
      "父亲有一个女孩。"［直译：属于父亲的是一个女孩］

在有些语言中，核心格的标记和A、P在等级中的位置密切相关。前文给出了伦巴恩加语的用例［见例（3）］，其中表示P功能的黏着代词只有当A是第三人称且P是第二/第三人称，或A是第二人称且P是第一人称的时候才会有标记。在福雷语（Fore，巴布亚诸语言的一种）里，作格标记的使用取决于如下等级：代词/人名/亲属称谓＞指人名词＞有生名词＞无生名词。如果A的等级高于P，那么就不使用格标记，但如果A的等级低于P，那么A就要表现为作格形式。因此如果一个人杀了一头猪，那么就不使用作格，但如果是一头猪杀了一个人，那么就要使用作格标记-wama（Scott

---

[4] 这里提到的系统并非阿瓦尔语特有。在施事、感事和知觉者之间缺少类似中和的还有其他东北部高加索语。

1978:100-17）。[5]

(9) Yagaa wá aegúye
　　 pig　　 man.NOM　 3SG.hit.3SG
　　"那个人杀了那头猪。"

(10) Yagga-wama wá aegúye
　　　pig-ERG　　 man.NOM　 3SG.hit.3SG
　　"那头猪杀了那个人。"

如果A和P在等级中位置相同，那么是否使用-wama就是任意的。当缺少格标记时，通常把第一个名词短语理解为A。

在那些在名词上标记作格的语言中，更常看到的是第一人称和第二人称代词上缺少作格标记，偶尔能看到在第三人称代词上缺少作格标记。后者在尤皮克爱斯基摩语（Yup'ik Eskimo）中可以找到用例，其名词有"主格–作格"标记，但是代词对于所有核心格功能都保持无标记形式（Reed等 1977）。基兰特语（Kiranti）和嘉戎语（Gyarong）（均为藏缅语）的第一、第二人称代词缺少作格标记，但所有的第三人称都有作格标记（Delancey 1987:806）。[6]

表5.1　孔乔语的附着代词

	作格	通格	领属格
1	ku-	-a	-ku
2 熟悉的	nu-	-ko	-nu
2 敬称的	ki-	-ki	-ta
3	na-	-i	-na

只有很小一部分语言有交叉参照的作格系统。在高加索语、南岛语

---

5 福雷语拥有作格和宾格两种标记，因而属于5.2.4节描述的类型。这里之所以要提到它是因为它提供了一个由A和P等级序列位置决定的作格用例。该语言的宾格标记是受到动词前面受事影响而产生的放在首位的构词要素。

6 还可参见表2.4"帕马–尼荣根语的核心格标记"。

和玛雅语中可以见到这样的例子。阿瓦尔语［见例（4）和（5）］中只有通格是体现在动词上的，但在阿巴扎语和阿布哈兹语（Abkhaz）（都是西北高加索语）里要单独表示A和SP，所以就没有在名词短语上标记出格（Hewitt 1989）。[7]在玛雅语（Larsen & Norman 1979）和印度尼西亚的南部苏拉威西语（South Sulawesi）中可以找到类似的结构。我们给出的词形变化表（表5.1）和例句都是来自南部苏拉威西语中的孔乔语（Konjo）（Friberg 1991）。在该语言中，作格和通格通过词形类别（表5.1）和语序类别区分开，表示作格的黏着代词在动词之前，而通格在动词之后。顺便要注意的是，当系统要区分出直接或核心形式和领有者形式时，黏着代词的作格系列和领有者系列除了第二人称敬称之外都是相同的。[8]

（11）A'-lampa-a
　　　INT-go-1.ABS
　　　"我去。"

（12）Na-itte-a
　　　3.ERG-see-1.ABS
　　　"她/他看见我。"

（13）Ku-itte-i　　balla'-na
　　　1.ERG-see-3.ABS　house-3.POSS
　　　"我看见他/她的房子。"

（14）Na-itte-i　　balla'-ku
　　　3.ERG-see 3.ABS　house-1.POSS
　　　"她/他看见我的房子。"

只有少数语言通过语序确定S和P。一种是奇库鲁语（Kuikúro），它是巴西的一种加勒比语，中立语序是SV和PVA，SP可以通过重音以及在附着系统中与A区分开（Franchetto 1990:407-9）。在巴厘语中，含有无派生基本动词的语序是SV和PVA，因此可以通过S确定P。还有一种在AVP语序中

---

[7] 阿巴扎语的用例参见例（61）和（62）。
[8] 详见 5.4 节关于属格的部分。

产生派生的动词（Artawa & Blake 1997）。

5.2.3 主动系统

有些语言，可能不会超过几十种，会把它们的核心语法关系组织成这样：某些一价谓词的论元被标记得像二价动词的A，而另一些一价谓词的论元则被标记得像二价动词的P。这样的语言称之为**主动**语言（Klimov 1973）、分裂不及物（split-intransitive）语言或分裂主格（split-S）语言（Dixon 1979:80-5）。这样的用例可以在高加索的卡特维尔语（Kartvelian）中找到。下面的例句来自拉兹语（Laz）（Harris 1985:52f）。注意，这里的后缀-k表示作格，根据的是在像例（17）这样的及物小句中它也出现在A上，在例（15）中还出现在不及物动词的"施事"上。另一方面，例（16）中不及物动词的主语也和例（17）的P一样没有被标记出来。

（15）Bere-k imgars
   child-ERG 3SG.cry
   "那孩子哭。"

（16）Bere   oxori-s doskidu
   child.NOM house-DAT 3SG.stay
   "孩子待在房子里。"

（17）Baba-k meçcaps   skiri-s cxeni
   father-ERG 3SG.give.3SG.3SG child-DAT horse.NOM
   "父亲把一匹马给了他的孩子。"

这种模式也出现在格鲁吉亚语中，但是它只适用于某类不定过去时动词。在现在时中，所有主语都是主格形式，直接宾语都是与格形式（Harris 1981:46）。[9]

主动系统还存在于美洲土著语中，经常体现在动词的黏着代词

---

[9] 用例见例（53）。

上。如瓜拉尼语（Guaraní，安第斯山）、拉科塔语（Lakhota）和其他苏语（Siouan），波莫语（Pomoan），卡多语（Caddo）、阿里卡拉语（Arikara）和其他卡多语，以及莫霍克语、塞内卡语（Seneca）和其他伊洛魁语（Iroquoian）。主动系统也出现在亚齐语（Acehnese，南岛语的一种）中，其"施事"黏附在动词之前，而"受事"黏附在动词之后；及物小句的A被前置词lê标记（Durie 1985:180-95）。该语言中和动词相关的附着成分的位置与上文例（11）到（14）的孔乔语用例形成鲜明对比。

把一价谓词分成两类的语义动机在不同语言中各不相同。瓜拉尼语表示"去""行走""跳舞""游泳""落下""死亡"等意义的谓词带有表示施事的代词性前缀（如a-xá"我去"），而表示"生病的""死的""聪明的""白头发的"等意义的一价谓词则带有表示受事的代词性前缀（如šé-rasí"我病了"）。根据Mithun（1991:513），这个区别主要体现在词汇的体范畴或动相（Aktionsart）上。"施事"类的动词表示动作行为、实现和完成。它们包含随时间发生的变化。"受事"类的动词则表示状态。另外，在拉科塔语中，是否添加标记和论元与是否表现、影响和发起一个动作行为密切相关。表示"行走""跳舞""游泳"的动词带表示施事的代词性前缀，而表示"落下""死亡"的动词则带表示受事的代词性前缀（Mithun 1991:515-16）。

5.2.4 混合系统

有些语言既有全面的作格标记又有全面的宾格标记，也就是对所有名词类别都区分出S、A和P的三分系统。虽然这很少见，但仍有一些语言同时使用作格和宾格。文献中仅有的用例是澳大利亚土著语言旺古马拉语（Wangkumara）（Breen 1976）。更常见的情况则是某些类别的名词缺少作格或/和宾格。这种情况出现在内兹佩尔赛语（Nez Perce，佩纽蒂语支）中，其第一和第二人称缺少作格标记。下面的例子说明了"主格–作格–宾格"的对立（Rude 1985:83, 228）。[10]

---

10 还可参见表 2.4 显示的帕马 – 尼荣根语的格标记模式。

（18）Hi-páay-na　　　　háama
　　　3SG-arrive-PERF　　man.NOM
　　　"那个人来了。"

（19）Háamap-im　　'áayato-na　　pée-'nehne-ne
　　　man-ERG　　　woman-ACC　　3SG.3SG-take-PERF
　　　"那个男人把那个女人带走了。"

在霍坎语支（Hokan）的东部波莫语（Eastern Pomo）（McLendon 1978）中，有一种发生在动作题元（active theme）上的施事和受事的互补性变化，其代词、亲属名词和人名可以带受事标记，而其他的名词可以带施事标记（见表5.2）（按照下面描述分布的视角，我回避了通格和作格这样的术语）。根据带一个论元或两个论元以及带施事标记还是受事标记，把动词分成了五类：

1. 一个是标记为施事的论元，另一个是标记为受事的非强制性论元（如"杀""咬"）。
2. 只有一个标记为受事的论元（如"落下""燃烧""流血""打喷嚏""生病"）。
3. 两个都标记为受事的论元（如"爱""恨"）。
4. 只有一个标记为施事或受事的论元（如"滑倒/滑行"）。
5. 只有一个论元，如果它是代词、亲属称谓词或专有名词，则标记为施事；如果是普通名词（即没有显性标记），则标记为受事（如"坐/居住""去/走""起立"）。

表5.2　东部波莫语的格标记

	受事	施事
代词	-al	-
亲属名词	-al	-
专有人名	-yiy	-
其他	-	-la

这个分布在区别格和格标记方面很有意思。如果我们遵循传统的方法，把格标记为一套表达一种或多种关系的形式，那么表5.2中的纵列就是格。当用来描写第5类动词的标记时，我们可以说"受事格"用于普通名词，而"施事格"用于代词、亲属名词和专有人名。

另一种方式是把显性的标记受事的形式叫做受事格，把显性的标记施事的形式叫做施事格，把无标记形式叫做主格。这意味着要重新表述前面作出的关于各类动词与格标记对应的结论。例如，第2类动词就要被描写为在代词、亲属名词和人名上带受事格，在普通名词上带主格。除了第5类，关于标记的论述都会变得更为复杂，而第5类动词可以描述为带主格。

很多语言在核心格标记系统的时/态上存在分裂。格鲁吉亚语和卡特维尔语族的拉兹语［见上文例（15）（16）和（17）］有相同的主动标记模式，但仅限于过去时（Harris 1981）。[11]尽管我们应该注意到它的P是与格而非宾格，但目前它仍是一个"主格–宾格"系统。建立在SA/P基础上的系统普遍被认为是"主格–宾格"系统，但可能更好的说法是SA/P系统，因为它不存在任何的宾格。[12]帕马–尼荣根语族的皮塔皮塔语在过去时和将来时中有一种不常见的的三分格标记系统，包括无标记的主格S、作格A和宾格P。但在将来时中则是SA/P系统，一种形式用来标记SA，另一种形式用来标记P，即与事。例（20）和（21）说明了非将来时的"主格–作格–宾格"系统（以Roth 1987和Blake 1979b为基础）。

（20）Muyutyu　　　　nhan-pa-ka　　　nyunukana-ya
　　　old.woman.NOM　she-NOM-HERE　tired-PRES
　　　"老妇人累了。"

（21）Muyutyu-lu　　　nhan-tu-ka　　　watyama-ka　　nhan-(nh)a-ka
　　　old.woman-ERG　she-ERG-HERE　wash-PAST　　she-ACC-HERE
　　　takuku-nha　　thupu-lu
　　　baby-ACC　　　soap-ERG
　　　"老妇人用香皂给那个女婴洗澡。"

---

11 见下文例（47）。
12 像泰语那样 SV、AVP 词序的语言可以被描述为宾格，但实际上并不存在格。

下面两个句子是这两个句子的将来时表达。注意，这里有一个表示S功能、A功能和工具格功能的常见形式-ngu。它被标注为FA（将来时的动作发出者），这是一个临时的格标记，表示的是一种非常见的功能。P带与格标记［对比下文的例（24）］。过去时在形态上没有被标记出来。

（22）Muyutyu-ngu　　nhan-ngu-ka　　nyunukana
　　　old.woman-FA　she-FA-HERE　　tired.FUT
　　　"老妇人要累了。"

（23）Muyutyu-ngu　　nhan-ngu-ka　watyama　　nhan-ku-ka
　　　old.woman-FA　she-FA-HERE　wash.FUT　 she-DAT-HERE
　　　takuku-ku　　thupu-ngu
　　　baby-DAT　　soap-FA
　　　"老妇人将要用香皂给那个婴儿洗澡。"

我们自然想知道，像例（23）这样的句子，由于带有一个与格受事，是否应该被处理为不及物。但还有另一种结构也是有与格受事的，即反被动，在带与格标记受事的将来时句和带与格标记受事的反被动句之间存在句法对立，也就是反被动允许受事删除，而将来时不允许。出于这个原因，我认为将来时结构是及物的，而反被动是不及物的。皮塔皮塔语中的与格是表示"通过"或"越过"的格，换句话说它具有经过格（perlative）功能。它被叫做与格是基于这样的事实：它只标记少数几个二价动词的受事补足语，如yatha-"喜欢"、tiwa"嫉妒"、wapa-"寻找"。例（24）是这些动词中wapa-"寻找"一词的用例。主语是无标记的主格，其他成分都是与格。例（25）是上文例（21）的反被动形式。该语言使用反被动是为了表达意愿情态（desiderative modality）。

（24）Muyutyu　　　　nhan-pa-ka　　wapa-ya　　nhan-ku-ka
　　　old.woman.NOM　she-NOM-HERE　seek-PRES　she-DAT-HERE
　　　takuku-ku
　　　baby-DAT
　　　"老妇人正在寻找那个女婴。"

(25) Muyutyu   nhan-pa-ka   watyama-li-ka nhan-ku-ka
    old.woman she-NOM-HERE   wash-AP-PAST   she-DAT-HERE
    takuku-ku thupu-lu
    baby-DAT   soap-ERG
    "老妇人想要用香皂给女婴洗澡。"

在一些像wapa-这样语义及物性较低的二价动词上使用与格的动机，以及在将来时和意愿情态上使用与格的动机，是很清楚的。在每种用法中，及物性都是"未达成的"，也就是说，并没有把动作行为传递到受事上。对于将来时和反被动来说，"未受影响"（nonimpingement）这个概念在形态上可以被标记；对于wapa-这样的动词来说，这个概念是内在的或者是词汇的。[13]

包括印地–乌尔都语、马拉地语（Marathi）、旁遮普语（Punjabi）和像普什图语（Pashto）、库尔德语（Kurdish）这样的伊朗语言在内的印度–雅利安语支语言都被描述为只在完成体上有作格结构。典型的印度–雅利安语被描述为具有一个直接/间接的格系统，直接格用来标记S、A和P，而旁格被后置词支配。但如果P是有生的且定指的，通常也会被后置词标记。还有如下面马拉地语所示的主语和动词的一致关系（Rosen & Wali 1989:4f）。

(26) Ti   keel̩   khaa-t-e
     she   banana   eat-PRES-3SG.F
     "她吃香蕉。"
(27) Ti   Ravi   laa   chal-l-a
     she   Ravi   ACC   torture-PRES-3SG.F
     "她折磨Ravi。"

但是，A在完成式里要被后置词标记。只有当P是用后置词标记的定指的有生名词时，动词才和P保持一致，而这个动词则要保持中立形式。马拉

---

13 De Carvalho 根据皮塔皮塔语的数据和其他用于将来时的语言独立地描写与格，因此将其特征概括为"与格是一种和将来时相对应的形式"（法语原文：Le datif est, en quelque sorte, l'homologue du futur）（de Carvalho 1983:64）。

地语的作格后置词是ni（Rosen & Wali 1989:5）。

（28）Ti   ni   keḷi   khaa-ll-it
　　 she ERG   banana.PL   eat-PERF-3PL
　　 "她吃了香蕉。"

（29）Ti   ni   Ravi   laa   chal-l-a
　　 she ERG   Ravi   ACC   torture-PERF-NEUT
　　 "她折磨过Ravi。"

标注为宾格的后置词laa，既可以标记直接宾语，也可以标记间接宾语。

印度–雅利安语核心格标记和一致关系关系的典型模式概括如表5.3所示。

表5.3 印度–雅利安语的核心格标记

	非完成式	完成式
S	一致关系	一致关系
A	一致关系	作格
P[+ 定指][+ 有生]	宾格	宾格
P[− 定指] 或 [− 有生]		一致关系

5.2.5 "正–反"系统

本书还要提出另外一种系统，即标记的"正向–反向"系统（direct-inverse system）。这种系统是阿尔冈昆语（Algonquian）的特点，动词上的标记能够指明一个动作行为是和人称等级序列一致还是与之相反。前面我们曾给出过和A、P在人称等级序列上相对位置密切相关的标记用例，在那些例子中我们把标记形式识别为宾格［如例（3）的伦巴恩加语］或作格［如例（9）和（10）的福雷语］。但是在阿尔冈昆语中，标记可以简单地被识别为"正"（和等级序列一致）或"反"（与等级序列相反）。对比下面平原克里语（Plains Cree，阿尔冈昆语的一种方言——译者注）

用例:[14]

(30) a. Ni-wāpam-ā-w
　　　1SG-see-DIRECT-3SG
　　　"我看见他。"

b. Ni-wāpam-ik
　　1SG-see-INVERSE.3SG　（ik来自*ekw-w INVERSE.3SG）
　　"他看见我。"

在有两个第三人称参与者的及物句中，正向标记和反向标记可以区分究竟是话题性较强的参与者（**近指**）是A，还是话题性较弱的参与者（**远指**）是A，前者提供了正向组合，后者提供了反向组合。基于会话原则会选择"话题性较强的参与者"，而且倾向于将其当作最后提及的人称或是会话的话题。"话题性较弱的参与者"则被表示远指的后缀-wa标记。

(31) a. Nāpēw　atim-wa　wāpam-ē-w
　　　 man　　dog-OBV　see-DIRECT-3SG
　　　 "那个人看见了那只狗。"

b. Nāpēw-(w)a　atim　wāpam-ik
　　man-OBV　　dog　 see-INVERSE.3SG
　　"那个人看见了那只狗。"

(32) a. Atim　nāpēw-(w)a　wāpam-ē-w
　　　 dog　 man-OBV　　 see-DIRECT-3SG
　　　 "那只狗看见了那个人。"

b. Atim-wa　nāpēw　wāpam-ik
　　dog-OBV　 man　 see-INVERSE.3SG
　　"那只狗看见了那个人。"

如上所示，对于同一个命题内容而言，根据选择哪个参与者作为话

---

14 最初源于 Wolfart（1973）。这些例子引自 Foley & Van Valin（1984:333ff）。

题，会出现两种表达方式。

5.2.6 核心标记的解释

在很多有处所格、向格、离格这样的方位格的语言中，格标记、格和角色或功能之间有明确的联系。通常一个格有一个特定的标记（虽然标记可能有很多因词干形态决定的变体形式），而且格也有明确的语义功能。但是对于语法格来说，功能不总是明确的，如我们所见，格标记和格通常不是一一对应的关系。我们要讨论的第一个问题就是核心语法格的意义或功能，其次是标记分布的重要性。

很显然，核心语法格表达的是核心语法关系，所以要回答的第一个问题是为什么会有这些关系存在。本质上看，宾格系统（SA/P）中的主语和直接宾语与作格系统（SP/A）中的通格和作格都是句法的而非语义的。主语是个例外，有人认为主语具有语义基础（详见下文）。语言不直接标记补足语的角色。不管其他情况如何，对于二价谓词来说，虽然它们需要某种方式去表明哪个补足语编码了哪种论元［比较第3章例（27）的讨论］，但由于角色可以通过谓词的语义预测出来，因此这是非常不经济的。不管核心语法的组合是S和A还是S和P，我们都只能凭借谓词与其论元角色之间存在的羡余来简单预测句法关系。

主语

最常见的组织核心关系的系统是SA/P或主宾格系统。这个系统建立在话语语用基础上，而非语义基础。主语很明显不是一个语义实体，因为它包含了两个完全相反的语义角色，一个是像It bit me"它咬了我"中的施事，一个是像I got bitten"我被咬了"中的受事。另一方面，我们可以看到主语和"已知"信息而非"新"信息有特定关联，并且如果一个句子有指称性主语，那么这个句子通常被描述为和主语有关的一个谓语，即使这里的主语是新信息。

我们首先来看一下和已知信息的关联。关于已知信息和新信息分布的

跨语言研究揭示出如下的已知信息等级序列：[15]

（33）A > S > P > 外围关系

这说明A比S更为经常地作为已知信息，S比P更为已知，P比外围语法关系更为已知。A和低一级的S在已知信息上建立关联的基础是话语，特别是对话，通常会涉及人和动物的连续动作。实际上，如果有人把S分为有生和无生，或动作者（施事、知觉感事）和受事，那么等级序列就变成：

（34）A > S$_{动作者}$ > S$_{受事}$ > P > 外围关系

这个等级更清楚地指出了这样一个现实，即话语包含一系列句子涉及的更高等级的生命度。

主语要处理的是序列（33）中的前两个位置，主语的某些语法特征和已知性可以联系起来。一致关系最常见的形式是主语一致关系，通常认为出现在一致关系中的黏着代词来源于那些和动词连在一起的非重读代词。如果A和S是已知信息最常见的表现形式，那么我们就可以预测它们通常是通过代词，尤其是非重读代词表现出来。

主语一般用来编码句子所关乎的内容。这一点对于对称性谓词最为明显，如英语中的resemble（类似）、collide with（和……冲突）或be opposite（和……相对）。如果一座教堂和一个报刊亭在城市广场的两边，那么我们会把这种情况描述成例（35a）或（35b）这样。

（35）a. The kiosk is opposite the cathedral.（报刊亭在教堂的对面。）
　　　b. The cathedral is opposite the kiosk.（教堂在报刊亭的对面。）

例（35a）是对报刊亭及其与教堂位置关系的陈述。相反，例（35b）是对教堂及其与报刊亭位置关系的陈述。当然，从话语视角来看，（35b）是个有点奇怪的句子，因为我们通常不会把一个不太重要的报刊亭当成描

---

15 这个等级序列适用于 Du Bois（1987）的发现。Du Bois 把语法上的 SP/A 配置和新信息的指称出现在 S 或 P 功能上的普遍趋势联系起来，至少在核心关系中是这样。也可参见 Givón（1976）关于"话题性"多种等级及其对一致关系模式重要性的论述。

述巨大建筑物位置的参照点，这里强调的是例（35b）是一个关于教堂的陈述。

一个句子通常包含和主语有关的谓语，这一事实在并列关系中也是很明显的。在一个位于非起始位置的句子中，删除的正是主语，这个被删除的主语可以通过在并列小句次序上最近的前面那个主语的所指确定出来。当前面小句的主语表达的是新信息时，这一点更为真切，如例（36b）中的第一个小句。

（36）a. What happened to the worms [for fishing]?
（那些用来钓鱼的虫子发生了什么？）
b. A kookaburra took them and flew off with them.
（一只笑翠鸟抓到了它们并且带着它们飞走了。）

有些语言对出现在主语位置上的成分有限制，特别是对不定主语有约束。英语中有这样的情况，即不定主语在下面的例子中是不太容易被接受的：

（37）Waiter! There's a fly in my soup.
（服务员！有一只苍蝇在我的汤里。）

从语法上看，我们可以说A fly is in my soup（一只苍蝇在我的汤里），但这说的是和一只苍蝇相关的事情，和语境可能要表达的观点不一样。英语的语法需要一个主语，所以就把非指称性的代词there用作主语，从而允许不表达和苍蝇或汤有关的陈述就能描述出这种场景。后面这种和汤有关的最合适的表达是My soup's got a fly in it（我的汤里进了一只苍蝇）。

总的来说，主语是个纯句法关系，它尤其与给出的已知信息和受关注信息密切相关。

宾语

宾格是编码动词直接宾语的格。它可以编码双宾语结构中的所有宾语，也可以标记某些或全部附置词的宾语。直接宾语的语义特征和话语–语用特征如下：

（a）核心功能是表达二价结构的受事角色。

（b）如果非受事被表达为直接宾语，那么就要从动词对直接宾语的影响角度来表达动作行为。

（c）直接宾语在已知性等级中处于主语和外围关系之间的位置。

显然，直接宾语是编码受事的。为了确定直接宾语，我们首先需要确定一个二价动词的受事，前提是这个受事和一价动词的唯一论元要区别对待；换句话说，我们要确定一个不同于S的P。不是所有的二价动词都是这样处理受事的。如果我们要确定和古希腊语、拉丁语相配的直接宾语关系，这是我们进行标记的参照，那么就要规定一些具有最大语义及物性的二价谓词，如SMASH"粉碎"、KILL"杀死"或DESTROY"毁坏"，这些谓词都带有一个受影响的受事，它们不同于语义上稍弱的二价谓词，如HELP"帮助"或TRUST"相信"，这些谓词所带的受事在受事等级范围上更接近中立或受影响的末端。这可以保证我们确定的关系是和古代语言相配的直接宾语。如果我们分析的是那些具有较低语义及物性的动词，那么通常会发现，有一些这样的动词带有无法和古代语言的直接宾语进行比较的补足语。在拉丁语和古希腊语中，表示"帮助"或"相信"义的动词带有一个与格形式的间接宾语，这种处理较低及物性二价谓词的方法在其他语言中也存在（详见5.3节）。

如果我们把直接宾语和非核心或外围关系进行对比，就能够明白直接宾语的重要性了。我们来看例（38a）和（38b）的区别：

（38）a. The old man walked in the streets of the village
（那个老人在村子的街道上走）

b. The old man walked the streets of the village
（那个老人走在村子的街道上）

（38a）告诉我们这个老人是在哪里走路，而（38b）告诉我们这个人穿过了很多街道，可能是大多数街道。当一个不是受事的角色被表达为P时，通常会带上一个表示受影响性的附加意义，或者更容易表达出一种

"整体性"意味（对比3.4.2节、3.4.4节和3.4.5节的论述）。

表达为直接宾语和表达为外围关系的区别在三价结构中更为明显。例如下面的两个句子：

（39）a. The vandals stripped the branches off the tree
　　　　 施事　　　　　　　　受事　　　　源点
　　　（破坏者从树上去掉了树枝）
　　　b. The vandals stripped the tree   of its branches
　　　　 施事　　　　　　　　源点　　　受事
　　　（破坏者去除了树上的树枝）

适合于例（39a）的角色分析不会引起争议。破坏者明显是施事，树枝是受事，树是源点。在这两个句子里，（39a）似乎是无标记的，因为它体现了角色和关系之间的正常关联：受事是直接宾语，源点是非核心或边缘关系。例（39b）中的角色归属是比较棘手的。对这种结构的常见分析是，（39b）中的树仍然是源点，而树枝是受事，但要注意意义上的差异。（39a）是从动作行为对树枝施加影响的角度表达的场景，而（39b）强调的是树发生了什么。实际上，of its branches这个短语在（39b）中可以删除。对于那些认为每个句子都要有一个受事的人来说，这就产生了问题。这个问题可以通过这种方式避免，即（39b）中的树被重新解释为受事，但又产生了一个新问题，即要为树枝找一个不同的角色。根据前一个例子，经常和直接宾语关联在一起的角色似乎就是受事，而把另一个角色编码为直接宾语时，可能包含着某种附加上去的受影响意味。

在双宾语结构中，有人会说接受者或受益者被提到了直接宾语位置上，而受事宾语保留为次宾语，它并没有降级为像（39b）中the branches那样。很显然，在这些结构中，接受者或受益者宾语不能被重新解释为受事，但使用双宾语结构的效果是从对接受者或受益者产生影响的角度上去表达动作行为。

（40）a. I gave her a fiver and she was pleased as punch.

（我给了她五美元，她非常高兴。）

b. I made her a new frock for the party and she was ever so pleased.

（我为她做了一件参加聚会的新裙子，她非常高兴。）

这两个句子分别恰当地表示了对接受者和受益者产生的影响。

在大多数语言中，被动只允许相应动作的直接宾语作主语，这一点是很重要的。被动的主要功能是把一个动作行为的非主语成分提升为可以用作话题的主语（被动句中的主语几乎总是有话题功能）。只有被视为核心关系的表示实体的名词短语，如例（39a）中的the branches，（39b）中的the tree，或（40a）中的her，才是升级操作的最佳选择。

把双宾语结构看成单宾加介词短语的一种替代手段，其部分动机是依据已知信息和新信息重新分布了角色。接受者或受益者宾语倾向于是已知的，而受事宾语是新的，但在带有直接宾语和介词短语的小句里，则倾向于直接宾语是已知的，而介词短语是新的。

除了接受者角色和受益者角色之外，新信息和介词短语之间的关联始终是很强势的。充当工具和处所角色的实体都不会倾向于在话语中重现太多次。它们出现时表示的是被表达为外围关系的新信息，语言几乎不会为其提供像接受者和受益者那样提升为直接宾语的升级可能。另一方面，直接宾语更加频繁地表示出已知信息，这还反映在一个事实中，即语言通常会有一系列表示直接宾语的黏着代词。

通格和作格

乍一看，为SP/A系统找一个语义基础似乎是有困难的，因为通格关系（SP）既包括像I swim "我游泳"中的施事，又包括像It grabbed me "它抓住了我"中的受事。但很多语言学家，包括John Anderson（1977，1979）、Kibrik（1979）和Wierzbicka（1981）在内，实际上都认为SP/A的区别特征是有语义基础的。A被看成是在它自己之外作用在另一个实体之上的那个实体，而通格为其进行补充。它可以编码一系列的受事，从受较强影响的（The meat was eaten"肉被吃了"），到受较弱影响的（The spear was taken"矛被带走了"），再到不受影响或中立的（The spear lay there"矛放在那儿"），对少数几个动词来说，它还编码了没有对另一个实体施加影响的施事（John swim"John游泳"）。由于通格还编码了很多种以不同动词派生形式提升为通格的非受事［例子可参见第3章例（3）中的工具格提升为P］，因此我们最好认识到通格是把受事作为其核心关系表达出来的一种纯句法关系。这种理解和前面提到的对直接宾语的理解相似，不同之处在于，直接宾语只在句中有A的情况下编码受事，而通格不管A是否出现都编码受事。

有意思的是，在很多动词有数范畴标记的语言中，这个数范畴标记几乎总是指向通格，与核心语法的组织没有关系。这里所说的标记是纯粹的数范畴标记，经常以异干的形式出现，和更为常见的人称或数范畴标记不一样。例如在迪尔巴尔语中，添加在动词nyinya"坐"上的后缀-dyay表示要坐下的人是复数，但是当它添加在像gundal"放"这样的及物动词上时，就表示所放之物是复数的。[16]迪尔巴尔语是一种在形态上和句法上都表现出作格的语言，但问题是这种模式和其他任何一种作格表现都无关。这似乎可以反映这样一个事实，即通格是和动词联系最紧密的，相反，作格和动词的意义则没有那么紧密的关联。我们也应该注意到，作格关系在很多作格语言中都是施事。通常很少会有其他的角色和施事合并，一般只有像SEE/LOOL AT"看见/看"和HEAR/LISTEN TO"听见/听"等几个动词的感知者可以和施事合并，语言中不会存在把其他角色提升为A的任何可能。

认为SP/A系统具有语义基础，不必要也认为这种区别缺乏话语–语用上的重要性。上文提出了关于把参与者编码为直接宾语而非外围关系之间的区别的观点，实际上，所有这些观点都适用于把参与者编码为通格形式而非外围关系之间的区别。最重要的区别似乎就是P和外围关系之间的对立。另外，作格系统中标记的分布在话语–语用上也是很重要的。如果我们接受（33）中"A＞S＞P＞外围关系"是一个普遍存在的已知信息的等级

---

16 关于迪尔巴尔语可见 Dixon（1972:249）。概述可见 Durie（1986）。

序列，那么作格系统展示的就是和这个等级序列相冲突的一种标记模式，因为作格系统给位于等级序列顶端的功能赋予了正向标记，而位于等级序列中部的功能则是无标记形式。

标记

现在我们来讨论核心格标记的分布问题。这里有两个方面是值得注意的。第一，具有简单且全面的作格或宾格系统的语言明显占少数。就如本章前面所指出的，大部分语言拥有局部作格标记、局部宾格标记，或既有局部作格标记又有局部宾格标记。第二，局部作格标记和局部宾格标记确定出一个名词性范畴（如代词、亲属称谓等等）的等级序列。

从语言学的角度看，自然常识表明宾格系统和作格系统的存在。如果我们有三个实体，S、A和P，其中的两个在组合关系上是对立的，即A和P，那么最简单的标记系统是给P（宾格系统）或者给A（作格系统）提供一个标记。很明显，S/AP系统就是功能失调的，而S/A/P系统在功能上也是不经济的。对格标记的区分功能的看法进展得很好。宾格系统是常见的；作格系统是相当常见的；三分的S/A/P系统很少见，没有看到S/AP系统。这种逻辑方法不能预示的是局部标记在使用上具有高频性。[17]

Silverstein（1976）论证了局部作格标记和局部宾格标记的分布可以确定出一个词汇内容等级序列。如下：

（41）第一人称（说话者）
　　　第二人称（听话者）
　　　第三人称代词
　　　人名、亲属称谓
　　　指人名词

---

17 Dixon（1994:202f）给出了一个例子，是一种在现在时时态中才有S/AP系统的语言。它是鲁雄语（Rushan），一种帕米尔语（伊朗语言）。帕米尔语通常会有一个旁格标记，用来标记现在时的P和过去时的A。在鲁雄语里，旁格用于过去时的P，以便形成S/AP的对立。

有生名词

无生名词[18]

局部宾格标记总是从包含了不同连续片段的等级序列的顶端开始起作用。而局部作格标记总是从等级序列的底端开始起作用。一种语言可以只在第一人称和第二人称代词上有宾格标记（迪尔巴尔语），只在人称代词上有宾格标记（英语），或在代词、亲属称谓和人名上有宾格标记［尼扬达语（Nhanda）］等等。等级序列上的所有位置都是在宾格标记分布的基础上确定的，即确定了七个不同的节点。作格标记倾向于出现在所有名词上或所有名词和第三人称代词上。[19]在作格标记和宾格标记混用的语言中，二者在等级序列的中部是可以重叠的，这个等级序列为第三人称代词这样的范畴提供了一种"主格-作格-宾格"的三分模式。

如果这个等级序列从格标记的角度看有解释价值的话，那么它需要建立在一个独立的基础之上。这指的就是施事等级，但只适用于等级中的一部分，即指人名词＞有生名词＞无生名词，我们可以从中确定的是，人可以作用于有生实体（实际上就是动物）和无生实体，但反过来就不可以，类似地，有生实体可以作用于无生实体，但反过来也不可以。我们可以将其描述为生命度等级，但也只适用于等级中的后三个范畴。Mallinson和Blake认为，等级反映了关注点的相对中心，也就是从话语行为参与者的视角倾向于看到的事件（1981:86）。对于等级较低的末端来说，它所包含的是大体和人类相关的关注点范畴。人会对另外一些人最感兴趣，而对动物的兴趣要多于无生命体。对于等级的顶端而言，兴趣程度和话语行为相关。

Silverstein（1981）认为，等级展现出了实体在语言使用中的已知程度或预设程度。说话这一行为预设一个讲话者，交流则预设一个听话者。

---

18 在Silverstein之后，我们可以给出一个更为保守的等级序列，其中的第一人称和第二人称都在第一个位置上。在少数几种语言中，第二人称越级到第一人称前面，但通常是在表达优先的情况下。我们在很多语言中发现和第一人称、第二人称有关的黏着成分组合，只有一个人可以被直接表述出来。相反，在那些有证据说明第二人称高于第一人称的几种语言中，还有更有力的证据证明第一人称高于第二人称。

19 在澳大利亚土著语言曼加拉伊语中，作格只在无生命上有区分。对于更高级的范畴来说存在"主格-宾格"系统。关于阴性名词的词形变化参见第4章的注释9。

复指代词的预设建立在前面的对话中有一个所指的基础上，而指示代词则预设在话语事件范围内出现的实体。人名（如玛利亚、约翰）和亲属称谓（如叔叔、爷爷）都是话语行为的参与者。到这一步位置，全部范畴都是有定的。后三个范畴几乎不会在固有特征中被预设出来，但只要宾格标记扩展到这些范畴上，那么这些范畴通常就是有定的或至少是特定的。

除了标记格之外，等级序列在很多领域中也证实了它的存在。包括：

（a）顺序规则

（b）标记数范畴

（c）一致关系

（d）升级

（a）顺序

在有些语言中，黏着的代词性成分的顺序对等级是很敏感的。贡维尼古语（Gunwinygu，北部澳大利亚土著语言）的第一人称或第二人称黏着代词总是出现在第三人称之前，与它是否为主语或宾语无关（Carroll 1976）。

（42）a. Nga-be-n-bun

1SG-3PL-OBJ-hit.FUT

"我要打他们。"

b. Nga-n-di-bun

1SG-OBJ-3PL-hit.FUT

"他们要打我。"

在法语里，直接宾语附着词通常都是出现在间接宾语附着词之前，例如：Marie les lui donne"Marie把它们给他"。但如果间接宾语是第一或第二人称，那么间接宾语附着词就要置于直接宾语附着词之前，例如：Marie me les donne"Marie把它们给我"。

卡尔卡顿古语（帕马–尼荣根语族）是一种作格语言，其语序是由语用决定的。在及物句中，APV和AVP占优势，但只要P是第一或第二人称且A是无生的时，通常就会把P放在开头，如例（43）这样。

（43）Ngai unthayi-nha kuu-ngku
　　　me　　soak-PAST　　water-ERG
　　　"我被雨淋湿了。"

(b) 数范畴

很多语言的代词都有强制的数范畴区别，而名词没有。如汉语的代词有强制的复数标记（他/她，他/她-们），但没有用于名词复数的黏附形式，"-们"可以用在多音节的指人名词上，如"老师-们"。有些语言的数范畴区别只存在于代词和亲属称谓词上［如第3章例（4）的卡尔卡顿古语］。北部澳大利亚土著语言有一些是有名词分类的，这些语言有指人的复数名词类，但没有相应的非指人的复数名词类。瓦波语（佩纽蒂语支）的复数标记对指人名词是强制的，但对非指人名词是可选的；形容词只和指人名词有数范畴上的协调关系（Li & Thompson 未刊）。土耳其语第三人称复数代词的一致关系在主语是无生的时候会缺失。

(c) 一致关系

一致关系通常以语法关系为基础：只是主语的［印欧语系、乌拉尔语系、阿尔泰语系（Altaic）、达罗毗荼语系］，主语和宾语的［楚科奇语、多数澳大利亚土著语言、图尔卡纳语（Turkana）］，通格（阿瓦尔语）或通格和作格的（玛雅语）。但是，有些语言的一致关系和等级中较高级别的论元相关，和语法关系无关。在达尔格瓦语（Dargwa，东北部高加索语）中，动词和第一或第二人称有一致关系，和第三人称无关，不管第一或第二人称是A还是P。如果A和P都是话语行为的参与者，那么就和P有一致关系。在索拉语（Sora，门达语族）中，第一或第二人称宾语被标记在动词上，第三人称不标记。在宾土比语（Pintupi）和瓦尔马扎里语（Walmatjari，帕马-尼荣根语族）中，主语和宾语通过黏着代词表示，这个黏着代词附加在句中第一个成分上。非核心关系如果是有生的，也可以表示出来。[20]

---

20 关于宾土比语参见 Hansen & Hansen（1978）。关于达尔格瓦语参见 Wierzbicka（1981）。其他来源于 Mallinson & Blake（1981:88-9）的（c）节和（d）节。

在大多数用黏着代词表示P的语言中，只有定指宾语可以由附着词表示出来。第1章例（14）给出的斯瓦希里语用例表示Ali喜欢一个确指的漂亮女人。如果没有宾语附着词，则表示Ali喜欢任何一个漂亮女人。

（d）升级

动词的派生形式，如被动，通常也是以语法关系为基础的，但有些语言和代词的生命度等级相关。在瓦卡什语（Wakashan，美国西北部以及哥伦比亚印第安人的一种语言——译者注）中，如果施事是第三人称而受事是第一人称，则要强制使用被动形式。在提瓦语［Tiwa，阿兹特克-塔诺安语（Aztec-Tanoan）］中，只有第三人称能够作被动句中的施事，如果第三人称是施事且第一或第二人称是受事，则必须使用被动。

双宾语结构也和等级有明显的相关性。例如，在英语中，双宾语结构被限制为带接受者或受益者的结构上。如：He sent the refugees food "他给难民们食物"，不说*He sent the station food "他给车站食物"；再如：He made his guest a weak cocktail "他给他的客人做了一杯稀释的鸡尾酒"，不说*He made the lemon tree a weak emulsion of white oil "他给柠檬树刷了一层稀释的白油乳剂"。关系语法认为双宾语结构是派生性的，而且反映出了间接宾语或受益者向直接宾语的升级（详见3.4.3节）。不是所有人都会同意这种分析，但该结构确实包含了和直接宾语加介词短语相对应的两个类似宾语的名词短语，而且这个额外的宾语几乎总是无生的，这显然也是事实。句法作格语言中的双宾语结构及其相似结构（详见3.2节）通常都是跨语言的，而且一般都限制在有生命的被提升者上。在那些P有黏着代词而间接宾语没有的语言中，几乎总能让人确信双宾语结构中的P系列表示接受者或受益者，而这也是支持升级分析的事实。

除去格标记，这些等级序列的表现都和以说话者和听话者角度观察到的事件相一致。在大多数语言中，主要用来编码话题的主语都在宾语之前，这是话语语用策略或语法规则导致的结果。我们可以把第一和第二人称前置于第三人称的规则理解为反映了"话题优先"原则。偏向等级顶端的升级规则也可以有类似的理解，就像一致关系中的优先处理一样，因为通过黏着代词所表达的内容反映的是已知的信息。等级序列的顶端容易有数范畴标记，这种倾向当然也是一个说话者在对其更具吸引力的范畴上作出更多区别的例子。

如果我们从话语行为参与者的角度建立一个等级序列，那么局部宾格标记要如何从这个等级的顶端开始作出规律的分布，而局部作格标记又如何从等级的底端开始作出规律的分布呢？Silverstein和Comrie把语言视为最自然的一个事件，在这个事件里施事是说话者或发言者，而受事是非定指的无生命体。

Silverstein论述了这种分布的自然性（1981:243）：

> It would appear that... language structure is grammaticalising (with characteristic asymmetry) the perspective from which a state of affairs is predicated of referents, the most 'natural' being that which grows out of the configuration of the ongoing speech event, the informational givens of which, the maximally presupposable entities, are of course the same orderings as above [see (14)]. Hence, speaker 'Agent-of' and 'Subject-of' in direct (as opposed to inverse) predicate schemata.

> 似乎语言结构是语法化的过程，从这一角度看，事件状态可以被认定为是所指，是产生于正在进行的话语构造的最为"自然"的存在，其已知信息，也就是最大限度被预设的实体，当然都和上述内容具有相同的次序［见例（14）］。因此作为施事和主语的说话者就体现了正向的顺序（与"反向"相对）。

同样地，Comrie讨论了最自然的及物结构，其中的A在代词生命度等级的高级位置，而P在低级位置并且是非定指的。他认为对这种模式的背离会导致产生一个有更多标记的结构（1989:128）。在这种理解之下，等级顶端的宾格标记反映的事实是，把代词或指人名词这样的范畴看成宾语不如把非定指的有生或无生的低级范畴看成宾语更自然。相反，对名词作格标记的限制反映的事实是，把名词看成及物动词的施事不如把代词看成及物动词的施事那么自然。脱离了话语环境，这似乎就是很奇怪的，毕竟像

The man hit the dog"那人打了那只狗"这样的句子是太普遍的语言学用例了。但是在话语中，含有A功能名词的句子却不像想象中的那么普遍（详见（33）的已知信息等级序列）。A功能只有当其是新信息时才可能由一个名词实现，但是在任何连贯的语篇中，大多数动作行为将会通过前文已知的A（或S）实现出来，或者因为它是话语行为的参与者。在这两种情况中，A都将通过一个非重读代词表示出来，如果可行则通过一个黏着代词表示出来。当出现了被作格标记的名词短语时，它们通常正在标记着非定指的施事或自然力量［如上文的例（43）］。

在大多数带有局部作格或宾格标记的语言中，A和P都是各自被独立标记的，也就是只根据表示它们的名词性范畴进行标记的，例如，A如果是一个名词就标记为作格，而P如果是一个代词就标记为宾格。如我们所看到的少数几种语言，标记是由A和P在等级序列上的相对位置决定的，这些是说明标记和等级因素之间具有敏感性的最有力的证据。前面章节给出的例子包含了以下类型：

（a）当A低于P时，只使用宾格标记。详见例（3a）和（3b），涉及伦巴恩加语的黏着代词。

（b）当A低于P时，只使用作格标记。详见例（9）和（10），涉及福雷语的名词短语。

（c）正向组合（A高于P）或反向组合（A低于P）的标记或者和A有关，或者和P有关。详见例（30）到（32）的克里语用例。

当和某种理想的及物性谓语出现偏差时，局部作格标记和局部宾格标记这样的术语就有了一定的优势，这个优势为作格标记和宾格标记提供了唯一一种解释。但还是有其他一些可能的解释，一个主要和宾格标记相关，一个主要和作格标记相关。

Hopper和Thompson对较强的语义及物性反映到形式及物性中的方式做过跨语言的概括。完全语义及物包含一个影响受事的施事。如果谓语是一种感知（如看见）或情感（如喜欢），或者是将来时、未完成体等等，那么就不算是完全及物。语言通常有两种处理二价谓语的方法。一般包括大部分及物动词和另外那些较少的将补足语放入非核心关系中的不及物动词和形容词。形式上的及物动词会编码有较强语义及物性的谓语，而不及物动词和形容词会和不完全语义及物性联系起来。Hopper和Thompson认为存在较强的语义及物性，其中的受事是定指的而非不定指的，是有定的而非无定的，是指人的或有生的而非无生的。他们把正向的标记给了P，不管是通过交叉参照、位置还是格标记来表示，都是使P成为有较强语义及物性的代表。

和作格标记密切相关的一种观点可以在Wierzbicka（1980:129f, 1981:66f）中找到。她把作格结构看作是以受事而非施事为视角所看到的动作行为，受事通过核心的无标记实体表达出来，而施事则是外围的有标记实体。特别是第一和第二人称以及一般的人称代词最有可能脱落其"外围的"标记，因为它们是已知的且具有话题价值。有人会提出，在英语和其他很多语言中，带有代词性施事短语的被动句通常都是不受欢迎的。及物的作格结构，以及与主动及物结构标记位置相反的不及物被动结构，都不能很好地确定出来。即便如此，作格中被标记的A和被动中被标记的施事之间还是具有某种相似性。

Comrie和Silverstein所概括的标记作格的方式和Wierzbicka的另一种标记方式可能也不是相去甚远。前者的代词不能标记作格，因为这些代词是A最自然的构成成分，语言倾向于保留那些最自然的标记最少的成分。在Wierzbicka看来，代词，特别是第一和第二人称代词是很自然的话题，因此将其编码为核心的无标记实体是妥当的。[21]

最后还有一点要说明。如果一个句子中既有SA/P系统又有SP/A系统，那么SA/P系统总是与黏着代词相关的，这些黏着代词自然地呈现出已知信息而非新信息。还应该注意，像转换指称（switch-reference）标记这样的句法入句原则通常在SA基础上起作用，即使是在格标记系统为"主格–作格"的情况下。这些原则至少在一个句子中要涉及已知信息。[22]

---

21 关于分解作格的另一种解释可以在Delancey（1981）找到，是一种不同于这里的观点的解释。
22 例子可参见第4章例（42）和第6章例（25）（26）。

5.3 与格

在古希腊语中，和didonai"给与"这样的动词一起表示直接宾语的格被称为ptōsis dotikē或"给与格"（giving case）。Dative（与格）这个说法是拉丁语的翻译，适用于有同等功能的拉丁格，如：Cassius Brūtō librum dat（Cassius.NOM Brutus.DAT book.ACC give.3SG）"Cassius把一本书给Brutus"。但希腊语和拉丁语中的与格还可以标记某些不及物动词非主语位置上的补足语。这些补足语被当作直接宾语，如三价动词的与格补足语。这里有一些把直接宾语标记为与格的不及物动词的例子：

（44） 希腊语　　　　拉丁语
　　　 boēthein　　　auxiliarī　　帮助
　　　 peithesthai　 parēre　　　 服从
　　　 pisteuein　　 fidere　　　 相信
　　　 orgizesthai　 īrāscī　　　 和……生气

格在跨语言中是非同构的，也就是说，我们并未发现语言通常会有相同数量的格，即一种语言中的各个格都与其他语言中相对应的格的外延相一致。例如，希腊语的与格所包含的范围比拉丁语的与格要宽泛得多。希腊语没有像拉丁语那样的离格，希腊语的与格涵盖了拉丁语离格中的工具格和处所格两种功能。[23]同构的缺失可能会导致在使用格的名称时出现困难。如果一种格编码给予行为的接受者，而另一种格编码某些不及物动词的补足语，那么该如何描述这种语言呢？我在描写卡尔卡顿古语时就遇到了这个问题（Blake 1979a）。一个被-ku标记的格编码少数几个不及物动词的补足语以及目的角色和受益者角色。另一个被-kunha标记的格编码"给予"动词的接受者以及终点角色。我选择将-ku格叫作与格，因为它标记了动词的补足语（间接宾语），这和例（44）中所举出的古希腊语和拉丁语的动词类似，而把-kunha格叫作向格（见表2.14）。这种确定与格的策

---

23 还可参见3.2节。

略提供了一种很好的跨语言比较。基于这种解释的与格作为标记补足语的主要非核心格出现,其功能范围主要包括下面(45)所列出的(a)(b)(c),常见的功能是(d)到(h)。

(45) a. 某些及物性较低的二价动词的间接宾语(如"帮助"类、"寻找"类或"喜欢"类动词)
b. 某些三价动词的直接宾语,如"给予"类和"展示"类动词
c. 目的角色(如She went for fish "她出去钓鱼")和受益者角色〔如She went for(on behalf of) her mother "她替她母亲去"〕。有些语言有单独的目的格〔如伊鲁亚语(Irula)〕。巴斯克语有目的格和受益格(Saltarelli等. 1988:156-66)
d. 领有者(通常由属格表达)
e. 终点(有时由独立的向格表达,如一些澳大利亚土著语言)
f. 各种反被动语言中去及物化结构中的间接宾语〔见上文例(25)的皮塔皮塔语用例〕
g. 某种体(aspect)或态(tense)中的直接宾语〔见上文例(25)的皮塔皮塔语用例和下文例(53b)的格鲁吉亚语用例〕
h. 某种体中某些动词或全部动词的间接主语。这种用法和其他几种有些不同,将在本节末尾进行阐述,见例(51)(52)和(53)

宾格是一种句法格,它能够编码多种语义角色,但我们会把编码受行为动词影响的受事当作其核心的主要功能。与格也是一种能够编码多种语义角色的句法格,但我认为其核心功能是编码那些作为动作行为或情感目标的实体。传统定义与受到间接影响的实体有关,和受到直接影响的实体相对,这个被间接影响的实体被直接宾语编码(至少在主动态中)。[24] 宾

---

24 还可见 Croft(1991:171)。

格和与格在组合关系上有差异，或者在词形变化上相对立。对于像拉丁语dāre"给"、monstrāre"展示"和mandāre"委托"这样的动词，这两个格在组合关系上有差别，宾格编码那些在移动或转移到新的领属关系意义中的被直接影响到的实体，与格编码有感知力的终点，即转移者直接指向的那个实体。

（46）Brūtus　　rem　　　mihi　　　mandāvit
　　　Brutus.NOM　matter.ACC　me.DAT　entrust.PERF.3SG
　　　"Brutus把这件事委托给我了。"

Auxiliārī"帮助"、parēre"顺从"、fidere"相信"或īrāscī"和……生气"等动词的与格补足语，和necāre"杀死"、tractāre"推倒"和movēre"移走"等动词的宾格在词形变化上是对立的。宾格编码那些受直接影响的实体，而与格编码那些不受直接影响的实体。还应该增加的一点是，我们无法从角色中预测出格，因为受动作行为直接影响的实体总是被编码成宾格（至少在主动态中），不受影响的实体则被编码为某些动词的宾格和其他动词的与格。这一点毋庸置疑。例如，amāre"喜爱"是及物动词，带一个编码中立（不受影响的）受事的宾格直接宾语，vidēre"看见"也如此。对"作格-宾格"交替出现的概括可以扩展到其他大部分语言上，虽然对缺少与格的语言来说可能还需要重新解释。例如，英语中及物性较低的某些谓语是用动词充当的，这些动词带有介词补足语（如look for, look like等），其他的则由形容词充当，这些形容词带of介词补足语，这是一种无标记的默认选择（如be jealous of, be supportive of）。

在很多语言中，一些动词词干既作为及物动词出现，也作为不及物动词出现，前者带一个直接宾语，后者带一个与格形式的间接宾语。拉丁语有几个动词就是如此：temperāre"使缓和"或"限制"是一个；意义相同的moderor是另外一个。当这些动词涉及限制或控制施事之外的一个实体时，就会使用例（47a）那样的及物用法，但是当它们表示自我控制时，就会带上一个与格补足语，如例（47b）。

（47）a. Ego　　　moderor　　　　equum　　　meum
　　　　I.NOM　　moderate.1SG　horse.ACC　my.ACC
　　　"我控制我的马。"
　　b. Ego　　　moderor　　　　.ōrātiōnī　　meae
　　　　I.NOM　　moderate.1SG　speech.DAT　my.DAT
　　　"我克制自己的话语。"

对于自我控制来说，限制是指向自己的，确定为与格的实体只是间接相关。在某些澳大利亚土著语言中，一个特定的动词词干可以包括"寻找"和"找到"两个意思。当这样一个动词带上与格补足语时，意思是"寻找"，但当它是及物用法时，意思是"找到"。这似乎就是直接指向目标的动作行为和目标顺利完成之间的差别。

在很多语言中，及物结构和去及物化反被动结构之间的转换并不限制在某个词干上，而是表达出了在体和态上的普遍差异。很多这样的去及物化结构都包含与格。两种澳大利亚土著语言，卡尔卡顿古语和皮塔皮塔语，其用例已经在前面给出过。皮塔皮塔语的与格用法如下：

　　（a）少数几个动词的间接宾语，如wapa-"寻找"、yatha"喜欢"和tiwa"嫉妒"，如例（24）
　　（b）表达能愿情态的反被动结构的间接宾语，如例（25）
　　（c）将来时的直接宾语。前面例（23）给出了皮塔皮塔语用例，下面给出的例（53b）是更为有力的格鲁吉亚语例证

正如我们在讨论皮塔皮塔语用例时指出的，这个语言说明了与格的用法覆盖了上述范围。它标记不受影响的实体，可能是因为谓语的词汇意义（如tiwa"嫉妒"），也可能是因为一种情态（能愿）或一种时态（将来时）。它们在逻辑上推翻了与特定谓语相关的任何意义上的直接影响。当然还需要补充的是，这个"逻辑"不是常规的语言现象。格标记通常对时、体、情等不太敏感。

到目前为止，在所讨论的例子中，包含与格的句子也包含了表示施

事或感事的主语。在这些例子中，角色和关系的组配已经是常规的了。但是，还有可能发现用与格编码那些通常被指派为主语角色的用例。很多语言的与格都用来表示少数几个动词的感事，通常包括和英语please相对等的形式。这可以在拉丁语中得到解释，placēre就带了一个与格形式的感事。与格可以和指称性主语一起使用，如例（48），或者在与人无关的情况中使用，如例（49）。

（48）Nōn placet Antōniō meus cōnsulātus
not please.3SG Antonius.DAT my.NOM consulship.NOM
"我的领事职位让Antonius不高兴。"

（49）Venerī placet mittere...
Venus.DAT pleace.3SG send.INF
"Venus很乐意去送……"

拉丁语还提供了词义上不受限制但能够应用于任何动词的与格用例。这就是所谓的与格施事。它和动形词（gerundive）一起使用，和带有义务情态的类似被动的分词一起使用。第3章曾给出过一个例句，是在不同格中确定施事角色［见例（32）］。这里再重述一下，如例（50b）及其主动式的例（50a）。

（50）a. Ego hanc provinciam dēfendō
I.NOM this.ACC province.ACC defend.1SG
"我防守这座城。"

b. Haec mihi provincia est dēfendenda
this.NOM me.DAT province.NOM is.3SG defend.GER.NOM
"这座城被我防守。"

例（50b）中主动动词的直接宾语已经被重新表达为动形词的主语。如果像例（47）的moderor一样，和带与格的动词一起使用动形词结构，那么与格补足语不能被重新表达为主语，因此必须使用一个和人无关的结构。在例（51）中，动词有一个第三人称单数的中性的非指称性主语，这个主语被表达在动词上。注意，基础动词（base verb）的初始与格被保留下来，于是可以把这个基础动词的主语放到与格形式中，结果在间接宾语和偶尔被认为是间接主语的成分之间就产生了两个在组合关系上对立的与格。

（51）Moderandum　　　　　est　　mihi　　orātiōnī　　meae
　　　 moderate.GER.3SG.NEUT　is.3SG　me.DAT　speech.DAT　my.DAT
　　　"我必须控制我的讲话。"

例（48）（49）和（50b）中的结构全部都是倒置结构的用例。"倒置"（inversion）这个词表示角色和关系的排列颠倒了，特别是通常编码成主语的角色被编码成与格形式（也可见3.4.3节关于倒置的论述）。这些间接主语，经常被这样称呼，是很正常的；它们是印度次大陆的区域性特征。下面是马拉雅拉姆语（Malayalam，达罗毗荼语系）的用例（McAlpin 1976:191）：

（52）Avalkku　　avane　　itikkaam
　　　 her.DAT　　him.ACC　can/may.hit
　　　"她能打他。"

在马拉雅拉姆语的用例中，与格和动词上潜在的标记-aam表示物理上的能力或许可。有些卡特维尔语，如格鲁吉亚语，用与格去标记施事表示传信范畴，如"她确实做了什么什么"（Harris 1984）。下面一组例句分别说明的是处于过去时中的作格结构（53a）、处于现在时中的带被作格标记的直接宾语和间接宾语的宾格结构（53b）、用来表示缺少直接证据的倒置结构（53c）（Harris 1984:263）。

（53）a. Rezo-m　　　gačuka　　　　samajuri　　（šen）
　　　　 Rezo-ERG　you.gave.3SG.it　bracelet.NOM　（you-DAT）
　　　　 "Rezo给了你一个手镯。"

b. Rezo　　　gačukebs　　　samajur-s　　（šen）²⁵
Rezo.NOM　you.give.3SG.it　bracelet.DAT　（you.DAT）
"Rezo给你一个手镯。"

c. Turme　　Rezo-s　　učukebia　　samajuri　　šen-tvis
apparently　Rezo-DAT　gave.3SG.it.EVID　bracelet.NOM　you-BEN
"Rezo好像把一个手镯给了你。"

间接主语和被作格标记的独立成分非常相似，都缺少主语形式特征，如格和对一致关系的控制。但是，它们经常表现出主语的句法特征。在意大利语中，piacere"对……感到快乐"的与格补足语可以控制不定式补足语的主语，和非倒置动词的明确主语一样。在包含了一个正常的、非倒置动词的例（54）中，把主语Giorgio理解为不定式far(e)的主语。在例（55）中，即使主要动词的主语不是Giorgio，而是una compagna d'ufficio，仍然要把Giorgio理解为不定式lasciar (e)的主语（例句出自Perlmutter 1982:316-18）。²⁶

（54）Giorgio　mi　ha　rimproverato　tante　volte　da　farmi　paura
　　　George　me　has　reproved　so.many　times　to　make.me　fear
"George指责我太多次了，以至于他吓到我了。"

---

25 读者可能想知道为什么例（53b）被认为是带有与格形式直接宾语的宾格结构而不是不及物结构。语法关系能够从动词上的黏着代词确立起来。也要注意，如果例（53b）中的samajurs是间接宾语，那么就会产生一个问题，如何解释šen的语法关系。用Harris的关系语法分析例（53c）时，标记成与格的成分是最初的主语，这个主语现在已经降级为间接宾语，这个间接宾语把原来的间接宾语（sen）推到了"失业"位置，只能被受益格（sen-tvis）标记。例（53b）允许两个与格这一事实和samajurs成为直接宾语相关。

26 Una compagna d'ufficio作主语依据了两个标准：（a）一致关系的控制，（b）格（区别出的主格代词lei可以被替换成una compagna d'ufficio）。Giorgio有主语特征，也就是控制多种不定式补足语的缺失主语。在对关系语法使用的类型进行多层分析时，不同参与者在不同层面能够做主语。Giorgio会被当成原始层的主语和最后一层的间接宾语。Una compagna d'ufficio会被当成原始的直接宾语。即便如此，尽管它控制着动词的一致关系且表现为主格形式，它也不能被当成最后一层的主语。这个结构被认为是非人称动词的（参见Blake 1990:84）文中论述una compagna d'ufficio是主语是基于话语分析。参见3.4.3节对倒置的讨论。

（55）A Giorgio è talmente piaciuta una compagna d'ufficio
To George is so pleased a companion-of-office
da lasciarci
to leave.us

[字面上]"对于George来说，他对一位办公室同事太有好感以至于他离开了我们。"

"George因为喜欢上了一位办公室女同事而离开了我们。"

古英语和近代英语都存在着倒置动词，可以从并列（co-ordination）的角度把与格补足语处理为主语。在下面出自Chaucer的例句里，thoughte（源自古英语的thyncan "看起来"）是一个倒置动词，和一个正常动词graunted合用。代词us是个旁格形式，和现代英语一样，表示宾格和与格的合并。Graunted的主语，如果表达出来，就是we（《坎特伯雷故事集》，序言A785-7）。

（56）Us thoughte it was noght worth to make it wys

And graunted him withouten more avys,

And bad him seye his verdit, as him leste.

动词leste（源于古英语的lystan "乐于"）也是一个在使用上与个人无关的倒置动词，字面上的意思是"它对他渴望"，也就是"它使他高兴"。

与格通常用来表达领有者。在有与格而没有独立属格的语言中，与格用来修饰名词。表示领属的与格出现在拉丁语中，还有表示领属的属格和领属形容词（用例引自Woodcock 1959:46）。

（57）Illi duae fuēre filiae
that.DAT two.NOM were.3PL daughters.NOM
"他有过两个女儿。"

（58）Illius duae fuēre filiae
that.GEN two.NOM were.3PL daughters.NOM
"两个女儿曾经是他的。"

用与格的例句表达的是对女儿的存在的断言；用属格的句子则是把女儿的存在看作是已知信息，领有者的身份是断言。

5.4 属格

属格是普遍存在的。以拉丁语为基础，人们通常会认为属格是最常见的或是无标记的定语格，尽管我们并不希望这个格只做定语。在拉丁语里，属格用来标记像oblīvīscī"忘记"和miserērī"遗憾"这样少数几个动词的补足语。在其他语言里，如古英语，属格标记的是几十个动词的补足语，并且作为编码不及物动词的格还要和与格相互竞争。在这种情况下，修饰功能为指派属格名称起了重要作用。无标记的修饰格一般含有领有者的意义，因此**领属格（possessive）**这个名称就成为常见的选择。属格不仅能在印欧语中找到，还存在于乌拉尔语、高加索语、阿尔泰语、达罗毗荼语和闪米特语中。在一些澳大利亚土著语言里，一个格包含了拉丁语的与格和属格，这时就倾向于用与格名称。

有些语言存在一种既表示A功能又表示领有者功能的格。这样的语言包括索克语（墨西哥语）、某些高加索语和爱斯基摩语，这种格被叫作**关系格（relative case）**。[27]下面是尤皮克爱斯基摩语的用例（Reed等1977:83）。后面还解释了与例（63）和（64）有关的在被领有名词上的复杂标注。

（59）Angute-m nera-a neqa
　　　man-REL eat-3SG.3SG fish
　　　"那个人正在吃鱼。"

（60）Angute-m qimugta-i
　　　man-REL dog-3PL.ABS.3SG.ERG
　　　"那个人的狗"

---

[27] 卡巴尔德语（Kabardian）和尤比克语（Ubykh，西北部高加索语）、腊克语（东北部高加索语）和拉兹语（南部高加索语）有一个常见的表示A和领有者的格。

在很多语言中，标记领有者人称和数量的代词性词缀都是和用来表示主语功能或宾语功能的词缀一样的。上文我们给出了孔乔语"作格–属格"系列的黏着代词用例（表5.1）。"作格–属格"系列在玛雅语和阿巴扎语中也有。为了说清楚这里即将要阐述的问题，看一看那些用黏着代词表示领有者和被领有者的语言是很有趣的。第一个是阿巴扎语（西北部高加索语）的用例，这是一种在动词和名词上都有大量交叉参照（cross-referencing）的代词性成分的语言。例句取自W. Sidney Allen的一篇论文，他可能是第一位注意到A和领有者表达方式的平行性的学者（Allen 1964:340）。阿巴扎语的第三人称黏着代词有作格和通格的区别。

（61）D-l-pa-b

3SG.MASC.ABS-3SG.FEM.ERG-son-is

"他是她的儿子。"

（62）D-l-šə-d

3SG.MASC.ABS-3SG.FEM.ERG-kill-PAST

"她杀了他。"

例（61）中的前缀d-是名词的一个类标记，和标记领有者的-l-相比，它表示被领有者。

在尤皮克爱斯基摩语中，关系格用来标记A和领有者，如前文例（59）和（60）所示。于是"我们（双数）的船（双数）"要表达为：

（63）angya-g-puk

boat-3DU.ABS-1DU.ERG

"我们的船"

所使用的黏着形式和及物动词所带的第一人称双数A和第三人称双数P是一样的（Reed等 1977:140）。

（64）Ceńirciiqa-g-puk

visit.FUT-3DU.ABS-1DU.ERG

"我们应该拜访他们。"

从这些例句可以看出，领属模式是及物性的，可以带编码为A的领有者和编码为P的被领有者。当存在一个相当于被领有者名词的黏着形式时，这是很明显的。但领属可能被认为在其他用主语或作格黏着形式编码领有者的语言里面有同样的及物性。正如我们在描述名词化时所观察到的，属格经常用来编码一个名词化动词的补足语，最常见的是主语。详见4.3.1节和4.5.1节。

大部分语言在第一、第二和第三人称上都有领属格词缀。很多语言中的领属格词缀都是交叉参照领有者的。1.1节给出了一个土耳其语的例句，即adam-ın ev-i "man-GEN house-3SG.POSS（那个人的房子）"。当然这里是有属格的，但很多语言把交叉参照当成标记领属关系的唯一方法。

5.5 部分格

把部分地受影响的受事放入**部分格**（**partitive case**），这在东欧语言中是很普遍的，如匈牙利语（Moravcsik 1978:261）。

（65）Olvasta   a   könyvet
　　　read.3SG the book.ACC
　　　"他读过那本书。"

（66）Olvasott   a   könyvböl
　　　read.3SG the book.PARTITVE
　　　"他读过那本书的某部分。"

在爱沙尼亚语和芬兰语中，如果受事表示的是整体的一部分或是不确定的量，如果动作行为是未完成的，或者如果句子的极性（polarity）对立（据《现代语言学词典》polarity词条的解释，有些学者用该术语表示句子的"肯定极"和"否定极"的对立——译者注）是否定的，那么就会用部分格来表示这个受事。在波兰语和俄语中，类似的情况则选择用属格，以和宾格形成对立［Moravcsik 1978:265, 269；还可参见Plank（ed.）1984］。

5.6 方位格

"方位"（local）这个术语在本书指的是"地方"（place）。方位格表示处所（at）、终点（to）、源点（from）和路径（through）等意思。在有屈折格系统的语言中，一般至少会有两种不同的格用来区分方位之间的差别，尽管不是只有这两种方位格。印欧语主要使用两种方位格，即处所格（locative）和离格（ablative），表达终点和路径时用宾格。土耳其语有处所格和离格，终点用与格表示。表示终点的向格（allative）在很多语言中都有，包括乌拉尔语系语言和澳大利亚诸土著语言。一个单独表示路径的格则不大常见，这种格在少数澳大利亚土著语言中能看到（Blake 1987:40），它也是包括阿瓦尔语在内的某些东北部高加索语的方位格系统的一部分（表5.4）。

表5.4 阿瓦尔语的方位格

	处所格（处所）	向格（终点）	离格（源点）	经过格（路径）
在……上	-da	-d-e	-da-ssa	-da-ssa-n
在	-q	-q-e	-q-a	-q-a-n
在……下	-ƛ'	-ƛ'-e	-ƛ'-a	-ƛ'-a-n
在……中间	-ƛ	-ƛ-e	-ƛ-a	-ƛ-a-n
在中空的物体里	-Ø	-Ø-e	-Ø-ssa	-Ø-ssa-n

如果语言拥有庞大的格系统，那么通常是源于方位格的细化。庞大的格系统是乌拉尔语系芬兰-乌戈尔语支（Finno-Ugric）的特点，也是东北部高加索语的特点。这些格来自表示相对方向（如英语的"above" "beside"等）和表示处所、终点、源点、路径的标记的组合。塔巴萨兰语（东北部高加索语）的一种方言据说有53种格（Comrie 1981:209，也可见Comrie & Polinsky 1998以及下面的论述）。阿瓦尔语（也是东北部高加索语）有27种格，其中包括20种方位格，这些方位格来源于4种"格"标记和5种表示方向的标记的组合。方向标记和"格"标

记的组合在形态上是黏着的，而在语义上是透明的。（见表5.4，该表以Ebeling 1966为基础。）在这样的语言中，人们可能会简单地将之分析为一层方向标记加一层"格"标记。倘若有人把最外面的形式层也分析为格标记而不是附着小品词，那么这个系统会更庞大（Hjelmslev 1937:2-25）。

和其他东北部高加索语言一样，阿瓦尔语的处所格［从高加索语的来源上看通常称"存在格"（essive）］在字面上是没有标记的，但经过格是被双重标记的，由离格-a和-n构成。东北部高加索语的这种标记分布不仅符合Hjelmslev的标记观，而且很可能在这些标记的形成过程中起到了重要作用（详见表2.11）。

给方位格命名的方法是以拉丁语的ablātīvus"离格"的构词模式为基础的，这个词由前置词ab"从……"加上以lāt为词根的词干形式lātivus构成。词根lāt提供了ferō"我承担"的完成式分词。其他的格名称或是通过变化前置词形成的，或是由前置词和词干essīvus组合而成的，essīvus来自esse"成为……"（参考Mel'cuk 1986:72-75）。表5.5列出了一些方位格的名称。

表5.5 方位格名称

拉丁语词根	意义	格名称	意义
ad	"到……"	向格（allative）	到/去（……外面）
in	"到……里面"	入格（illatinve）	到……里面
ab	"从……"	离格（ablative）	从（……外面）
e(x)	"在……外面"	从格（elative）	从（……里面）
super	"在……上面"	上格（superlative）	在……上面
trans	"经由"	转移格（translative）	经由
per	"通过"	经过格（perlative）	通过、沿着
		存在格（essive）	在（参照方所格）
in	"在……里"	在内格（inessive）	在……里面
ad	"到……"	位置格（adessive）	在
super	"在……上面"	在上格（superessive）	在……上面
sub	"在……下面"	在下格（subessive）	在……下面

通常，大的处所系统的语义透明度，会因某些方向标记和所谓的特有的格标记的融合，或因形式上的变化或语义上的转移，而变得含糊不清。例如，芬兰语有15个格，其中9个格是方位格。大而言之，我们可以说这里有表示位置、终点、源点的方位格，它们或者是独立出现，或者是和表示在内和在外的标记一起出现。这些表现在表5.6中。这些格的原始形式是*-na位置格、*-ta离格、*-ne向格。正如我们所看到的，表示在内的形式是-s-，表示在外的是-l-。位置格和向格中的n变得和前面的辅音相似，由此产生了对应于表5.6的矩阵（67）。

表5.6　芬兰语的方位格

	处所	源点	终点
Ø	-na 存在格	-tta 部分格	-ksi 转移格
在内	-ssa 在内格 "在……里面"	-sta 在外格 "从（……外面）"	-(h) Vn, -sVVn 入格 "进入"
在外	-lla 位置格 "在"	-lta 离格 "从（……里面）"	-lle 向格 "到 / 去"

（67）-na　　　　　　-ta　　-ne
　　　-ssa（< -*ssa）-sta　-sse（< -*sne）
　　　-lla（< -*lna）-lta　-lle（< -*lne）

对比（67）和表5.6可以看出，-ksi和-(h) Vn, -sVVn是历史比较语言学背景下期待出现的形式。从语义上看，这个系统并不如我们从表5.6横纵组合上判断出的语义那样明确。-tta形式具有部分格功能，转移格-ksi用来标记某种变化范畴（如You'll turn into a pumpkin"你将会变成南瓜"，

Translate it into English "翻译成英文"），而向格-lle具有与格功能。

如果有人认为任何黏着语系统的方向标记都像阿瓦尔语一样可以形成一个独立于格系统的系统，那么那些据说是很庞大的系统自然就会减少到不足20个。Comrie和 Polinsky（1998:99）把塔巴萨兰语的北部方言分析出7种格和8种方向标记。芬兰语不是完全黏着的，语义上也不是完全透明的，因此恰当的处理是把这15种格标记组成一个单一的系统。

5.7 其他的格

包括巴斯克语、索克语（墨西哥语）、沃塞梯语（Ossete，印度–伊朗语支）、阿奇语（东北部高加索语）和芬兰语在内的多种语言都有表示伴随物的**伴随格**（**comitative**），在泰米尔语、泰卢固语和大部分达罗毗荼语中称作**关联格**（**sociative**）。

工具格（**instrumental**）编码工具，动作行为可以借助这个工具得以实现，如She wiped the screen with a cloth（她用布擦拭屏幕）。在印欧语系（如梵语）、乌拉尔语系［如科米–彼尔米亚克语（Komi-Permyak）］、阿尔泰语系［如赫哲语（Nanai）］、达罗毗荼语系（如泰米尔语）、巴斯克语、通卡瓦语（Tonkawa，犹他–阿兹特克语系）、塔拉斯堪语（Tarascan）、澳大利亚诸土著语言中都有工具格。工具格有时用来编码宾格语言的被动施事（如俄语）。很多作格语言的作格不仅包括工具格，还包括A功能（如阿瓦尔语、藏语和大多数帕马–尼荣根语）。

在乌拉尔语中有一种格叫做**残缺格**（**abessive**）（拉丁语ab-esse "不在的"）或**剥夺格**（**privative**）（拉丁语prīvāre "剥夺"）。意思是"缺少""不具有"。例如在芬兰语中，rahta-tta（money-AB）表示"缺钱的"。该格也存在于澳大利亚诸土著语言中，和一种表示"具有"的**共存格**（**concomitant**）或**领有格**（**proprietive**）相配。这两个范畴以词汇化的形式出现在很多澳大利亚土著语言中。例如在卡尔卡顿古语中，putu-yan（stomach-PROP）表示"怀孕的"。据此以及其他的证据显示，表示"具有"或"缺少"的后缀已经被看成是派生性的了。另一方面，这些语言的格都是体现协调关系的，而这些后缀也都体现了协调关系，由此说明这些格都是屈折的，而且应该被看成格（Blake 1987:87f；Dench & Evans 1988:7-13）。

嫌恶格（aversive）（字面上是"转头离开"）、躲避格（evitative）（避免）和原因格（causal）在澳大利亚诸土著语言中已经被普遍地用来表示格范畴。表示所害怕或躲避的事物，如卡尔卡顿古语：Yanyi-ngkungu rumpi（ghost-AVERSIVE fear）"她/他害怕鬼"；或者表示一种状态或动作行为的起因，还是卡尔卡顿古语的例子：palpir-tungu uli nyin（poison-AVERSIVE die-PART）"死于毒药"。

至此尚未提到的但经常出现的一种格是**比较格（comparative）**，出现在某些达罗毗荼语和东北部高加索语中。当然，除了表5.5中展示的那些有系统的处所格名称之外，在文献中还可以找到十几个或更多的其他格名称。不是所有的都能被详细地描写出来，有一些在进一步考察之后发现它们可能就是已经给出的格名称的变体形式。我们不再继续讨论这个事情。

5.8 屈折格等级

形态格系统的范围从两个成员到十几个成员。但如果有人把芬兰–乌戈尔语和东北部高加索语中方向标记和格标记的组合也当成格的话，那么数量就会达到四十个左右（详见5.6节）。这里提出的问题是形态（屈折）格系统是否遵照特定的次序增长和减少。为了尝试回答这个问题，我们需要首先考虑那些标记在独立名词性成分上的格，忽略黏着代词和语序。但是，黏着代词、语序与形态格是有关联的，体现为它们是编码关系等级中顶端语法关系的可选方法，因此排除了成为蕴涵关系的可能性。可能有人认为，除非找到像宾格这样的核心格，否则在一种宾格语言中是不可能找到像离格这样的外围格的，但这种观点在那些宾语以动词内部的代词性成分表示或仅仅通过动词后面的位置来表示的语言中是站不住脚的。同样，可能有人会提出，除非有属格（更为常见的格），否则一种语言不会有伴随格（在跨语言中只是一般性的常见），但很多语言的领有者都是通过黏着代词的身份表示的，如果必要，就会像瓦恩达让语（Warndarang，南部澳大利亚语）一样和名词处于交叉参照中（Heath 1980）。

　　从方法论的角度上看，跨语言比较格是有问题的。如果我们比较的格系统不同构，那么严格来讲，一种系统的格不会和另一种系统的格相对应。像前文指出的那样，如古希腊语的与格就不能和拉丁语的与格完全对应起来。希腊语缺少拉丁语的离格，拉丁语离格的源点功能（"从……"）就由属格表示，而拉丁语离格的处所格功能和工具格功能则是通过与格表示的。希腊语的与格比拉丁语的与格更复杂。因此在进行格的跨语言比较时，我们需要考虑某个格所涵盖的功能，不必非要在表面上接受传统的名称。

　　如果我们在看待一个格系统的样例时，忽略有些语言的某些关系只是通过黏着代词或语序来标记的情况，那么就会发现它们确实倾向于建立起一个特殊的序列，即出现了一个等级序列。

　　（68）　主格　宾格/作格　属格　与格　处所格　离格/工具格　其他格

　　对这个等级序列的解释如下。如果一种语言有一个列在等级清单上的格，那么通常至少会有一个在其左边位置上的格。因此，如果一种语言有与格，那么它就会有属格、宾格或（和）作格以及主格。在有两个格、三个格、四个格或五个格的小系统里，最低等级的格一般会有多种功能，也就是说它将是一种"别的格"（elsewhere case）。（68）所显示的等级序列让人觉得有一种语言可能是"双格"系统，非主格的格是宾格或作格。令人确信的是，这另外的格可能包含P或A功能，也可能包含范围很大的功能，因此**旁格**（**oblique**）这个名称比宾格或作格更为合适。

　　很多语言是"双格"系统。切梅惠维语（Chemehuevi）是犹他-阿兹特克语系努米克语族（Numic）的一种语言，属于"主格-旁格"系统，主格标记主语，旁格标记宾语和领有者。也有直接和词干相连的可能被当作格系统的后置词，但和旁格标记不同，它们不能表现出协调关系（Press 1979）。"主格-旁格"系统和后置词是犹他-阿兹特克语的特点（Langacker 1977）。

　　卡巴尔德语（东北部高加索语）也是"双格"系统，被标记的格包含 A 和领有者功能。"双格"系统还存在于伊朗语言中。雅格诺布语（Yaghnobi）同时具有宾格结构和作格结构，后者用于以过去时词干为基础的时态中。被标记的格主要适用于宾格结构中定指的直接宾语和作格结构中的 A，除此之外，还适用于领有者、间接宾语和介词宾语（Comrie 1981:169-70）。[28]

"三格"系统一般包括主格、宾格和属格-旁格。闪米特语有这样的系统。古阿拉伯语也是一个例子，尽管复数时有"宾格-属格"的中和。努比亚语（Nubian，尼罗-撒哈拉语系）还有一种"主格-宾格-属格"系统。现代希腊语是"主格-宾格-属格"系统，科曼奇语（Comanche，犹他-阿兹特克语系）也是如此（Robinson & Armagost 1990）。希腊语还有一个呼格，但因为呼格在功能上太与众不同了，所以这里不把它看做一个格（参见1.2.3节）。

如（68）所示的等级，似乎"三格"系统应该包括主格、宾格和作格。宾格和作格在等级中不能分开，但就我所知，除非出现第四个格，没有一种语言同时具有 A 功能的格和 P 功能的格。

很多语言都是下面这种"四格"系统：

（69） 主格 宾格 属格 与格/旁格

最后一个格通常有很多功能，也有很多不同的名称。这种格系统的

---

28 据说罗马尼亚语是"双格"系统（外加一个呼格）。Mallinson 称之为"主宾格"的格包含主语和宾语，Mallinson 称之为"属与格"的另一个格包含非核心功能。该语言有独立的代词形式，既有黏着的也有自由的，可以表示主语、宾语和间接宾语，但是自由的宾语代词要由前置词 pe 支配，这个前置词还支配作宾语的高生命度名词（Mallinson 1988）。

	名词	代词	黏着代词
	"星星"	第一人称单数	
主语	stea	eu	eu
宾语	stea	pe mine	mă
间接宾语	stele	mie	îmi

通常把古法语描写为拥有一个"主格-旁格"的格系统，但阳性的指示词显示出三分的"主格-宾格-与格"的区别（cil/cel/celui"那个"，cisit/cest/cestui"这个"）。

古代法语的黏着代词，和常见的罗曼语言一样，有三种系列的形式，一种是主语的，一种是宾语的，一种是间接宾语的；直接宾语和间接宾语的形式只在第三人称上有区别。

语言包括古希腊语（该语言还有一个呼格），包含德语、冰岛语和古英语（该语言还有一个残留的工具格）在内的一些日耳曼语，雅基语（Yaqui）和包含弗尔语（Fur）、努尔语（Nuer）和迪丁加-穆尔勒语（Didinga-Murle）在内的几种尼罗-撒哈拉语，其中宾格是无标记的，而非主格。另有一个需要和其他格区分开的是与格。例如在拉丁语里，我们能看到下面这样的"五格"系统（还要加上一个呼格）（也可见表1.2）：

(70) 主格 宾格 属格 与格 离格/旁格

拉丁语里级别最低的格被叫做离格，但是拉丁语的离格是之前的离格和工具格、处所格（仍然和古拉丁语有区别）的合并。这个格名称多少是有些随意的。古代和近代的高地德语是一种带"工具格"的类似系统，但拉丁语是"离格"。古高地德语（OHG, Old High German）和近代高地德语（MHG, Middle High German）的工具格除了表示工具功能，还表示处所格和离格功能。

能够出现在等级序列上的另一个格是处所格。在有六个格或更多个格的系统中总是有处所格。在很多斯拉夫语中，包括波兰语、捷克语、斯洛伐克语和塞尔维亚-克罗地亚语，都可以找到下面这样的系统：

(71) 主格 宾格 属格 与格 处所格 工具格

接下来需要考虑的格是离格和工具格。它们似乎并不能在等级上区分开。二者都很常见，有些语言有工具格但没有离格（如斯拉夫语的源点一般都通过支配属格的前置词表示出来），有些语言，像阿尔泰语有离格但没有工具格。土耳其语的格系统则如下所示，其工具格功能由后置词表示。

(72) 主格 宾格 属格 与格 处所格 离格

一些阿尔泰语同时有工具格和离格，就像古亚美尼亚语那样，反映了去掉呼格的原始印欧语系统：

（73）主格 宾格 属格 与格 处所格 离格 工具格

让人有些怀疑的是，这个等级序列是否能进一步扩展。除了目前讨论的这些格之外，最常见的可能会是伴随格（表示"陪同"）、目的格、向格（表示"到……"）、经过格（表示"通过"）和比较格（表示"比……"）。如泰米尔语有7个格，除了列在（73）中的格，还要再加上伴随格（被达罗毗荼语语言学家称为关系格）：

（74）主格 宾格 属格 与格 处所格 离格 工具格 伴随格

另外两种达罗毗荼语，多达语（Toda）（Sakthivel 1976:435-48）和伊鲁亚语（Perialwar 1976:495-519），还有一个目的格（再加上呼格）：

（75）主格 宾格 属格 与格 处所格 离格 工具格 伴随格 目的格

达罗毗荼语一般都有相当大规模的格系统。科达加语（Kodaga）（Balakrishnan 1976:421-34）和卡萨巴语（Kasaba）（Chidambaranathan 1976:467-80）还有一个比较格。

澳大利亚土著语言帕马-尼荣根语的格系统通常有8到10个成员。通常有一个表示A和工具格功能的常见格，大多数都是用作格表示，通常还会有一个向格和躲避格（表示要避开的东西）。有些帕马-尼荣根语缺少属格，用与格表示领有者功能（Blake 1977，1987）。

在说明这个等级序列的过程中，我已经回避了那些由语序或黏着代词编码语法关系的语言，因为使用这些有替代性的机制可能意味着在形态格等级中存在缺口（gap）。即便如此，把语序作为区分主语和宾语的唯一方法一般限制在"主-动-宾"（SVO）的前置词语言中，像法语、柬埔寨语和泰语。唯一真正成为形态格的竞争对手的是黏着代词的使用。黏着代词可以用于主语、宾语、间接宾语和领有者，在一些作格语言中还用于离格和作格关系。于是很自然地，在用黏着代词代替形态格的地方就出现了缺口。例如赫哲语（通古斯语族）有7个格，但是没有属格，领属关系被交叉参照的黏着代词表示（Nichols 1983）：

（76） 主格 宾格 — 与格 处所格 离格 工具格 向格

北部澳大利亚土著语言用交叉参照表示主语和宾语，有一些则没有核心格标记。如瓦恩达让语的格集合如下所示（Heath 1980:26-8）：

（77） 主格 处所格 离格 工具格 向格 目的格

缺少的格有属格、与格和另外一个核心格，作格或宾格。所有这些缺口都能解释为用交叉参照的黏着代词来表示，这些黏着代词编码主语、宾语和领有者。对于给予类（GIVE）动词来说，黏着代词宾语编码受事。还有一个动词前缀ma-，表示宾语编码的是一个受益者。通过这种方式，和与格有关的功能就都被包含进去了。

如果形态格系统建立在等级序列上，如果等级序列上的大部分缺口都能归因于黏着代词的使用，那么二者之间的形态格和黏着代词系统就规定出了功能或关系的等级序列。似乎语言在以某些形态手段表示主语、宾语这种关系上发挥的作用要比以形态手段表示处所或工具这样的关系更为重要。这些较低级的关系经常以前置词或后置词来表示。尽管会形成十几个封闭类或者可能是几十个成员，它们通常也都是词汇的而非语法的。

还有一些语言是用一个格来表示很多功能。如上文所提到的，即便有一个因跨语言分布上少见而被放在较低等级的伴随格，但在澳大利亚诸土著语言中还是经常能看到一个"属格–与格"格，坎纳达语（Kannada）也还有离格/工具格的合并。塔拉斯堪语（齐布查语）即使没有与格或离格，也还有一个伴随格。该语言中没有间接宾语，接受者和受益者都表现为宾格。处所格不仅包含位置，还有像"从……"和"到……"这样的方所概念（Suarez 1983:87）：

（78） 主格 宾格 属格 处所格 工具格 伴随格

中和和缺口通常是由一种可选的语法手段引起的，排除了在格之间建立蕴涵关系的可能性，但是中和和缺口并不会使等级序列变空。格系统倾向于建立在某种序列上，这种序列"显著高于偶然的出现频率"，引自

Greenberg（1963）的说法。[29]

如果认为一个格可以表示多种功能，那么在处理离格和向格时就会出现一个有意思的不对称。离格比向格分布得更广泛。英语介词to的功能通常由另一个诸如宾格（拉丁语和某些其他印欧语）、与格（土耳其语或其他阿尔泰语）或处所格［伊迪尼语（Yidiny）］的格来表示。[30]当然，由一个格表示多种功能或角色的语言要面对如何给格命名的问题。被广泛接受的格名称似乎都是以等级序列中级别较高的功能为基础的。如果某个格表示A功能和工具功能，那么通常就被命名为作格。当较低等级的功能出现时，这种做法当然就会导致在等级序列上出现明显的缺口。

---

29 Croft（1991:237）列出了一份实用的角色清单，基于40种语言样本概括出的一种形式。
30 伊迪尼语例出自Dixon（1977），包含了一个对划分格的种类十分有帮助的讨论（124ff）。

6 格系统的动态循环

6.1 来源

通常认为,在语言的历史发展中,语法形式是从词汇形式发展而来的,黏着形式是从自由形式发展而来的。格标记有两个常见的词汇来源,一个是动词性的,另一个是名词性的,动词性的来源可能更多一些。还有一个来源是副词性的小品词。发展顺序一般是从名词、动词、副词到前置词、后置词,从后置词再到后缀。[1]

在很多地区,格标记都拥有漫长的发展历史,这以形式复杂性(异干型变体和融合)和语义复杂性为证据。例如,印欧语的格标记就是如此。在这种情况下确定某个格标记的来源是不大可能的。另一方面,在有些语言中,"新"标记的发展是可证实的,如印欧语系印度-伊朗语支的语言,而在有很多语言中,我们可能会去构拟后置词和短语末尾看起来像后置词的那些格标记的来源。

6.1.1 从动词到格标记

弄清楚附置词的动词来源,关键在于谓词所隐含的论元。"到来"(COME)这样的谓词是一个隐含了到来者和终点的二价谓词。"离开"(LEAVE)这样的谓词是一个隐含了离开者和源点的二价谓词。"飞"

---

[1] 如4.3.2节指出的,前置词似乎并没有发展为前缀。但它们可以和限定词融合,如法语的au(=à le "to the")、德语的zur(=zu der "to the.DAT")。

（FLY）这样的谓词是一个隐含了飞翔者的一价谓词，但语言需要去表达"X飞到Y"和"X飞离Y"，其中一种方法是使用谓词组合。使用谓词"飞"（FLY）和"到达"（COME）表达"飞到……"；使用谓词"飞"（FLY）和"离开"（LEAVE）表达"飞离……"。下面是泰语的用例：

（1）a. Thân cà bin maa krungthêep
 he will fly come Bangkok
 "他要飞到曼谷。"

 b. Thân cà bin càak krungthêep
 he will fly leave Bangkok
 "他要飞离曼谷。"

一般把这些结构描述为连动结构（serial verb construction），但要注意，第二个动词并不能脱离第一个动词而单独被时、体、态或肯定极、否定极修饰［泰语中的修饰成分由诸如（1a）和（1b）中的自由形式cà来表示］。第二个动词是非限定性的，不能带显性的主语，隐去的主语须理解为第一个动词的主语。从翻译中明显可以看到，第二个动词在功能上等同于一个前置词。前置词非常像一个非限定性动词，可以看（1a）的英文翻译，前置词to是一个二价谓词，一个论元表示终点角色（曼谷），另一个论元没有表达出来，但必须要解释为和S同指。

现在来看hây这个词。它可以作为句中唯一的词汇动词出现，表示"给予"义，如例（2a），或者跟在另一个动词后面，要么表示"给予"义，要么表示"为了"义，如例（2b）（Kullavanijaya 1974:51,85）。

（2）a. Phɔ̂ɔ hây ngən Pùk
 father give money Pook
 "父亲把钱给Pook。"

 b. Mɛ̂ɛ yép sŷa hây Pùk
 mother sew garment give Pook
 "母亲缝补衣服给Pook。"
 "母亲为Pook缝补衣服。"

在例（2b）中，hây不能被时、体、态或肯定极、否定极所修饰，应该把它分析成一个非限定性动词或一个衍生出来的前置词。Kullavanijaya指出，这个词在表示"给予"义时是个非限定性动词，表示"为了……"义时则是个衍生出来的前置词。

把动词看作附置词这种重新分析在动词有黏着形式而附置词没有的语言中表现得更清楚。埃维语（Ewe）是尼日尔–刚果语族科瓦语支（Kwa）的一种语言，形式nâ可以作为"给予"义的动词出现，如例（3a），或者作为"为了……"义（受益格或目的格）的前置词出现，如例（3b）。Ná在（3a）中可以带主语的人称/数标记，在（3b）中就不能带这样的标记（Heine等 1991:1）。

（3）a. Me-ná　　ga　　　kofi
　　　　1SG-give　money　Kofi
　　　　"我给Kofi钱了。"
　　　b. Me-wɔ　dɔ́　vévíé　ná　　dodókpɔ́　lá
　　　　1SG-do　work　hard　give　exam　　　DEF
　　　　"我为考试努力过了。"

（3a）中的ná和（3b）中的ná在形态上的区别对应了意义上的差异，而且可以确定，第一个ná是动词，而第二个ná是前置词。

连动结构中的动词发展为附置词是一种普遍现象。在西非、新几内亚、东南亚和大洋洲语言中尤为常见。类似的发展还存在于动词形式在形态上被标记为非限定性的各种语言中。例如英语就有从现在分词派生来的前置词用例，如regarding"关于"、following"在……之后"和concerning"关于"。同样，在德语里，betreffend"关于"也是从现在分词衍生出来的。由于原始的分词是出现在句末的，而德语的从属小句在动词末尾，因此betreffend是个后置词。[2]达罗毗荼语有类似的发展，支配宾格的后置词pārttu"向……"从分词pārttu"看"衍生而来（Steever

---

2 还可参见4.3.2节。

1987:736），梵语也有类似的发展，后置词sahita"和……"从表示"参与"义动词的过去分词衍生而来（Andersen 1979:26）。

不出所料，附置词的发展显示出了一些清晰的趋势。经常要表达的语义角色是处所、源点、终点的处所概念，再加上其他的，如工具、目的、受益和伴随。"到来"义动词明显为表示"到……"义附置词提供了来源［参照上文的例（1a）］；"离开"义的动词可能是表示"从……"义附置词的来源［参照上文的（1b）］，"给予"义的动词通常是表示"为了……"义附置词的来源［详见上文例（2）和例（3）］。来源于动词的单纯表示某种语法关系的附置词也有用例。引用最多的例子有汉语普通话的"把"。汉语普通话基本上是一种SVO型语言，没有附置词或词缀去标记宾语。但是，汉语有一种结构，理论上的宾语被"把"提到了前面，并且"把"字短语位于动词前（Li & Thompson 1981:464）。

（4）Tā   bǎ   fàntīng   shōushi-gānjing   le
　　 3SG   dining room   tidy-clean   PERF
"她/他把饭厅收拾干净了。"

"把"从"持拿"义或"抓取"义动词演变而来，例（4）的结构从"X拿着Y且（X）做（Y）"的结构形式演变而来。原来的动词"把"失去了字面上的"持拿"义，尽管通常把它描写成标记宾语的介词，但重要的是，它被限制在有定或通指的受事上，并且一般不能和"爱""想"（想念）这样的动词共现。在西非的加语（Gã）中，标记宾语的前置词kè也受到类似的限制，这个前置词也源于"持拿"义动词（Lord 1982:286-8）。

"持拿"义动词常用来标记工具格。字面上表示"X拿着斧子砍木头"的结构慢慢就被理解为"X用斧子砍木头"。

这里有一些经常出现的从动词演变为附置词的例子。根据所产生的附置词给它们分了组：[3]

---

[3] 来源包括Givón（1975:93），Norman（1988），Lord（1982:163），Heine等（1991）。

（5）宾格

雅铁语（Yatye）awá"持拿"、约鲁巴语（Yoruba）gbà"获取"、现代汉语bǎ"持拿"

与格/受益格

约鲁巴语fún"给予"、现代汉语gěi"给予"、埃维语ná"给予"、泰语hâi"给予"

向格

努佩语（Nupe）lō"去"、现代汉语dào"到"、埃维语dé"到"

伴随格

泰米尔语koṇṭu（< *kol"拿"）、现代汉语gēn"跟"

工具格

现代汉语yòng"用"、ná"拿"，埃维语tsó"拿"

处所格

现代汉语zài"在"、埃维语le"在"

经过格

埃维语tó"通过"

6.1.2 从名词到格标记

由名词发展而来的附置词和格词缀在表达方位的格关系中很常见。如1.3.3节所述，语言经常使用关系名词（relator nouns）来确定相对方向，如It stands on top of the cupboard"它站在橱柜上面"中的top。Top是带介词短语（of the cupboard）的名词性短语的中心语，介词短语是后置于中心语的修饰语。主要的述谓在it、stand和cupboard之间。虽然top在句法上是短语top of the cupboard的中心语，但它在语义上是从属性的，其功能是指明cupborad和stand之间更为精准的关系。（on在这里也不太重要，因为stand预设了一个处所格补足语。）Top这样的关系名词发展为附置词，甚至有时发展为词缀，并不足为奇（正如1.3.3节所指出的，有人会把on-top-of解释成一个复合介词）。

这种演变在达罗毗荼语中也很常见。坎纳达语（Kannada）中就有像例（6）中horage这样的形式（Madtha 1976:143）：

（6）Klāsina   horage   hōgu
　　　class.GEN outside   go
　　　"从班里出去！"

Horage这样的形式是后置词，有时被当作一种次要的格标记，是hora从表示"外部"义的名词演变而来。当是支配属格形式的补足语时，它就显示出原始名词的特点，是一种专门的定语格［比较第1章例（11d）给出的印地–乌尔都语用例］。

这种演变还常见于乌拉尔语系。在芬兰语中，位置格kohdalla"在某地"中的kohta"地方"和一个属格依附语共现，如talo-n kohdalla（house-GEN place-AD）"在房子那"。这里的kohdalla用作后置词。

在芬兰语支的卡累利阿语（Karelian）中，伴随格由-ke标记，如velle-ŋ-ke"和弟弟"中的-ke，它从带属格定语的*kerða-lla"在一段时间，在某段时间"演变而来。和芬兰语koira-n keralla（dog-GEN with）"和那只狗"对比，属格-n对应于velleŋke中的-ŋ（Anttila 1972:149）。在这种演变中，原来的中心语（如这个例子中的*kerðalla）最终都变成了词缀，而原来的依附语都变成了词干。在另一种芬兰语支语言科米–彼尔米亚克语中共有五个格，最初的构词要素是-vv-。-vva表示"在……顶上"的上格（superlative），-vviś表示"从……下来"的下格（sublative），-vvyn表示"在……上"的在上格（superessive），-vvəʒ表示"到……顶上"的向上格（superterminative），-vvət表示"通过"的经过格（perlative）。很明显，构词要素可以和名词vyv"顶部"关联起来（Austerlitz 1980:237）。[4]

匈牙利语的格后缀-bel-ba"到……里面"从bél"内部、内脏"演变而来，bél的向格形式vilag-bel-e（世界–里面–到）发展成了现代匈牙利语的világba"进入到世界"，-be/-ba是入格（illative）的格标记。

---

[4] 比较5.6节讨论过的处所格形式，尤其是表5.4。

在波斯语里，表示"原因"或"目标"义的名词词根rādi产生出了后置词rādi"因为、关于"。Rādi简化成rā，用来表示原因、目的或涉及（"关于……"），后来又标记间接宾语和直接宾语。在现代波斯语中，rā和间接宾语及定指的直接宾语一起使用（Windfuhr 1987:534, 541f）。

如果名词发展为前置词、后置词和格后缀，那么几乎都是朝着处所格形式发展，再进一步发展出更为抽象的功能或语法功能。这里有一些按处所格类别分组的例子。最常见的源点似乎应该是身体部位（参考Heine等1991）。

（7）在……里面（inside）、进入……里面（into）

斯瓦希里语ndani（< da"内脏"），米斯特克语（Mixtec）ini"心脏"、čīhi"肚子"（也表示"在……下面"），卡克奇克尔语（Cakchiquel）-pan"肚子"，科佩勒语（Kpelle）-lá"嘴巴"

到……

科佩勒语-túe"前部"，米斯特克语nuu"脸"（还发展出其他的处所格功能）

在……前面（in front of）

斯瓦希里语mbele（源于表示"胸部"义的词根），豪萨语（Hausa）gàban < gàbā"前部"，哈卡尔特克语（Jacaltec）sat"脸"

在……顶端（on top of）、在……之上（above）、在……上（on）

豪萨语kân < kai"头部"，泰米尔语mēl"天空"，Kpelle语-mâ"表面"，哈卡尔特克语wi' < wi'e"头部"

在……附近（near）

科佩勒语-kəlɛ"附近地区"

在……后面（behind）、在……后部（at the back of）

科佩勒语-polu"后背"，印地语pīche"臀部"，埃维语megbé"后背"，古吉拉蒂语（Gujerati）puthe"后背"

在……下面（below）

泰米尔语nēde"地面"，斯瓦希里语chini（＜*ci"地面"）

从……（from）

科佩勒语-yée"手"

6.1.3 从副词性小品词到格标记

有些附置词的直接来源是副词或小品词。印欧语似乎已经出现了一些自由形式，这些自由形式一方面发展为前置词，一方面发展为复合动词的组成成分。拉丁语里有一些像per"通过"、in"在……里面"、trans"越过"和ē/ex"在……外面"这样的形式，它们作为前置词和复合动词的第一个成分出现。比较：Ambulā per aedes（walk.IMP through house.ACC）"从房子里通过"中的per是一个支配着宾格的前置词，而Perambulā aedes中的perambulāre是一个支配着宾格的及物动词。[5]

萨哈泼丁语（Sahaptin，佩纽蒂语支）有两个作格后缀。Rigsby把其中一个（-in）叫做"另指"（obviative，用于宾语是第三人称时），另一个（-nim）叫做"反向"（inverse，用于A是第三人称且宾语是第一或第二人称时）（Rigsby 1974）。Rude认为-nim从表示"这边的"义的小品词演变而来（1988）。假定的来源和派生出的功能在下面的例子中都有说明，其中假定的小品词体现为一个动词后缀和一个名词后缀（Jacobs 1931:126）。

(8) A'w=naš　xwi̲saat-nim　i-twána-m-aš
　　now=1SG　old.man-ERG　3SG-follow-hither-IMPF
　　"现在这个老人正跟着我。"

与这种语言亲缘关系很近的内兹佩尔塞语里，有一个作格标记-nim，它和萨哈泼丁语的形式是同源的，当面对一个作格和与之类似的表示"这边的"意思的形式时，我们并不倾向于把它们看作是有关联的。实际上，

---

5 使用及物动词能够表达比不及物动词带前置词程度更高的及物性，如 Perambulāre aedes 可以表示"检查房屋"的意思。

人们可能希望作格的来源是表示"从……"意思的形式，而不是表示"到……"或"这边的"意思的形式，但萨哈泼丁语的证据却是极具启发性的。用一个表示"这边的"意思的形式去标记指向话语行为参与者的动作，这明显是很重要的（参考5.2.6节的论述）。Rude提出，反向的作格（inverse ergative）已经扩展了其范围，从而成为内兹佩尔塞语的普通作格。他还认为，萨哈泼丁语的宾格后缀（-na或-nan）和内兹佩尔塞语的宾格后缀（-ne）都源于表示"到……""向……"或"那边的"意思的小品词。

6.2 格系统的发展

当一个动词或名词变为附置词时，虽然它成了一个相对较小的只有十几二十个成员的封闭类中的一员，但并不一定失去它的词汇特征。当一个后置词变成格后缀时，会发生两个重要的改变。首先是从原来的语音特征很容易发展出各种不同的形式，其次是变成较小形式集合中的一员，这种集合通常不会超过十几个。由于所有的名词短语，不管它们在和支配成分的关系中承担了什么样的语义角色，都必须要被小的形式集合中的某个成员所标记，因此不可避免的是，至少某些格后缀会涵盖范围很广的语义内容。我们首先要讨论语音方面的因素，然后再讨论语义方面的因素。

6.2.1 语音因素

语言中有一条普遍的原则是，语法形式的突显性低于词汇形式。当名词和动词向附置词发展时，会变成非重读的，其发音就好像是邻近词语的一个非重读音节。这个相邻的词要么是被附置词支配的短语的中心语，要么仅仅是短语中距离最近的那个词。土耳其语始终都是一种"修饰语-中心语"顺序的语言，其后置词总是与支配的名词短语的中心名词相邻。但附置词和名词短语的中心语不总是相邻的，如英语的前置介词就不是必须要和名词短语的中心语相邻。后置词可能会根据相连词干的语音形式变成后缀并发展出变体形式。帕马-尼荣根语就是一个很好的例子，其作格倾向于用-lu和-Tu表示，前者位于两个以上音节的元音词干后，后者位于以辅音结尾的词干后。T代表一个塞音，是受到了末尾辅音发音部位的同化。原来的l已经强化成了一个塞音，然后才受到词干末尾辅音发音部位的同化。双音节的元音词干带有变体-ngku。根据Hale最初提出的假设，双音节的元音词干在历史发展的第一个阶段就有了一个舌根鼻音尾。作格形式中的l强化成为一个塞音并且受到这个舌根鼻音发音部位的同化，然后舌根鼻音在词尾位置上脱落，于是像*marang "手"这样用*marang-ku表示作格的词就变成了由mara-ngku表示作格形式的mara。原始帕马–尼荣根语的处所格被构拟为*-la，它发展出一系列平行的变体（Hale 1976）。表6.1给出了一些贾鲁语（Djaru）的例子（Tsunoda 1981），也包含了与格。原来的*-ku在元音后也发展成了一个弱读的变体-wu。[6]

表6.1 贾鲁语的格标记

	双音节元音词干 "水"	更长的元音词干 "食物"	辅音词干 "人"
主格	ngapa	mangarri	mawun
作格 / 工具格	ngapa-ngku	mangarri-lu	mawun-tu
处所格	ngapa-ngka	mangarri-la	mawun-ta
与格	ngapa-wu	mangarri-wu	mawun-ku

附置词发展为词缀的模型留下了一种无法解释的屈折格表现形式，即格的协调关系。单方面说，协调关系可能产生于内容的不连续表达，该内容通常由一个名词短语表达出来，如英语。还有像我们前面给出的那些拉丁语和瓦尔皮里语用例［见第4章例（8）（9）和（10）］所阐释的那样，有些语言用两个甚至三个分开的短语去表示像that tall woman "那个高高的女人"这样的英语短语，这是很常见的。每个短语自然就需要各自的标记。人们会认为，这种标记上的匹配可以组成一个协调关系系统，但有

---

6 Sands（1996）给出过一个原始澳大利亚土著语言的形式 *-THU，通过 Hale 的假设派生出 ŋgu。她还指出，在澳大利亚大陆上分布着貌似真实存在的 *-THU 反身形式。她认为 -lu 反映了原始帕马–尼荣根语的 *-lu，这是一个还没有证据的形式。

可能所有的这种短语都是同类型的，每个短语都被相同的中心语所支配，这个中心语通常都是动词。如果失去不连续表达的可能性并且保留了对之前短语的标记，那么结果就会产生具有协调关系的多词短语（multiword phrase）。

词缀总是容易成为同化、脱落、元音弱化和融合等语音简化过程的产物。这种变化产生的影响是减少了格与格之间的差异。在一些帕马—尼荣根语中，元音简化为弱读或元音脱落已经消除了作格和处所格之间的区别。如下面我们将会看到，语音简化带来的变化几乎可能破坏掉一个形态格系统。一般来说，语言不具备限制语音变化对格系统造成侵蚀影响的防御手段，只能采用一种可选方式，如使用语序区别主语和宾语，或使用前置词、后置词。尽管如此，语言偶尔也会采用补救的方法来修复由语音变化造成的损失。在拉丁语里，存在着因不同时期语音简化过程带来的中和（syncretisms），构拟出的宾格复数是*-ns。但是，在早期拉丁语里，末尾音节中s前的n脱落了，并且前面的元音变长了。

（9）第1类词尾变化　　*dominā-ns　>　dominās　　"女主人"
　　　第2类词尾变化　　*domino-ns　>　dominōs　　"主人"
　　　第3类词尾变化　　*consul-n̥s　>　consulēs　　"领事"
　　　第4类词尾变化　　*manu-ns　　>　manūs　　　"手"（复数）
　　　第5类词尾变化　　*diē-ns　　 >　diēs　　　　"日子"（复数）

这导致了复数范畴上的主格和宾格中和。在第2类词尾变化中，-oi（后来为ī）形式产生于指示词的词形变化表，它恢复了主格和宾格的区别。然后，形式ī又在第1类词形变化中被采用，连在一起的aī就发展为复合元音（正字法中为ae，见表1.2）。

6.2.2 非语音因素

屈折格系统很小，一般包括五六个成员，少数有十几个成员。拥有一个格系统或与之相关的任何一个形态系统，其重点都是要为众多范畴提供在大多数情况下足以沟通的简单标记。当一个格系统没有为某个依附语的语义角色提供相当明确的指示时，就会启用另一个附置词系统或关系名词系统，极少数例子会使用更为复杂的短语。

由于词汇选择本身就有羡余（redundancy），因此含有多种范畴的小的格系统在多数情况下是够用的。谓词隐含论元，所以格系统全部要和补足语相关，至少从功能角度上看是这样的，而且要区分不同的论元（可参见5.2.6节的讨论）。对于修饰语而言，其角色经常是由所选名词决定的。假设我们有一个句子，其中的词汇项有MAN"人"、DOG"狗"、HIT"打"和STICK"木棍"，几乎不需要使用格标记去表示这个命题的内容。反而是在缺少明确指示时，我们会自然地认为MAN是施事，DOG是受事，STICK是工具。

一方面，格范畴很丰富，另一方面，词汇选择所产生的一定数量的羡余导致格范畴能够像宽泛的范畴一样发挥作用，这两点是理解一种格系统如何发展的基础。图6.1给出了一些主要发展变化的图式概况。当名词、动词或副词性小品词发展为附置词时，并且当后置词进一步发展为后缀时，对于某个具体意义而言，它们在语义上通常是同质的，这个意义一般就是方位义。有证据证明附置词和格后缀扩展，包含了更加抽象的意义并且标记了句法范畴（由图6.1中水平向左的箭头显示）。当一个格系统消亡的时候（见下文6.3节），标记保留在黏着代词上，只标记句法功能。

	主格	宾格作格	属格	与格	语义
黏着代词标记	◆	◆ ↑	◆ ↑	◆ ↑	
名词后缀		◆ ⇐	◆ ⇐	◆ ⇐	◆ ↑ 后置
附置词		◆ ⇐	◆ ⇐	◆ ⇐	前置 ↑ ↑
开放的词汇类别					动词 名词 副词

图6.1　附置词、后缀和黏着代词的发展

格的中和或合并趋势没有显示在图6.1中。从另一个角度说，也就是一分为二的格是很少见的，本节末尾给出了一个皮塔皮塔语的例子。[7]

人们普遍认为，语义格特别是方位格，能扩展它们的范围，既而涵盖诸如直接宾语这样的句法关系，因此就变成了语法格，但这很难得到有力的证据（Lehmann 1982:111）。我们所期望的发展应该是建立在这种基础上的，即对抽象范畴的表达一般来自于某个有具体意义的语素的扩展或组合。举一个词汇上的用例，education这个词源于拉丁语的ē-duc-ātiō（out-lead-NM），字面上表示一种物理上的启动。

对于附置词而言，更容易在文献中找到方位标记发展为句法关系标记的用例。这种发展在图6.1中用下面一行的左向箭头表示。

拉丁语的前置词ad "到……" 反映在西班牙语中是a。它保留了方位义，如例（10），但已经开始去标记间接宾语和直接宾语了，前者如例（11），后者的宾语则是有生的、定指的，如例（12）。

(10) Juan vuelve   a   so hotel
     Juan return.3SG to his hotel
     "Juan回到他的旅店。"

(11) Le   expliqué   el caso a mi hermano
     3SG.IO   explain.PAST.3SG   the case to my brother
     "他向我哥哥解释了那件事。"

(12) Vi   a   mi hermano
     saw.1SG   my brother
     "我看见了我哥哥。"

拉丁语的前置词per "经过" 反映在罗马尼亚语中是pe，它也已经用作直接宾语的标记了。

拉丁语的前置词dē "从" 在罗曼语中反映为一个语法形式，包括在意大利语中是di，在西班牙中是de。这些形式标记了修饰性依附语和某些及

---

[7] 还可参考表2.6给出的马加尼语用例。

物性较低的动词的补足语。下面是西班牙语的用例：

（13）a. la casa de la señora Garcia
　　　　"Garcia女士的房子"
　　　b. corrida de toros
　　　　"斗牛"
　　　c. asustarse de la luz
　　　　"怕光"
　　　d. cambiar de vestidos
　　　　"换衣服"

英语的of和off在古英语中都是of"来自"。带非重读发音[əv]的古英语词已经发展为一个语法标记，而带完整读音的同一个词却保留了处所格功能。现代英语的of很像西班牙语的de和意大利语的di，已经成了名词和形容词补足语的默认标记（如student of linguistics"语言学的学生"、full of emotion"全部的感情"）。

当我们转向形态学上的格系统时，要面对的就是古代的标记系统，自然也就更难找到发展为语法格的语义格用例。当然并不是没有用语法格表示句法关系和该关系之外的语义角色的语言。在多种多样的印欧语中，宾格既可以表示终点又可以表示直接宾语（有时是第二个宾语）。例如，在拉丁语里，我们可以说Mīsī legātōs Rōmam（sent.I legates.ACC Rome.ACC）"派使节去罗马"，其中的legātōs是直接宾语，Rōmam是表示终点的补足语。在很多作格语言中，作格都包含非核心功能。帕马–尼荣根语的作格一般包括工具和A（见3.2.1节），苏美尔语的作格还表达处所。与格经常表达终点和间接宾语，属格有时也表达处所功能，如古希腊语中的属格就表示源点。

有一些历史比较语言学的证据证明处所格承担了一种句法关系，例如，土耳其语-e/-a从向格到与格–向格的发展，克丘亚语的-man也有类似发展（Lehmann 1982:109），帕马–尼荣根语族中皮塔皮塔语的处所格承担了属格功能。

当一种语言中的被动态随着形态格系统发展时，会选择用一种非核心格去表达降级了的主语。被动态提供了一系列承担新句法关系的用例。降级的主语在古希腊语中表现为属格，在俄语、捷克语和几种达罗毗荼语中表现为工具格，在拉丁语和爱美尼亚语中表现为离格。

在所有这些方位的用例中，或在那些将范围扩展至句法关系的其他具体形式的用例中，词汇选择产生的羡余发挥了重要作用。终点一般能和诸如受事这样归入直接宾语的角色区分开，通常通过这样的事实，即它们只和位移动词共现；工具可以和诸如施事这样归入作格关系的角色区分开，则是建立在这样的背景下，即工具格几乎总是无生的，而施事是有生的，等等。词汇羡余在其他合并中也发挥了作用。有些语言有处所–向格，有人怀疑这已经是一种合并了。赫梯语（Hittite）中也有这种合并的积极证据。在近代赫梯语中，"到"格（本书称之为向格，但在某些源点中有指示性）和由与格、处所格早期合并产生的与格–处所格再合并（Luraghi 1987）。向格–处所格的合并也是有可能的，因为终点一般只和位移动词共现。

对于一些合并来说，我们正在讨论的格在语言学以外的情景中已经发生了某种重叠，某些情况可以解释成属于某个格，也可以解释成属于另一个格。以离格和工具格为例，除去有明确源点的情况（如She walked all the way from the station "她从车站一直走"）和有明确工具的情况（如 She swatted the fly with a rolled up newspaper "她用卷起的报纸猛拍那只苍蝇"）之外，有些情况也可以解释为离格或工具格，主要指一种结果状态。假设一处天然喷泉为一个花园提供灌溉，有人可能说成，从（from）一处泉水那（源点）给这个花园浇水，或者用（by）一处泉水（手段、工具或可能是施事）给这个花园浇水。也有一些其他的可能，但应该注意的是，这些人没有说明英语的前置词from和by具有可交换性。

（14）battere by/from the gale "被大风弄坏"
　　　wounded by/from shrapnel "被子弹片弄伤"
　　　smoothed by/from rubbing "被擦得光滑"
　　　warped by/from the heat "被加热变弯"

离格–工具格的合并发生在很多印欧语中，包括赫梯语。在形式区别消失之前，两个格已经开始交换使用了（Luraghi 1996:46f）。

如6.2.1节所提到的，帕马–尼荣根语一般有一个作格*-lu和一个处所格*-la。在大部分这样的语言中，作格包含A和工具两种关系，但有些帕马–尼荣根语的处所格标记已经开始用来表示工具格和处所格，剩下的-lu表示A。在英语里，前置词by早先只是一个处所格形式（如He stood by the window "他站在窗边"），后来才有了方式或工具的意义。《牛津英语词典》指出，She read by candlelight "她在烛光旁读书"这种表达中的by-短语原来是个处所（即Where did she read? "她在哪里读书？"），后来被重新解释为工具（即How did she read it? "她是怎么读书的？"），by因此获得了工具义。允许处所格或工具格被重新解释的情况并不难找到，这种情况就促使一个处所格形式或工具格形式同时获得两种功能。这里有一些例子：

（15）wash the cloth in/with water "在水里/用水洗衣服"
cook meat on/in/with fire "在火上/里/用火烤肉"
carry wood on/with shoulder "在肩上/用肩抬木头"
come on/by horse "在马上/骑马过来"
go along /by means of the back road "沿着/通过小道去"
see someone in/by means of the firelight "在火光里/通过火光看见某人"
mix flour in/with water "在水里/用水和面"

近代印度–雅利安语中也发生了工具和处所的合并，但归到了工具格形式下。拉丁语里有印欧语工具格和离格的合并，然后这二者的合并又和处所格再合并（正如我们在2.2.2节看到的，后面这个合并并不是完全的）。拉丁语的离格形式是三个发生了合并的格的标记。第二类词尾的单数形式-ō来源于印欧语的离格，第二类词尾的复数形式-īs（借到了第一类词尾中）来源于工具格，辅音词干的第三类词尾的单数形式反映了印欧语的处所格（Palmer 1954:241ff）。[8]

稍有不同的一种合并是很多现代日耳曼语方言中属格和与格合并为与格形式。我们在5.3节提到，与格可以用来表示领属关系。在有些语言中，所有领属与格都是表语；另一些语言则发展出定语的用法，和属格有重叠。在宾夕法尼亚德语中，与格已经变成表达领属关系的唯一方式，因此实际上就是一个属格–与格。注意下面例子中的结构，它包括了一个与领有者交叉参照的领属形容词（Burridge 1990:41）。

(16) Des is em Gaul sei(n) Schwans
     this is the.DAT horse.DAT his tail
     "这是马的尾巴。"

如我们在前面提出的，尽管不太常见，一个格仍有可能发生分裂。帕马–尼荣根语中通常有这样一个处所格，它在以元音结尾的多音节词干中用-la表示，在双音节的元音词干中用-ngka表示，在以辅音结尾的词干中用-Ta表示（参见上文6.2.1节）。皮塔皮塔语没有辅音词干，所以就没有-Ta，这不足为奇。格标记-ngka和-la相近，前者就是-nga（从-ngk到-ng的语音变化已经被证明过了）。但是，各自却标记了不同的格，-nga表示属格或目的格，-la表示躲避格（需要避免的东西）。处所格被-ina标记，这明显是个创新用法。似乎已发生的是，一个处所格的两个语素变体开始去标记两个独立的格了。某些澳大利亚土著语言中的处所格包含了目的格、躲避格和处所。很可能是，在皮塔皮塔语发展历史的早期阶段中，处所格就包含了这种功能范围，还包含了在特定语素变体和特定功能之间建立的

---

[8] 在早期拉丁语里，o-词干的与格单数是后来发展为-ō 的 oi。离格是-ōd，但词尾的d丢掉了，产生了如表1.2所示的与离格的中和。在 ā- 词干的单数里有一个延续下来的-s 形式的属格–离格。但是属格-s 被第二类词尾的-i 取代，形成了第二类词尾单数模式中新的离格-ād（Palmer 1954:233ff）。

	第一类词尾				
属格	ās	āī	>	ae	oī	>	ī
与格	āi		>	ae	ōi	>	ō
离格	ās	d	>	ā	ōd	>	ō

关联。躲避格在语义上和离格相似。离格只简单表示位移源自何处，但躲避格还有使某物远离或离开的意思，因为躲避之物是危险的来源，诸如此类。如果有人只是从一堆火旁走开，这就会表达为离格（maka-inya）。但如果是离开或避开高温或烟雾，就会表达为躲避格（maka-la）。有一些例子是躲避格加在离格之上（maka-inya-la），这种用法可能是使-la和躲避格关联在一起的原因。在某个早期阶段，如果表达避免的处所格被加在表达从某处运动的离格之上，那么就会使用变体-la，因为被离格标记的形式是一个以元音结尾的多音节词干。

6.3 格标记的丢失

如我们在前面章节所看到的，不同的格可以合并，除非有新的成员补充进来，否则一个格系统经过合并后将会缩减。在6.2.1节已经看到，那些特别是在非重读音节中倾向于缩减的语音变化可以消除格之间的区别。古拉丁语的格系统受到音变的严重磨损（读者在阅读本节时应该查阅表1.2）。词尾的-m是宾格单数形式特有的标记，它一定是被缩减的，很可能是鼻音化。在文本书写中它偶尔会被省略，而且和-m在一起的词尾音节在元音前也会被删除，如：dōnum exitiāle "注定的礼物" 发音就像dōnexitiāle。在公元3世纪的通俗拉丁语（通俗拉丁语区别于古拉丁书面语，是罗马帝国的拉丁方言，由此演变出罗曼语——译者注）中，短音a和长音ā在非重读音节中的区别消失了（因此第一类词尾单数形式的离格不再区别于主格和宾格），i和ē合并（作e），u和ō合并（作o）。随着词尾-m的丢失，u和ō的合并意味着第二类词尾的单数在宾格、与格、离格上有共同的形式。

当这些缩减性的音变开始积累起来并且严重削弱了很多区别的时候，就会产生其他的变化。两个小类合并成较大的一类，第四类词尾和第二类合并，第五类词尾和第一类合并。中性范畴随着那些缩减的中性词消失，如bellum "战争" 用-s表示主格，caelus "天空" 以前是caelum，fātus "命运" 以前是fātum。有些用-a表示的中性复数被重新解释为第一类词尾的阴性单数，如folium "一片树叶" 的复数是folia，它变成了阴性单数，反映在意大利语中是la foglia，西班牙语是la hoja，法语是la feuille，等等。

当格之间的差别开始减少时，前置词的使用就会增多，直到出现在现代罗曼语中看到的那种情况，即核心之外的语法关系只通过前置词来表达。Dē "从……" 的反身用法开始标记修饰性的名词短语，ad "到……" 的反身用法开始标记间接宾语和终点，这些新用法分别取代了属格和与格。比较下面摘自拉丁语《圣经》（《路加福音》第十五章）的句子与意大利语（17b）和西班牙（17c）的翻译（拉丁语的《圣经》保留了古拉丁语全部的形态区别）。意大利语的字面翻译是 "He put himself to service of one of the inhabitants of that region"，西班牙语的字面翻译是 "He put himself to serve to a citizen of that land"。

（17）a. Adhaesit　　　ūnī　　　cīvium　　　regiōnis　　　illius
　　　　adhere.PERF.3SG　one.DAT　citizen.PL.GEN　region.GEN　that.GEN
　　　　"他成为这个王国的公民。"

　　　b. Si mise a servizio di uno degli habitanti di quella regione

　　　c. Se puso a servir a un ciudadano de aquella tierra

等到罗曼语在中世纪早期开始出现时，没有名词能显示出两个以上的区别，只有主格和旁格。表6.2给出了第一类、第二类和第三类词尾变化的代表形式。表格上半部分展示了西部罗曼语的形式，保留了-s。表格下半部分展示了代表东部罗曼语的意大利语的形式，没有保留-s。罗马尼亚语在保留至今的中性范畴以及发展直接格–旁格系统上比意大利语要保守得多，直接格或主格包含了核心功能，而其他格包含了之前被属格和与格表达的功能（见第5章注释28）。

表6.2　早期罗曼语名词词尾变化

	1 "月亮"	2 "年"	3 "狗"
西部罗曼语			
单数主格	luna	annos	canes
旁格	luna	anno	cane
复数主格	lunas	anno	canes
旁格	lunas	annos	canes
意大利语			
单数主格	luna	anno	cane
旁格	luna	anno	cane
复数主格	lune	anni	cani
旁格	lune	anno	cani

英语史为格系统的消失提供了另一个例子。古英语中有4个格（主格、宾格、属格、与格）和一个残留的工具格。表6.3是从更庞大的词形变化中选出的代表性名词。Stān "石头"代表阳性名词，scip "船"代表中性名词，talu "故事"代表阴性名词。Nama代表-an类的词形变化，包含阳性、阴性和零散的几个中性名词。Nama是阳性的。古英语中的格只有轻微差别，指示词上的差别多于名词。因此指示词"that"包含在了表格中（对比表4.1德语的格形式）。

表6.3　古英语格的屈折形态

	"石头"		"船"	
单数				
主格	se	stān	thœt	scip
宾格	thone	stān	thœt	scip
属格	thœs	stānes	thœs	scipes
与格	thǣm	stāne	thǣm	scipe

（续表）

	"石头"		"船"	
复数				
主格	thā	stānas	thā	scipu
宾格	thā	stānas	thā	scipu
属格	thāra	stāna	thāra	scipa
与格	thœm	stānum	thœm	scipum
	"故事"		"名字"	
单数				
主格	sēo	talu	se	nama
宾格	thā	tale	thone	naman
属格	thœre	tale	thœs	naman
与格	thœre	tale	thœm	naman
复数				
主格	thā	tala	thā	naman
宾格	thā	tala	thā	naman
属格	thāra	tala	thāra	namena
与格	thœm	talum	thœm	namum

古英语格的词形变化表和德语非常相似，不管是古代还是现代都如此，但德语在从古高地德语到现代德语的发展中只丢失了工具格，而英语在10世纪末到13世纪几乎丢掉了全部格系统。对名词来说，只有属格保留了和主格的区别；对于代词来说，属格被重新解释为领属形容词，主格–旁格的区别保留了下来，旁格反映了宾格和与格的合并。

有两种音变破坏了这个系统。一种是非重读元音到弱读元音的弱化，这关乎很多区别的丢失。另一种是屈折形态中词尾n的脱落，这不仅影响了-an类词形变化，并且因为n已经被m取代而影响了所有-m形式的与格。实际上，这些变化中仅存的形式是以-s结尾的那些，也就是单数属格名词，通常是阳性和中性那类，以及复数主格–宾格名词，通常是阳性那类。这两种形式被扩展至所有的词形变化中，以至于近代英语晚期的系统和现代英语是一样的：

（18）主格单数　　the stone, ship, tale, name
　　　属格单数　　the stones, shippes, tales, names
　　　复数　　　　the stones, shippes, tales, names

开头带s的指示词主格形式采用了词形变化中剩下的th。屈折形态的丢失包括语法上性范畴的丢失和thœt。Thœt原来是带中性名词的单数主格–宾格指示词，保留下来作为所有性范畴名词的单数指示词，而反映指示词词形变化剩余部分的the在语义上变弱，从而成为一个定冠词。

英语和罗曼语的格的近于消除形成了一个有趣的对比。在这两个地区中，随着格系统被磨损，增加了对前置词的使用，以至于在核心关系之外的全部状语关系最终都不得不通过前置词表现出来。这里给出的是上文例（17）《路加福音》一节的古英语版本和Wyclif 14世纪的翻译。

（19）a. He　folgode　　an-um　　burg-sitt-end-um　　menn
　　　　he　followed　one-DAT　town-dwell-ing-DAT　man.DAT
　　　　thaes　　rices
　　　　that.GEN　land.GEN

　　　b. He clevede [=attached himself] to oon of the citizeins of that contré

在这两个地区中都出现了SVO语序，并且成为区别A和P的常规手段。[9]

这两个地区保留在代词上的格的区别多于名词。标记存在于某些向词干（而不是后缀）演变的例子中，包括异干。从这个角度看，拉丁语和古英语在代词上的格区别比名词大很多。例如表6.4给出的第一人称和第二人称单数代词。英语保留了三分的区别，即ic/me/min等，但是属格形式即便在古英语中也被重新解释成了词干并用作领属形容词（如my, thy）和领属代词（如mine, thine）。[10]罗曼语总是存在直接宾语和间接宾语的区别，

---

[9] 虽然及物句中正常的是"主语–动词–宾语"，但有些罗曼语（不包括法语）带有表示运动、位置、状态和变化动词的及物小句的常见形式是"动词–主语"。

[10] 见1.3.4节。

至少在第三人称附着词上是这样的。表6.5给出了法语和意大利语的单数人称代词。自由的人称代词被黑体加粗了。法语在主语、宾语、直接宾语有附着的人称代词，还有一些自由的重读代词，这些代词可以单独使用（如moi"我"），或者和前置词一起使用（如avec moi"和我"），或者作谓语（如L'état c'est moi"这个国家，它是我的"），或者在需要重读的时候使用（如Moi, Je le vois"**我**明白了"）。更具代表性的罗曼语是意大利语，它没有主语附着词，主语通过屈折变化体现在动词里。

表6.4 拉丁语和古英语的人称代词

	拉丁语		古英语	
	1	2	1	2
主格	ego	tū	ic	thū
宾格	mē	tē	mē	thē
属格	meī	tuī	mīn	thīn
与格	mihi	tibi	mē	thē
离格	mē	tē		

表6.5 法语和意大利语的单数人称代词

	法语				意大利语			
	1	2	3		1	2	3	
			阳性	阴性			阳性	阴性
主语	je	tu	il	elle	io	**tu**	**lui**	**lei**
宾语	me	te	le	la	mi	ti	lo	la
间接宾语	me	te	lui	lui	mi	ti	gli	le
旁格	**moi**	**toi**	**lui**	**elle**	**me**	**te**	**lui**	**lei**

格的差异确实更多地被保留在人称代词上，特别是附着代词，而不是名词，因此图6.1中的箭头表明格标记最后剩余的部分是在黏着代词上，其中"黏着"包括附着词和屈折形态。

表示旁格的名词经常被重新解释成副词，特别是表示处所、时间和工具的副词。例如拉丁语里有程度副词，如multum"非常"和quantum"多么"，它们本来是宾格形式，现在已经被重新分析为副词；类似地，有一些从离格形式衍生来的副词，如prīmō"原来"和quārē"为什么"，后者是离格短语quā rē"因何事"的凝固。当格系统消失时，这些凝固的格标记可以保留下来。英语的why源于古英语的hwȳ，是疑问词词干的工具格形式（参照hwā"谁"，hwæt"什么"）。虽然英语的工具格退化了，但这种词汇化模式保存了下来。古英语的属格保存在副词中的用例有besides"此外"和sideways"在旁边"，还有once"一次"、twice"两次"、thrice"三次"和since"原来"，其中清擦音[s]和浊音[z]在拼写上不同。[11]

6.4 格标记的派生功能

标记格的形式也可以去标记其他的功能。例如，有时会发生格被标记在动词上、格功能被重新解释、标记保留并表示新功能等。有时也可能是屈折格丢失、标记只保留了一种或几种派生功能等。

方位的表达一般包含了时间域和空间域，所以方位格标记经常会去标记动词的时范畴或体范畴则不足为奇。古英语的表达如The times, they are a-changing"时间，它们是变化的"，表明方位介词（古英语是an，近代英

---

[11] 把格标记重新解释为词干部分的例子可以在一些中部澳大利亚土著语言中找到。这个例子很有趣，因为它包含了单纯的语音起源的格标记。在帕马－尼荣根语中用作SP的名词通常是不被标记的（见表2.5），但某些语言有音位组合的需要，即所有的词都要以元音结尾。其中的某些语言已经通过音节 -pa 扩大了辅音结尾的词干（还有一种变体 -ba，不存在任何清浊对立）。在下面的表格中，左边一列代表允许以辅音结尾的词干，中间一列说明了词干的扩大。现在有些语言的格标记 -pa 被重新解释为词干的一部分，然后产生了如下表右边一列的词形变化。词根的意思是"舌头"（Hale 1973a, Dixon 1980:209f）。

	路里加语（Luritja）	皮詹加加拉语	瓦尔皮里语
SP	tʲarlinʲ	tʲarlinʲpa	tʲalanʲpa
A	tʲarlinʲtʲu	tʲarlinʲtʲu	tʲalanʲparlu
与格	tʲarlintʲku	tʲarlinʲku	tʲalanʲpaku

语是on，"在……上"）和现在分词一起使用时表示正在进行中的行为。在法语里，venir de "来自"这样的表达和Je viens de manger（I come from eat.INF）"我刚吃完"中的时间有关。类似地，在皮塔皮塔语的Tatyi-ka-inya nganytya（eat-NM-ABL I）"我刚吃完"中，离格就等同于法语的介词de。

表6.6　卡拉拉古亚语的格与时/体的搭配

标记	格	时/体
-n	作格	完成的
	宾格	
-pa	与格/向格	未完成的
-pu	伴随格	惯常的
-ngu	离格	昨天过去的
-nu	处所格	刚刚过去的

从格标记转移到动词的最好用例可能是在卡拉拉古亚语（Kala Lagau Ya）中，这是西部托雷斯海峡的一种澳大利亚土著语言。实际上，整个格系统及其标记已经转移到了时间域中，而且已经表明它们是加在动词上的时/体标记系统的一部分。这里还有一个识别的问题。在卡拉拉古亚语中，-n和名词共现时为作格标记，和人称代词共现时为宾格标记。表6.6展示了这种识别。有了这个材料，即使是用一种因果颠倒的特定方式，人们也会很容易"解释"这种对应。事实上，我们能够辨别出作格向完成时的转移或宾格向完成时的转移，因为二者都是和高语义及物性相关的，关联之一就是完成体（见5.2.6节）。例（20）和（21）阐释了-pa的用法，和名词在一起时是与格，和动词在一起时表示未完成时（Kennedy 1984）：

（20）Nuy　ay-pa　　amal-pa
　　　he　food-DAT　mother-DAT
　　　"他[想]要些食物给母亲。"

（21）Ngoeba　uzar-am-pa
　　　1 DU.INC　go-DU-INCOMPLETIVE
　　　"我们两个要走（正在试图走）。"

与格表示指向一个目标的活动，所以适合标记"现在未完成的动作，包括正在持续的动作[和]……说话者要强调目的性或目标方向性的过去的动作"（Kennedy 1984:160）。

有些语言的不定式来自对被格标记的动词的重新解释。印欧语的不定式就是以这种方式产生的。例如在吠陀梵语中，一个动词可以带宾格dātu-m"给"、与格bhuj-é"享受"、属格–离格nidhāto-s"放下"或处所格nesán-i"引导"。在诸如Vaṣṭi ārábham（desire.3SG begin.ACC）"他要开始，他要一个开始"的句子中，宾格就是这样识别出来的。但是在古梵语中，只保存了标记宾格的形式。它将自己的范围扩展到之前由其他形式标记的功能上，所以在这样的句子中，如Avasthātu-m, sthānāntara-m cintaya（stay-INF place.other-ACC think.IMP）"思考另一个要待的地方"中，从动词上的-m几乎不能识别出宾格，但可以作为非限定动词范畴的一个标记，这个范畴叫做不定式（Burrow 1955:364-6）。

印欧语的不定式通常保留着一个非限定性的从属形式，但在澳大利亚诸土著语言中，这种形式用作独立的限定性动词。大多数例子都涉及标记为与格的形式，这个与格形式用作目的格形式。下面的例子来自卡尔卡顿古语。例（22）中有一个标记为与格的名词。例（23）中有一个带名词化后缀-nytya-和与格（-aya）的动词。该动词是非限定性的，但由于卡尔卡顿古语是一种句法作格语言，因此通格关系（SP）始终没被表达出来。例（24）中被-nytyaaya标记的动词用作独立的限定性动词。

（22）Yurru　　　ingka-nha　natha-aya
　　　man.NOM　go-PAST　　nurse-DAT
　　　"那个人要去护士那里。"

（23）Yurru　　　ingka-nha　natha-ngku　nanyi-nytya-aya
　　　man.NOM　go-PAST　　nurse-ERG　　see-NM-DAT
　　　"那个人走了，所以护士可以看看他。"

（24）Natha-ngku　yurru　　　nanyi-nytyaaya
　　　nurse-ERG　　man.NOM　see-PURP
　　　"那个护士要去看看那个人。"

　　把一个本来是从属性的动词形式当作一个主要动词使用，可能会使语义上支配能力弱的动词被省略，比如"去"（go）这样的意义（参照英语 I'm going to wash "我要去洗"中类似体范畴的go）。

　　如本节开头提到的，即使屈折格丢失了，获得新功能的格标记也可以保留下来。如拉丁语的不定式反映的是一种包括动词词根加上派生词缀-s-再加上处所格i的形式，如*deike-s-i > *dikese > dikere，即dicere "说"。拉丁语的-re可以分析为不定式的标记，意大利语不定式形式中保存的正是这个-re，如dire。

　　有些语言有格标记和转换指称标记的形式识别。这种识别见于马斯克吉语（Muskogean）、尤马语（Yuman）、犹他–阿兹特克语（Jacobsen 1983:151）和澳大利亚诸土著语言（Austin 1981b）。下面的例子来自尤马语的迪埃格诺语（Diegueño）（Langdon 1970:150-4）。例（25）中的-(v)c标记主语，在例（26）中它标记这样一个事实，即未表达出来的主语和其姊妹从句（sister clause）的主语一致，并且被标注为SS（same subject "同主语"）。

（25）Sin^y-c　　　　ʔəcwəyu-w-m　　ʔəyip-s
　　　woman-NOM　3SG.sing-DS　　1SG & 3SG.hear-ASSERT
　　　"我听到那个女人唱歌。"

（26）ʔamp　　　　n^{y}a-taʔam-c　　　　　ʔəwu-w-s
　　　1SG.walk　when-1SG.be.around-SS　1SG & 3SG.saw-ASSERT
　　　"在我散步时，我看见了他。"

后缀-(v)m标记离开参照点、指向宾语的方向，如ʔəwa-vəm "到那个房子去"，也标记工具和伴随者。这个后缀还用来说明动词的主语和其姊妹句的主语不同。在例（25）中这种情况被标注为DS（different subject "异主语"）。存在这样一个普通共识，即认为同主语和异主语的标记来自格标记形式。

Austin提出，格标记在澳大利亚已经发展为一大片地区的异主语标记和另外一大片地区的同主语标记。向格标记也已经发展为异主语的标记。Austin还指出，同主语标记和异主语标记的发展覆盖了一些连续地区，这些地区中的语言并非都是有密切关联的。这说明这种发展有扩散的倾向（Austin 1981b:329-32）。

6.5 结语

在语言的运作方式中，格很重要。通常，词汇形式具有某种实义并且承担某些重音。它们通过不太实在的功能或顺序在结构中相互联结。格是提供大部分联结的功能形式系统。它标记谓词的指向，即指出哪个词汇项目代表哪个论元，而且还指出依附语和中心语之间大体的语义关系。格标记一般包括标记在依附语上的前置词、后置词、后缀等形式。而论元则一般被赋予了信息，并且通过不太实在的代词性形式表达出来。这些代词性的形式能够吸纳任何它们所承担的格标记，也能够被吸纳进一个谓词中，从而产生所谓的中心语标记（依照Nichols 1986）。

所有形式都会有语音磨损的倾向。中心语标记和依附语标记不再发挥作用时就会缩减为一个。但是新的格标记可以取代它们，因为动词和名词正是通过语音减弱和语义淡化完成语法化的。通过这种方式，格实现了循环性的更新。

关于格的研究还阐释了语言运作的经济性。一个格系统通常是很小的，成员不多于6个。每个格都具有广泛的功能或一组功能，可以有效满足大部分需求，但必要时也能被更为具体的方式支撑。它的经济性体现在表达谓词的指向而不是论元角色，还体现在通常只标记一个论元（宾格或作格），或者让宾格标记、作格标记与相关的生命度、话题价值相一致。正如开头所说的，格是一种标记依附语与其中心语之间关系类型的系统。事实确实如此，但也如我们所看到的，特别是在第5章里看到的，格还标记了命题内容之间的关系和话语–语用视角上的关系。

术语指南

下面是本书所使用的术语的指南，包括与格、语法关系和诸如及物性这样的相关概念的术语。一般不包括只出现在某一章节中的术语，也不包括3.4节列出的语义角色名称。粗体标出的术语都是可以在指南中找到的词目。

A 及物动词的施事论元，以及通过类似语法方式处理的任何其他角色。可参见**S**和**P**。见2.2.3节。

abessive 残缺格 该术语适用于像芬兰语中表示"缺少"义这样的格，如：rahta-tta "缺钱的"。它以拉丁语的ab-esse "从……离去"为基础，即"不在的"。

ablative case 离格 表达源点角色的格，在英语中用from表示。也可参见从格（**elative case**）。

absolutive 通格 本书中的"通格"用于表示包括**S**和**P**在内的语法关系。很多书用"通格"这个术语表示表达了**S**和**P**的格。

accusative case 宾格 表达直接宾语的格。有些书称之为宾语格（objective case）。（accusative case也可译为"受格"，在屈折语研究中"受格"和"宾格"可替换。——译者注）

accusative language 宾格语言 根据句法形态确定出**A**和**S**的语言，使S**A**（主语）和**P**（宾语）相对。

accusative system 宾格系统 可以确定出**S**和**A**并使SA和P相对的屈折系

统、附置词系统、附着词系统等。

active language 主动语言 这是一种将**核心语法**建立在可以大致描写为施事和受事相对立的基础之上的语言，与及物性无关。一价动词中类似施事的论元被当成**及物动词**的**A**，而一价动词中类似受事的论元被当成**及物动词**的**P**。其他术语还包括分裂主格（split-S）和分裂不及物（split intransitive）。见5.2.3节。

active voice 主动态 在动词的态范畴系统中，主动态和被动态相对。主动态中的**A**是**及物动词**的**主语**。被动态具有派生出来的不及物性，其中的**P**提升为**S**，而**A**降级为附加语。

adessive 位置格 表示"在……"或"在……附近"的格。

adjunct 附加语 一种非**补足语**的**依附语**，即它不表示论元，也不能被支配**谓语**所隐含。附加语通常都是可选性的，如He did it with ease中的介词短语。

adnominal 定语 定语性**依附语**是**名词**的一个依附成分（也可称为attributive——译者注）。

adposition 附置词 包括**前置词**（preposition）和**后置词**（postposition）。

advance, advancement（promotion）升级 术语"升级"曾经在关系语法中很常见，现在则被广泛使用了。它指的是参与者通过使用派生动词这样的方式提升其在**语法关系**（grammatical relations）等级序列中的位置。被动可以描述成原本表示**直接宾语**关系的参与者向**主语**的升级。

adverbal 状语，贴近动词的 状语性**依附语**是动词的一个依附成分。

adverbial 副词性 副词性**依附语**通常具有副词所表达的功能，如方式、时间、处所。适用于词、短语和句子。如果用到格上，则包括任何的非核心格，或一个核心格的"副词性"功能，如拉丁语中的副词性宾格：nūdae lacertōs（nude.NOM.PL arm.ACC.PL）"bare as to the arms"。

affix 词缀 包括前缀、后缀和中缀等术语。

agreement 一致关系 通常把**人称**、数、性或动词**论元**类别上的标记称为一致关系。该术语表示在动词上标记一个特定论元和表示同样论元的任何名词短语之间在人称、数、性或类别上的一致。这种标记也是以**语法关**

系作为基础的，而且大多数表现的是**主语**的特征。有些语言中，领有者的人称和数在一个名词短语中是标记在**中心**名词上的，而这个中心名词编码的是被领有者（5.4节）。一致关系几乎等同于所谓的"交叉参照"模式。这种模式中的代词标记可以表达论元，而表示主语或领有者的名词短语不管交叉参照了哪种关系都可以被删除。在像英语这样的一些语言中，其一致关系是非交叉参照的，控制一致关系的名词短语不能被删除（比较He runs和They run，runs中的齿擦音屈折形态和不能被删除的第三人称单数主语具有一致关系）。

allative 向格 表示"向……"的格。

analytic case marker 分析型格标记 附置词是自由形式而且是格标记，它用来标记所依附名词和附置词支配者之间的关系。从这种意义上说，附置词是分析型的。在He put it in the drawer一句中，前置词in标记了put和drawer之间的关系。**关系名词**也是一种分析型格标记。

analytic language 分析型语言 分析型语言的完美用例应该是其中的每个语素都是一个词项，也就是没有复合语素。除了像汉语和越南语这样的语言有相对较少的复合语素之外，是不存在这种语言的。

antipassive 反被动 指的是**作格语言**中的一种去及物化派生动词。在反被动结构中，**及物动词**的**A**变成了**S**，而**P**被表达为一种非核心关系。可见3.2节、4.5节和5.3节。

关系语法中的"反被动"术语并不限制在作格语言中，但根据P降级之后的身份做出了一种区分。如果P降级为**间接宾语**，那么就称之为从直接宾语到间接宾语的撤退。如果P没有被降级为间接宾语，那么就将其看作**失业语**，整个结构就被称为反被动结构。

applicative 施用 施用结构指的是其中一个参与者**升级**去表示受事所承担的语法关系。通常是**直接宾语**关系，但在**作格**系统中可能是**通格**，或者在巴厘语这种语言中可能就是主语，即把受事编码成无标记动词的**主语**。

argument 论元 参见"谓词"（**predicate**）。

aversive 嫌恶格 用于表示所避免之物的**格**，另一个已被使用的术语是evitative（躲避格）。

bound pronouns 黏着代词 本书中的"黏着代词"指的是动词上的任何一种代词性表现方式，不管是像附着代词那样的分析形式，还是屈折形态。很多语言中的黏着代词都附着在小句的第一个组成成分上。

case 格 1. 指在依附性名词上作标记的**系统**，用来表示依附性名词与其中心语之间的关系类型。主要适用于屈折系统，有时也用于其他系统，如**后置词**系统。

2. 指这种**系统**中的一个成员，如土耳其语中的与格。

case form 格形式 如果一个词项有**格**，那么表达该词项不同格的词汇形式就成为了格形式。拉丁语中的manum是"手"这个词项的宾格形式。

case grammar 格语法 Fillmore在1968年提出的一种生成语法的概念，以语义角色或"深层格"为基础。这种语法研究方法及与其类似的方法统称为"格语法"。

case language 格语言 指具有屈折格系统的语言。

case marker 格标记 用来标记一种格的**词缀**。在土耳其语中，Istanbul-da中的-da是**离格**标记。

case relation 格关系 该术语可以和**语法关系**相互替换。在本书中用来表示句法–语义关系，在Anderson的方位主义格语法（3.4.4节）和Starosta的词格（3.4.5节）中都可看到。

case system 格系统 一种语言中格的集合。

chômeur 失业语 在关系语法中，表示**核心**关系的**参与者**可能被降级为失业语身份。主动态的主语在被动态中就被视为降级表达了失业语关系，表现为**外围附加语**的形式。见3.4.3节。

clitic 附着词 这种形式在句法上被当成一个独立成分，即词；但在形态上被当成邻近词语的一部分，即词缀。依附于后一个词时叫做前附词（proclitic），如法语的J'arrive"我到了"；依附于前一个词时叫做后附词（enclitic），如意大利语的comprandolo"买它"，其中的lo是后附词。见1.2.5节。

comitative 伴随格 表示某实体处于和某人所处位置相同的格。通常用于有生实体。如句子The dog is with his master中的短语his master，在有伴随格的语言里就会被编码为伴随格。

comment 评述 参见"话题"（**topic**）。

complement 补足语 本书中的"补足语"指的是表达某个论元的依附成分。这说明在像英语这样的语言中，限定式动词就可以被描述为带有一个**主语补足语**。**直接宾语**、**间接宾语**和一些介词短语也都是补足语。下面例句中加粗的部分是补足语：

She sent **a cheque** to the missionary.

She sent **the missionary** a cheque.

She put **the money** in the bank.

He was ready **for a try at the title**.

A student **of the classics**.

在一些传统分析中，主语、直接宾语、间接宾语都被排除在外，因为它们应该有更特别的标签。这就使"补足语"成为一个仅仅指be和become这种动词的非主语补足语的术语（She is **a swimmer**. She became **a champion**）。原则上，主语在Chomsky的分析传统中也是被排除在外的，但这种惯例在当代语言学中却成为了主导。

还可参见"附加语"（**adjunct**）。

compound case marking 复合格标记 当一个格被不止一个成分标记时，就可以把它描述为带有"复合格标记"。见表2.14、表5.4和4.4.3节。

concord 协调关系 如果一个限定词或定语形容词标记了中心名词的**格**、**数**或**性**范畴，那么它就要和这个中心名词保持协调关系（1.2.1节）。在表语形容词和**控制**它的名词性成分之间也存在协调关系（4.2节）。这种现象有时也称为**一致关系**（**agreement**）。

control, controller 控制，控制语 术语"控制"和"控制语"在两种情况中是很有用的。当有**协调关系**或**一致关系**时，原始的那个词可以被称为控制语。下面用例中的控制语用小一号的大写字母表示，被控制语用粗体表示：

This BOOK **is** on the table.

These BOOKS **are** on the table.

术语"控制"和"控制语"的使用还与代词和未表达出的主语有关。下面例子中用小一号的大写字母表示的名词控制着粗体表示的代词和用[ ]表示的隐性主语。

TOM saw **himself** in the mirror and [ ] began to [ ] worry.

当代的形式语法分析认为Tom是himself的（反身）回指。

core 核心 核心语法关系涵盖了S、A、P的多种不同组合，包括**主语**、**直接宾语**或**通格**、**作格**。如果三价动词带有两种类似P的关系（如英语中的She gave me the apples），则这两个关系都是核心。

core case 核心格 用来编码核心关系的一种格：**主格**、**作格**、**宾格**。也可参见"通格"（**absolutive**）。

cross-referencing, cross-referencing agreement 交叉参照，交叉参照一致关系 参见"一致关系"（**agreement**）。

cumulation, cumulative exponence 累积，累积形式 如果语言中两个或两个以上的语法范畴已经融合了它们的表现形式，那么这些范畴就可以被叫做有累积形式（Matthews 1974/1991）。如拉丁语的数范畴和格范畴就永远都不可能分割开。

dative case 与格 编码**间接宾语**的格。

declension 变格 变格是格的屈折形态，或格和数的屈折形态。有时表示格或格和数的词形也被当作一种变格，更多时候则是用这个术语来指那些用相同或相似方式表现出的一类词。拉丁语的名词，如反映在表1.2中的manus，就属于第四类变格。

default 默认 默认值或默认设置是在没有特别指派的值或设置时强制出现的那个值或设置。随着计算机的广泛使用，这个术语最近已经被推广开了。它在意义上和"无标记的"（**unmarked**）相似，与**"标记的"**（**marked**）相对。

definite 有定 确定的且说话者认为听话者能够确定出来的实体就被当作是有定的。英语中的一个普通名词可以通过定冠词（the）、指示词（this或that）或领属性定语（my book）标记为有定的。

dependent 依附语 参见"中心语"（**head**）。

dependent marking 依附语标记 参见"中心语标记"(head marking)。

derivation 派生 一个词在另一个词的基础上产生,那么就说这个词是从那个词派生来的。例如,foolish从fool派生而来,foolishness又从foolish派生而来。本书中的派生大多和带上新价(valency)的动词的形成过程有关。

detransitivise 去及物化 从及物动词派生出不及物动词。

direct case 直接格 很多印度–雅利安语的无标记格包括了S、A、P,通常称为直接格。

direct-inverse 正向–反向 "正向"和"反向"指的是人称等级。在有些语言中,话语行为参与者(第一和第二人称)出现时优先于第三人称,或第一人称优先于第二人称出现。有的语言在第三人称内部还要区分更具话题性的人称(近指)和话题性较弱的人称(远指)。如果A的等级高于P,这种组合就是"正向的"。如果A的等级低于P,这种组合就是"反向的"。也可参见"人称"(person)。

direct object 直接宾语 指的是包括P但不包括S或S的任何组成部分的语法关系。在本书中,像She gave him bread和She bought him a scarf这种双宾语结构中的接受者宾语或受益者宾语通常都被当成直接宾语。虽然这在英语中还有争议,但在其他一些语言中是很肯定的。见3.2.2节和3.4.3节。

double-object construction 双宾语结构 指的是像She gave the beggar some money这样的结构,其中两个名词短语都有理由成为**直接宾语**,或者把其中一个名词短语定为**直接宾语**,而另一个名词短语也用相同方式标记。也可参见**直接宾语**(direct object)、次宾语(secondary object)。

elative 从格 表示"……外面"的格。

enclitic 后附词 参见**附着词**(clitic)。

ergative 作格 1. 编码A但不编码S和P的格。

2. 与A对应的一种语法关系。本书中的术语"A"适用于任何一种语言,但"作格关系"这个术语只适用于在形态或句法上能区别出A的语言。

3. 一种核心语法系统，可以确定出与A相对的S和P。"作格"这个术语可以应用于格标记系统、交叉参照一致关系系统和任何其他系统。"作格句法"用来表示确定S和P的句法规则，如要求只有**通格**关系（**SP**）可以被关系化。"作格"还可以用于有作格系统的语言。

essive 存在格 表示处所的格。表示这种格的更常见术语是"**处所格**"（**locative**）。

evitative 躲避格 参见"嫌恶格"（aversive）。

extension 外延 参见"内涵"（intension）。

finite, nonfinite 限定式，非限定式 在古典语言中，标记**主语**的人称和数以及带有一个名词短语作为其主语的动词，被称为限定式的。不定式和分词形式不标记主语的人称或数，而且通常也没有名词短语作为其主语，至少没有主格名词短语［见第4章例（46）］，这种动词形式被称为非限定式的。非限定式在6.1.1节中用于连动结构的非起始动词。这些动词都不可能带有作主语的名词短语。

function 功能 语法系统中的每个成员都有各自的功能。有些语言中的**与格**具有表达目的的功能和表示派生性**反被动**结构中降级宾语的功能。当本书不清楚哪些语法关系被包含在内时，所使用的"功能"是非正式的。或许如果考虑更多的证据，则更适合把目的功能和降级宾语功能归入到**间接宾语**语法关系中。

genitive case 属格 编码包括领有者角色的**定语**关系的格。

Gesamtbedeutung 概括义 格已经被描述为具有概括义（德语Gesamtbedeutung），同时也具有很多不同的具体义（德语Sonderbedeutungen）。在这些具体义中，通常能够找到一个主要义，德语叫做Hauptbedeutung。

given（**information**）**已知**（**信息**） 在话语的任何一个节点上，说话者都会对听话者所知道的内容作出某种假设，并将之处理为"已知"信息，与之相对的是"新"信息。已知信息一般以pro-形式表示出来，如代词（pronouns）、"代动词"（pro-verbs）、"代副词"（pro-adverbs）等：I asked Bill to leave and **he did so** immediately. 虽然话语行为的参与者在某些陈述中可能表达了新信息，但是在这个交际行为中它们都是已知的。

govern 支配 如果一个结构的中心语决定着依附语的出现或者其出现的形式，那么就可以说是中心语支配依附语。有些语言中的及物动词支配着宾格形式的直接宾语。

grammatical cases 语法格 只编码句法关系（与语义关系相对）的格。也被称为句法格（syntactic cases）（见2.3.2节）。这种类型的格包括**主格**、**宾格**、**作格**、**属格**和**与格**。

grammatical relations 语法关系 可以在形态句法上确定的关系，表示**依附语**和**中心语**之间的关系。包括像**主语**这样的纯句法关系和像**处所**这样的语义关系。

head 中心语 大部分结构都可以用必有成员（中心语）和可有成员（依附语）描写出来。在短语young woman中，woman一词是中心语，young是依附语。本书把动词看作小句的中心语，把附置词看作附置词短语的中心语。

head marking 中心语标记 指的是在一个结构的**中心语**上标记语法关系，而不是在依附语上做标记（依附语标记）。这种标记几乎总会使用**交叉参照**的**黏着代词**。

hierarchy 等级 排列成几个连续从属级别的分级模式，如人称等级：第一人称＞第二人称＞第三人称。

holistic interpretation 整体解读 在比较把一个角色表达为P和表达为非核心关系时，语言学使用这个术语来表示"全部受影响的"。对比He read the book（整体）和He read from the book（部分）。

hyponym 下位词 如果一个词的意义包含在另一个词中，那么这个词就是另外那个词的下位词。如"狮子"是"动物"的下位词，"老虎"也是"动物"的下位词。"狮子"和"老虎"就是共同下位词。

illative 入格 表示"进入……"的格。

indirect object 间接宾语 间接宾语是编码核心以外的补足语的重要语法关系。通常编码二价不及物动词的非主语补足语或三价动词的非核心补足语。传统意义上把它描述为编码了间接受到表示动作或状态的动词影响的实体。在带有含四个或四个以上成员的格系统的语言中，与此相关的格是与格。虽然本书中的"间接宾语"不适用于**双宾语结构**中的接受者或受益者宾语，但这是已得到支持的传统用法。

indirect subject 间接主语 如果一个带有间接宾语（通常是与格）形态特征的名词短语表现出主语的句法特征，那么有时就称之为"间接主语"。见5.3节，尤其是例（52）（53）（55）。

inessive 在内格 表示"在……里面"的格。

infinitive 不定式 参见"限定式"（finitive）。

inflection 屈折形态 标记词的语法范畴的一种系统，这些语法范畴包括格、数、体、时等。

instrumental 工具格 表示动作行为得以实现的方式的格。

intension, extension 内涵，外延 内涵或内涵性定义是一组定义性特征，而外延是某个术语可能指称的一组实体。**处所格**的内涵性定义可以确定它指的是处所，但这个格可以包含这个定义之外的情形。

inverse 反向 参见"正向–反向"（direct-inverse）。

inversion 倒置 通常一个带有感事论元的谓词会把感事编码为**主语**，而把中性的受事编码为**直接宾语**、**间接宾语**或**外围**关系。当这样一个谓词的受事被编码为主语时，语法关系的角色配置就会发生颠倒，这个谓词就叫做倒置谓词，或把它描述为表现出了倒置性。

正常：The trainer liked the horse's performance.

倒置：The horse's performance pleased the trainer.

见3.4.3节和5.3节。

isomorphic 同构 如果一个系统中的差异和另一个系统中的差异一一对应，那么这两个系统就是同构的。如陆军军衔等级和海军军衔等级就可以被描述为是同构的。一种语言的**格系统**和另一种语言的格系统可能是同构的。一类名词的**格词形变化表**和另一类名词的格词形变化表可能是同构的，两个词形变化表只在一些实现的细节上有差异。

local cases 方位格 编码那些与位置（处所）有关或与位置变化（源点、路径、终点）有关的**角色**的格。

localist 方位主义 把语法格标记解释为方位格标记的隐喻式引申的研究方法。

locative case 处所格 表示处所角色的格。

marked，unmarked 标记的，无标记的 无标记的一方是常规的或**默认**（**default**）的成员。在数范畴的两种标记方式中，单数和复数，无标记成员是单数。"标记的"和"无标记的"这两个术语指的是这样一种事实，即常规成员通常都缺少标记。比较英语的book和books。

meaning 意义 本书把格描述为具有意义或**功能**。意义是语义的，但功能可能是句法的，也可能是语义的。可以把某种语言中的**与格**描述为具有表达间接宾语的功能，以及带有目的格意义或功能、受益义或受益功能等。

modifier 修饰语 参见"依附语"（**dependent**）。

multiple case 多重格 在一个名词上出现多个格。见4.4.4节。

new 新信息 参见"已知"（**given**）。

nominal 名词性成分 "名词性成分"这个术语包含了名词和代词，还包括其他具有名词的某些特征而非全部特征的词。在传统语法分析中，名词和代词被看做是话语的不同部分。在当代理论中，名词和代词是同一个范畴的次类。这个范畴通常指的就是名词，缩写为N，但读者需要了解传统意义上的"名词"和更广泛意义上的"名词"。

nominalization 名词化 指的是名词的派生，最常见的是从动词派生出名词。英语中的destruction是destroy的名词化。

nominative case 主格 在古希腊语和拉丁语中，主格或"命名"格用于独立使用的名词和表示**主语**关系的名词。本书则用它来指编码S的格。它可以只编码S，或编码S和A（**主语**），或编码S和P（**通格**），或编码所有**核心关系**。有些学者用通格表示编码SP（**通格**关系）的格，有些则用**直接格**表示涵盖所有**核心关系**的格。

nonautonomous case 非自主格 这是Mel'cuk提出的一种格术语，这种格本身没有任何区别形式，但可以根据很多不同的**非同构词形变化表**处理某种功能的方式确定出这种格。

nonfinite 非限定式 参见"限定式"（finite）。

object 宾语 该术语常指**直接宾语**。可以用来指**双宾语结构**中的两个宾语。

objective case 宾语格 参见"宾格"（accusative case）。

objective genitive 宾语属格 如果一个名词具有和动词相同的词汇意义，并且被属格标记的依附语编码出了作宾语的成分或者相应动词的任何非主语补足语，那么这个属格就是一个宾语属格。见第4章例（14）。

oblique 旁格 本来"旁格"这个术语指的是所有非主格的格（2.1节）。它被当作一个独立的多功能**格**，与**主格**相对（见5.8节）。有时在一个有三个或四个格的**系统**中被当作一个多功能的格。近来，语言学界有时用这个术语指称所有非核心格。关系语法在"项关系"（**主语**、**直接宾语**、**间接宾语**）和"旁格关系"（诸如**处所**、**工具**这样的**语义关系**）之间做出了区分。

obviative 另指人称 参见"人称"（person）。

P 指**及物动词**的受事论元，以及任何在语法上以同样方式处理的其它角色。

paradigm 词形变化表 一个词形变化表就是以某个词根为基础的一组由语法条件决定的形式，如一个特定名词的一组**格形式**。

paradigmatic opposition 词形变化表的对立 词形变化表的对立存在于系统中两个不同元素之间，或者是时系统，或者是格系统。土耳其语在格形式间存在词形变化对立，如adam、adama，等等（见表1.1），或者在不同格的标记之间存在词形变化对立，如零形式、-a、-da，等等，或者在数的标记之间存在对立，如零形式和-lar-。

participant 参与者 "参与者"的使用与信息内容或话语行为有关。"话语行为参与者"放在"**人称**"下描述。参与者这个术语包含了一个结构中由补足语和附加语表现出来的所有实体。有些参与者是论元，有些不是。在She bought bread at the convenience store一句中，she和bread都是论元，而she、bread、convenience store都是参与者，都有其自身的角色。

partitive 部分格 表示一个实体部分受到影响的**格**。

passive voice 被动态 参见"主动态"（**active voice**）。

peripheral 外围的 非核心语法关系以及编码这些关系的格。

perlative 经过格 表示"通过……""跨过……""沿着……"的格。

person 人称 一个话语事件中的参与者可以划分为第一人称（说话者）和第二人称（听话者），二者与总体上称为第三人称的其他非参与者相对。有些语言区分了包含式第一人称（包括听话者在内）和排除式第一人称（不包括听话者在内）。有些语言则在第三人称中区分了近指（话题性较强）和另指（话题性较弱）。也可参见"正向-反向"（**direct-inverse**）和5.2.5节。

phrase-marking language 短语标记型语言 本书用"短语标记型语言"这个术语表示只在短语中标记**格**的语言，与**词标记型语言**（**word-marking language**）相对，后者是在名词短语的中心语上标记格，在依附语上通过**协调关系**标记格。

postposition 后置词 后置词和**前置词**的区别只在于后置词是跟在其**支配**的**名词性成分**（**nominal**）之后，而不是之前。参见"前置词"（**preposition**）。

predicate 谓词（谓语） 谓词是一个关系项，表示一个实体的某个特征或实体间的一种关系。不同的实体就是谓词的论元。FLY是个一价谓词，即包含一个论元的谓词，论元就是飞翔之物。BASH是个二价谓词，而GIVE是个三价谓词。使用大写形式为的是区分抽象的谓词和表达这些谓词的具体动词。在传统语法中，句子被分为**主语**和**谓语**，其中的谓语包括动词及其论元，不包括主语。在Vikings attack Wessex这样的句子中，短语attack Wessex是一个以Vikings作为其论元的谓语。但这是一个复杂谓语，它本身又可以分析为一个谓语（由attack表示）和其论元Wessex。

predicative 表语 可以把相当于一个谓语的短语描述为"表语"。在They elected me chairperson中，名词chairperson相当于一个谓语，They painted it red中的形容词也是如此。名词chairperson和形容词red都可以叫做表语。

preposition 前置词 前置词本身是个依附语，但它位于名词性成分之前且支配这个名词性成分。在She put the sash on him一句中，前置词on被动词put支配，反过来又支配后面的代词him。前置词用来标记him和put之间的关系。

proclitic 前附词 参见"附着词"（**clitic**）。

promotion 升级 参见"升级"（**advance, advancement**）。

proximate 近指 参见"人称"（**person**）。

relator nouns 关系名词 "关系名词"是名词的一个专门小类，在连接**谓语**和名词短语上很像**附置词**。在He is standing on top of the cupboard 中，top一词会被分析为关系名词，表示cupboard和stand之间的关系。见1.3.3节。

role 角色 指的是**依附语**与其**中心语**之间的**语义关系**（**semantic relation**）。在She washed the tablecloth中，把主语she描写为具有施事角色，而the tablecloth具有受事角色。使用的其他术语还有语义角色、格角色、题元角色和θ角色。见3.4节。

S 1. 一价谓词的唯一论元。

2. 在语序中指**主语**，如缩写为SOV的"主语–宾语–动词"语序。

3. 在短语结构规则中代表句子。

secondary object 次宾语 当双宾语结构中确定出**直接宾语**时，另一个宾语就可以叫做次宾语。

semantic cases 语义格 只编码**语义关系**的**格**。见2.3.2节。

semantic relation 语义关系 本书中的语义关系等同于（语义）**角色**。

specific 定指 语言学中的术语"定指"带有"确定的"常规意义。该术语的使用经常与编码为P的实体有关，"确定的"意味着说话者可以确定出某个或某些实例。

split-S, split intransitive 分裂主格，分裂不及物性 参见"主动语言"（**active language**）。

stem-forming case marking 词干形成型格标记 有些语言在某种情况下确定为**格标记**的形式，在其他情况中用来标记词干，而其他格标记则加在这个词干上。见4.4.2节。

structural case 结构格 在一些现代理论中，如词汇-功能语法［见第2章例（12）］、管约论（见3.3节），有些格的指派，主要是表示**主语**的**主格**和表示**直接宾语**的**宾格**，是以小句结构中相关名词性成分的位置为基础的。

subessive 在下格 表示"在……之下""在……下面"的格。

subject 主语 包括**S**和**A**的**语法关系**。在很多语言中，确定主语是根据一系列**黏着代词**或动词上的**一致关系**的表现，或是通过主格形式，或是通过在小句中占据开头的位置。

subjective genitive 主语属格 如果一个名词具有和动词相同的词汇意义，并且被属格标记的依附语编码了充当相应动词主语的成分，那么这个名词就叫做"主语属格"。见第4章例（13）。

superessive 在上格 表示"在……顶上""在……之上""在……上面"的格。

superlative 上格 表示"到……顶部的某位置上"的格。

syncretism 中和 1. 原来不同的语法范畴的合并。

2. 在特殊环境中语法范畴的中立。第一种意义比较早，而且通常在使用时和原本不同的屈折形式的合并有关。

syntagmatic 组合关系 组合关系指的是一个结构组成成分之间的关系。一个词和处于同一结构中的其他词之间具有组合关系，与之有**聚合关系**（paradigmatic relations）的其他词可以替换这个词。在I saw him中，三个词之间具有组合关系，每个词和所有可以替换它的其他词之间具有聚合关系。动词saw和heard、watched等具有聚合关系。

system 系统 本书使用的"系统"指的是，在词、短语、小句或句子结构中占据某个位置的一组项目。通常系统中一次只能有一个成员占据那个要讨论的位置。**格**是一个系统。例如在屈折格语言中，句子中的每个名词都必须表示系统中的一个格。

theme 主位，题元 1. 在布拉格学派功能句法观的分析中，"主位"的意思最接近**话题**。

2. Gruber把该术语引介到语义角色受事上。"题元""受事"以及

"受事/题元"目前是相互竞争的术语。可见3.4节角色列表中的**受事**。

topic, comment 话题，评述 话题指的是谈论的内容，与评述相对，评述指的是关于话题的内容。话题通常是已知信息且一般表现为主语。也有在小句之外存在的话题，通常是在小句的前面，以语调上的停顿分开。还有话语话题，这种话题在某种条件下确立起来，而且延续到话语接下来的内容中。请看下面来自一篇关于法国歌手Edith Piaf的文章中的句子：

The English too, they admired her.

The English是小句外部的话题，主语they是已知信息（由小句外的话题得知）并且提供了小句内部的话题，作为评述一部分的her是篇章的话语话题。

transitive verb 及物动词 指带有一个施事和一个被影响的受事的二价动词，或者有相同价的其他任何动词。有些语言存在可转换的价（如**反被动和被动**）。只有无标记的价有资格成为及物性的。像put这样的动词，需要表示出三个论元，通常就把它当作一个双及物动词。

translative case 转移格 表示"经过……"的**格**，但要注意芬兰语中的转移格指的是状态变化的终点。见表5.5和表5.6。

unmarked 无标记的 参见"标记的"（marked）。

valency（美式英语：valence）**价** 指的是对一个谓词论元的说明及其表达。包括补足语的数量、**角色**、**语法关系**以及表达方式的详细信息（**格**、**附着词**等）。

vocative 呼格 把名词性成分标记为称呼的格。见1.2.3节。

word-marking language 词标记型语言 本书用"词标记型语言"这个术语指那些在名词短语的**中心语**上标记出格并通过**协调关系**将其标记在**依附语**上的语言。

扩展阅读指南

虽然格确实在欧洲语言中起到了重要的作用，但很少有论著专门讨论格，特别是英文论著。Mel'cuk发表于1986年的论文"Toward a definition of case"和Comrie发表的两篇论文"On delimiting cases"（1986）、"Form and function in identifying cases"（1991）对讨论屈折格是非常有帮助的。后者收录在Frans Plank编的文集*Paradigms: the economy of inflection*中。该文集主要讨论了格的词形变化，并且为很多被忽略的地区提供了一个统一来源。

关于语义角色或"深层格"有一部非常有用的文献，即Somers在1987年出版的著作*Valency and case in computational linguistics*。虽然我们无法从书名中猜出其内容，但这本书主要是对格语法的传统进行了清晰而简明的总结，包括Fillmore、Dik、J. Anderson、Chafe，等等。

描写格必然要涉及语法关系和各种语法机制，语言根据话语需求运用这些关系和机制整理命题内容。在这个领域有很多可选择阅读的文献，包括：Foley & Van Valin (1984)，Givón (1984、1990)以及Croft (1991)。作格系统主要集中在最近的文献中。Comrie在1978年发表的论文"Ergativity"和Dixon在1979年发表的相同题目的论文都对作格系统做出了很好的分析。Dixon在1994年出版了专著*Ergativity*，该书为众多语言中表现出的作格现象提供了全新的内容。

会西班牙语的读者可以阅读Ana Agud的*Historia teoría y de los casos*（1980），这本书全面论述了2500多年来人们是如何处理格的。Rubio

（1966）*Introducción a la sintaxis estructural del latin*卷一（*Casos y preposiciones*）对拉丁语的格进行了可靠的结构分析。意大利语的读者则可以阅读Calboli的*Linguistica moderna e il latino: i casi*，该书对拉丁语的格系统进行了有效的总结。

参考文献

Abondolo, D. 1987. Hungarian. In B. Comrie (ed.), 577–92
Agesthialingom, S. & K. Kushalappa Gowda (eds.). 1976. *Dravidian case system*. Annamalainagar: Annamali University
Agud, A. 1980. *Historia y teoría de los casos*. Madrid: Gredos
Allen, W. S. 1964. Transitivity and possession. *Language* 40: 337–43
Andersen, P. K. 1979. Word order typology and prepositions in Old Indic. In B. Brogyanyi (ed.), *Studies in diachronic, synchronic and typological linguistics*, 2 vols., vol. 2, part 1, 23–34. Amsterdam: John Benjamins
Anderson, J. M. 1971. *The grammar of case: towards a localistic theory*. Cambridge University Press
  1977. *On case grammar*. London: Croom Helm
  1979. *On being without a subject*. Bloomington: Indiana University Linguistics Club
  1997. *A notional theory of syntactic categories*. Cambridge University Press
Anderson, S. 1982. Where's morphology? *Linguistic Inquiry* 13: 571–612
Anttila, R. 1972. *An introduction to historical and comparative linguistics*. New York: Macmillan
Artawa, K. & B. J. Blake. 1997. Patient primacy in Balinese. *Studies in Language* 21: 483–508
Austerlitz, R. 1980. Typology and universals on a Eurasian east-west continuum. In G. Brettschneider & C. Lehmann (eds.), *Wege zur Universalienforschung. Sprachwissenschaftliche Beiträge zum 60 Geburtstag von Hansjakob Seiler*, 235–44. Tübingen: Gunter Narr
Austin, P. 1981a. *A grammar of Diyari, South Australia*. Cambridge University Press
  1981b. Switch-reference in Australia. *Language* 57: 309–34
  1981c. Case marking in southern Pilbara languages. *Australian Journal of Linguistics* 1: 211–26
Baker, M. C. 1988. *Incorporation: a theory of grammatical function changing*. University of Chicago Press
Balakrishnan, R. 1976. Kodagu case system. In S. Agesthialingom & K. Kushalappa Gowda (eds.), 421–34
Blake, B. J. 1977. *Case marking in Australian languages*. Canberra: Australian Institute of Aboriginal Studies
  1979a. *A Kalkatungu grammar*. Canberra: Pacific Linguistics

1979b. Pitta-Pitta. In R. M. W. Dixon & B. J. Blake (eds.), 182–242

1982. The absolutive: its scope in English and Kalkatungu. In P. J. Hopper & S. A. Thompson (eds.), 71–83

1983. Structure and word order in Kalkatungu: the anatomy of a flat language. *Australian Journal of Linguistics* 3: 143–76

1985. Case markers, case and grammatical relations: an addendum to Goddard. *Australian Journal of Linguistics* 5: 79–84

1987. *Australian Aboriginal grammar*. London: Croom Helm

1988. Redefining Pama-Nyungan: towards the prehistory of Australian languages. In N. Evans & S. Johnson (eds.), *Aboriginal Linguistics 1*: 1–90. Armidale: University of New England, Department of Linguistics

1990. *Relational grammar*. London: Routledge

Bloomfield, L. 1933. *Language*. New York: Holt, Rinehart & Winston

Boas, F. (ed.) 1922. *Handbook of American Indian languages*, part 2 (Bureau of American Ethnology, Bulletin 40). Washington, DC: Smithsonian Institution

Bowe, H. 1990. *Categories, constituents and constituent order in Pitjantjatjara: an Aboriginal language of Australia*. London: Routledge

Branch, M. 1987. Finnish. In B. Comrie (ed.), 593–617

Brecht, R. D. & J. S. Levine (eds.) 1986. *Case in Slavic*. Columbus, OH: Slavica Publishers

Breen, J. G. 1976. Ergative, locative and instrumental inflections in Wangkumara. In R. M. W. Dixon (ed.), 336–9

1981. Margany and Gunya. In R. M. W. Dixon & B. J. Blake (eds.), vol. 2: 274–393

Bresnan, J. (ed.) 1982. *The mental representation of grammatical relations*. Cambridge, MA: MIT Press

Bresnan, J. & J. Kanerva. 1989. Locative inversion in Chichewa: a case study of factorization in grammar. *Linguistic Inquiry* 20: 1–50

Bresnan, J. & S. A. Mchombo. 1987. Topic, pronoun, and agreement in Chichewa. *Language* 63: 741–82

Burridge, K. 1990. Sentence datives and grammaticization and the dative possessive: evidence from Germanic. *La Trobe Working Papers in Linguistics* 3: 29–48

Burrow, T. 1955. *The Sanskrit language*. London: Faber & Faber

Calboli, G. 1972. *Linguistica moderna e il latino: i casi*. Bologna: Riccardo Patron

Cardona, G. 1976a. Pāṇini: a survey of research. In W. Winter (ed.), *Trends in linguistics, State-of-the-Art reports* (6). The Hague: Mouton

1976b. Subject in Sanskrit. In M. K. Verma (ed.), 1–38

Carroll, P. J. 1976. Kunwinjku (Gunwinggu): a language of Western Arnhem Land. Canberra: Australian National University master's thesis

Carvalho, P. de. 1980. Reflexions sur les cas: vers une théorie des cas latins. *L'Information Grammaticale* 7: 3–11

1982. Cas et personne. Propositions pour une théorie morpho-sémantique des cas latins. *Revue des Etudes Anciennes* 82: 243–74

1983. Le système des cas latins. In H. Pinkster (ed.), *Latin linguistics and linguistic theory*, 59–71. Amsterdam: John Benjamins

1985. Nominatif et sujet. In C. Touratier (ed.), 55–78

Chafe, W. 1970. *Meaning and the structure of language*. University of Chicago Press

Chidambaranathan, V. 1976. Case system of Kasaba. In S. Agesthialingom & K. Kushalappa Gowda (eds.), 467–80

Chomsky, N. 1965. *Aspects of the theory of syntax*. Cambridge, MA: MIT Press

1981. *Lectures on government and binding*. Dordrecht: Foris

1985. *Knowledge of language: its nature, origin and use*. New York: Praeger

1993. A minimalist program for linguistic theory. In K. Hale and S. J. Keyser (eds.), *The view from building 20*. Cambridge, MA: MIT Press, 1–52

Cole, P. & G. Hermon. 1981. Subjecthood and islandhood: evidence from Quechua. *Linguistic Inquiry* 12: 1–30

Coleman, R. 1985. The Indo-European origins and Latin development of the accusative with infinitive construction. In C. Touratier (ed.), 307–44

1987. Latin and the Italic languages. In B. Comrie (ed.), 180–202

1991 (ed.). *New studies in Latin linguistics: selected papers from the 4th international colloquium on Latin linguistics, Cambridge, April 1987*. Amsterdam: John Benjamins

1991a. The assessment of paradigm stability: some Indo-European case studies. In F. Plank (ed.), 197–213

1991b. Latin prepositional syntax in Indo-European perspective. In R. Coleman (ed.), 323–38

Comrie, B. 1976. The syntax of causative constructions: cross-language similarities and divergences. In M. Shibatani (ed.), *The grammar of causative constructions* (Syntax and Semantics 6), 261–312. New York: Academic Press

1978. Ergativity. In W. P. Lehmann (ed.), *Syntactic typology*, 329–94. Sussex: Harvester Press

1980. The order of case and possessive suffixes in Uralic languages: an approach to the comparative-historical problem. *Lingua Posnaniensis* 23: 81–6

1981. *The languages of the Soviet Union*. Cambridge University Press

1986. On delimiting cases. In R. D. Brecht & J. S. Levine (eds.), 86–105

1987. Russian. In B. Comrie (ed.), 329–47

1987 (ed.). *The world's major languages*. London: Croom Helm

1989. *Language universals and linguistic typology*. Oxford: Blackwell

1991. Form and function in identifying cases. In F. Plank (ed.), 41–56

Comrie, B. & Polinsky, M. 1998. The great Daghestan case hoax. In A. Siewierska & J. J. Song (eds.), *Case typology and grammar in honor of Barry J. Blake*. Amsterdam: Benjamins, 95–114

Cook, W. 1979. *Case grammar: development of the matrix model*. Washington: Georgetown University Press

Corbett, G. 1987. Serbo-Croat. In B. Comrie (ed.), 391–409

Croft, W. 1991. *Syntactic categories and grammatical relations*. University of Chicago Press

Crowley, T. 1983. Uradhi. In R. M. W. Dixon & B. J. Blake (eds.), 306–428
Cutler, A., J. A. Hawkins & G. Gilligan. 1985. The suffixing preference: a processing explanation. *Linguistics* 23: 723–58
Delancey, S. 1981. An interpretation of split ergativity and related patterns. *Language* 57: 626–57
  1987. Sino-Tibetan languages. In B. Comrie (ed.), 797–810
Dench, A. & N. Evans. 1988. Multiple case-marking in Australian languages. *Australian Journal of Linguistics* 8: 1–47
Derbyshire, D. C. & G. K. Pullum (eds.). 1986, 1989, 1990, 1991. *Handbook of Amazonian languages*, vols. 1–4. Berlin: Mouton de Gruyter
Dik, S. 1978. *Functional grammar*. Amsterdam: North Holland
Dixon, R. M. W. 1972. *The Dyirbal language of North Queensland*. Cambridge University Press
  1976 (ed.). *Grammatical categories in Australian languages*. Canberra: Australian Institute of Aboriginal Studies; New Jersey: Humanities Press
  1977. *A grammar of Yidiny*. Cambridge University Press
  1979. Ergativity. *Language* 55: 59–138
  1980. *The languages of Australia*. Cambridge University Press
  1987 (ed.). *Studies in ergativity*. Amsterdam: North Holland
  1994. *Ergativity*. Cambridge University Press
Dixon, R. M. W. & A. Aikhenvald (eds.) 1999. *The Amazonian languages*. Cambridge University Press.
Dixon, R. M. W. & B. J. Blake (eds.). 1979, 1981, 1983, 1991, 2000. *Handbook of Australian languages*, vols. 1–5. Canberra: ANU and Amsterdam: John Benjamins (vols. 1–3); Melbourne: Oxford University Press (vols. 4–5)
Du Bois, J. 1987. The discourse basis of ergativity. *Language* 63: 805–55
Durie, M. 1985. *A grammar of Acehnese on the basis of a dialect of North Acehnese*. Dordrecht: Foris
  1986. The grammaticalization of number as a verbal category. *Proceedings of the Twelfth Annual Meeting of the Berkeley Linguistics Society*, 355–70
Ebeling, C. L. 1966. Review of Chikobava & Cercvadze's *The grammar of literary Avar*. *Studia Caucasica* 2: 58–100
Evans, N. D. 1995. *A Grammar of Kayardild*. Berlin: Mouton de Gruyter
Filliozat, P-S. 1988. *Grammaire Sanskrite Pâninéenne*. Paris: Picard
Fillmore, C. J. 1968. The case for case. In E. Bach & R. T. Harms (eds.), *Universals in linguistic theory*, 1–88. London: Holt, Rinehart & Winston
  1971. Some problems for case grammar. *Working Papers in Linguistics, Ohio State University* 10: 245–65
Foley, W. A. & R. D. Van Valin Jr. 1984. *Functional syntax and universal grammar*. Cambridge University Press
Frachtenberg, L. J. 1922a. Coos. In F. Boas (ed.), 297–429
  1922b. Siuslawan. In F. Boas (ed.), 431–629

Franchetto, B. 1990. Ergativity and nominativity in Kuikuro and other Carib languages. In D. L. Payne (ed.), *Amazonian linguistics: studies in lowland South American languages*, 407–27. Austin: University of Texas Press

Friberg, B. 1991. Ergativity, focus and verb morphology in several south Sulawesi languages. In R. Harlow (ed.), 103–30

Giridhar, P. P. 1987. A case grammar of Kannada. University of Mysore: doctoral dissertation

Givón, T. 1975. Serial verbs and syntactic change: Niger-Congo. In C. Li (ed.), *Word order and word order change*, 47–111. Austin: University of Texas Press

  1976. Topic, pronoun and grammatical agreement. In C. Li (ed.), *Subject and topic*, 149–88. New York: Academic Press

  1984a. *Syntax: a functional-typological introduction*, vol. 1. Amsterdam: John Benjamins

  1984b. Direct object and dative shifting: semantic and pragmatic case. In F. Plank (ed.), 151–82

  1990. *Syntax: a functional-typological introduction*, vol. 2. Amsterdam: John Benjamins

Goddard, C. 1982. Case systems and case marking in Australian languages. *Australian Journal of Linguistics* 2: 167–96

Greenberg, J. H. 1963. Some universals of grammar with particular reference to the order of meaningful elements. In J. H. Greenberg (ed.), *Universals of language*, 73–113. Cambridge, MA: MIT Press

Groot, W. de. 1956. Classification of cases and uses of cases. *For Roman Jakobson*, 187–94. The Hague: Mouton

Gruber, J. 1965. Studies in lexical relations. Cambridge, MA: MIT doctoral dissertation [reproduced by Indiana University Linguistics Club, Bloomington, Indiana]

  1976. *Lexical structures in syntax and semantics*. Amsterdam: North Holland

Haegeman, L. 1994. *Introduction to government and binding theory*, Second edition. Oxford: Blackwell

Hale, K. L. 1973a. Deep-surface canonical disparities in relation to analysis and change: an Australian example. In T. A. Sebeok (ed.), *Current trends in linguistics*, vol. 11: *Diachronic, areal and typological linguistics*, 401–58. The Hague: Mouton

  1973b. Person marking in Walbiri. In S. R. Anderson & P. Kiparsky (eds.), *A festschrift for Morris Halle*, 308–44. New York: Holt, Rinehart & Winston

  1976. On ergative and locative suffixial alternations in Australian languages. In R. M. W. Dixon (ed.), 414–20

  1982. Some essential features of Warlpiri verbal clauses. *Working Papers of the Summer Institute of Linguistics – Australian Aborigines Branch*. A6: 217–315

Halliday, M. A. K. 1985. *An introduction to functional grammar*. London: Edward Arnold

  1967–8. Notes on transitivity and theme in English, Parts 1, 2 and 3. *Journal of Linguistics* 3: 199–244, 4: 189–215

Hansen, K. C. & L. E. Hansen. 1978. *The core of Pintupi grammar*. Alice Springs: Institute for Aboriginal Development

Harlow, R. (ed.). 1991. *VICAL 2. Western Austronesian and contact languages. Papers from the fifth international conference on Austronesian linguistics, Auckland, New Zealand 1991*. Auckland: Linguistic Society of New Zealand

Harris, A. 1981. *Georgian syntax: a study in relational grammar*. Cambridge University Press
   1984. Inversion as a rule of universal grammar: Georgian evidence. In D. M. Perlmutter & C. Rosen (eds.), 251–91
   1985. *Diachronic syntax* (Syntax and Semantics 18). Orlando: Academic Press
Harris, M. & N. Vincent (eds.). 1988. *The Romance languages*. Oxford University Press
Heath, J. 1980. *Basic texts in Warndarang: grammar, texts and dictionary*. Canberra: Pacific Linguistics (ANU)
Heine, B., U. Claudi & F. Hünnemeyer. 1991. *Grammaticalization*. University of Chicago Press
Hewitt, B. G. 1989. *Abkhaz*. London: Routledge
Hinnebusch, T. J. 1979. Swahili. In T. Shopen (ed.), *Languages and their status*, 209–93. Cambridge, MA: Winthrop
Hjelmslev, L. 1935. *La catégorie des cas: Etude de grammaire générale* I (Acta Jutlandica: Aarsskrift for Aarhus Universitet 7.1). Copenhagen: Munksgaard
   1937. *La catégorie des cas: Etude de grammaire générale* II (Acta Jutlandica: Aarsskrift for Aarhus Universitet 9.3). Copenhagen: Munksgaard
Hoddinott, W. G. & F. M. Kofod. 1976. Djamindjungan. In R. M. W. Dixon (ed.), 397–401
Hopper, P. J. & S. A. Thompson. 1980. Transitivity in grammar and discourse. *Language* 56: 251–99
   1982 (eds.). *Syntax and semantics*, vol. 15: *Studies in transitivity*. New York: Academic Press
Hübschmann, H. 1906. Armenica 7: Kasus-Attraktion im Armenischen. *Indogermanische Forschungen* 19: 478–80
Huddleston, R. 1984. *Introduction to the grammar of English*. Cambridge University Press
Hudson, R. 1992. So-called 'double objects' and grammatical relations. *Language* 68: 251–76
Jackendoff, R. 1972. *Semantic interpretation in generative grammar*. Cambridge, MA: MIT Press
Jacobs, M. 1931. A sketch of Northern Sahaptin grammar. *University of Washington* [Seattle] *Publications in Anthropology* 4: 85–291
Jacobsen, W., Jr. 1983. Typological and genetic notes on switch-reference systems in North American Indian languages. In J. Haiman & P. Munro (eds.), *Switch-reference and universal grammar*, 151–83. Amsterdam: John Benjamins
Jakobson, R. 1936/1971. Beitrag zur allgemeinen Kasuslehre: Gesamtbedeutungen der russischen Kasus. In R. Jakobson, *Selected writings II: words and language*, 23–71. The Hague: Mouton
   1958/1971. Morphological inquiry into Slavic declension: structure of Russian case forms [text in Russian, summary in English in 1971 version]. In R. Jakobson, *Selected writings II: words and language*, 154–83. The Hague: Mouton
Jensen, J. T. 1991. Case in Yapese. In R. Harlow (ed.), 215–30
Juret, A-C. 1926. *Système de la syntaxe latine*. Paris: Les Belles Lettres

Kaye, A. S. 1987. Arabic. In B. Comrie (ed.), 664–85
Keen, S. L. 1972. A description of the Yukulta language: an Australian Aboriginal language of Northwest Queensland. Monash University (Melbourne): MA Thesis
  1983. Yukulta. In R. M. W. Dixon & B. J. Blake (eds.), 190–304
Keenan, E. L. & B. Comrie. 1977. Noun phrase accessibility and universal grammar. *Linguistic Inquiry* 8: 63–99
Kennedy, R. 1984. Semantic roles: the language speaker's categories (in Kala Lagaw Ya). In *Papers in Australian Linguistics* 16, 153–70. Canberra: Pacific Linguistics
Kibrik, A. E. 1979. Canonical ergativity and Daghestan languages. In F. Plank (ed.), 61–77
  1991. Organising principles for nominal paradigms in Daghestanian languages: comparative and typological observations. In F. Plank (ed.), 255–74
Kilby, D. 1981. On case markers. *Lingua* 54: 101–33
Klaiman, M. H. 1987. Bengali. In B. Comrie (ed.), 490–513
Klimov, G. A. 1973. *Očerk obščej teorii ergativnosti* (*Outline of a general theory of ergativity*). Moscow: Nauka.
Kornfilt, J. 1987. Turkish and the Turkic Languages. In B. Comrie (ed.), 619–44
Kullavanijaya, P. 1974. Transitive verbs in Thai. Honolulu: University of Hawaii doctoral dissertation [available from University Microfilms, Ann Arbor, Michigan]
Kuryłowicz, J. 1949. Le problème du classement des cas. *Biuletyn* PTJ 9: 20–43 [Reprinted in *Esquisses linguistiques*, 131–50. Wroclaw–Krakow: Ossolineum. 1960]
  1964. *The inflectional categories of Indo-European*. Heidelberg: Carl Winter
Langacker, R. W. 1977. *Studies in Uto-Aztecan grammar*, vol. 1: *An overview of Uto-Aztecan grammar*. Arlington: Summer Institute of Linguistics and University of Texas at Arlington
Langdon, M. 1970. *A grammar of Diegueño: the Mesa Grande dialect*. Berkeley: University of California Press
Larsen, T. W. & W. M. Norman. 1979. Correlates of ergativity in Mayan grammar. In F. Plank (ed.), 347–70
Lehmann, C. 1982. *Thoughts on grammaticalization: a programmatic sketch*, vol. 1 (Arbeiten des kölner universalien Projekts 48). Cologne: Institüt für Sprachwissenschaft
  1985. Latin case relations in typological perspective. In C. Touratier (ed.), 81–104
Levin, B. 1987. The middle construction and ergativity. In R. M. W. Dixon (ed.), 17–32
Lewis, G. L. 1967. *Turkish grammar*. Oxford University Press
Li, C. N. & S. A. Thompson. 1981. *Mandarin Chinese: a functional reference grammar*. Berkeley: University of California Press
  n.d. Wappo. Typescript
Lindenfeld, J. 1973. *Yaqui syntax*. Berkeley: University of California Press
Longacre, R. E. 1976. *An anatomy of speech notions*. Lisse: Peter de Ridder
Lord, C. 1982. The development of object markers in serial verb languages. In P. J. Hopper & S. A. Thompson (eds.), 277–99
Luraghi, S. 1987. Patterns of case syncretism in Indo-European languages. In A. Ramat et al. (eds.), *Papers from the 7th international conference on historical linguistics*, 355–71. Amsterdam: John Benjamins

1989. The relationship between prepositions and cases within Latin prepositional phrases. In G. Calboli (ed.), *Subordination and other topics in Latin*, 253–71. Amsterdam, Philadelphia: John Benjamins

1991. Paradigm size, possible syncretisms, and the use of adpositions with cases in inflective languages. In F. Plank (ed.), 57–74

1996. *Studi su casi e preposizioni nel greco antico*. Milan: Franco Angeli.

Lyons, C. 1999. *Definiteness*. Cambridge University Press.

Madtha, W. 1976. Case system of Kannada. In S. Agesthialingom & K. Kushalappa Gowda (eds.), 173–54

Mallinson, G. 1987. Rumanian. In B. Comrie (ed.), 303–21

1988. Rumanian. In M. Harris & N. Vincent (eds.), 391–419

Mallinson, G. & B. J. Blake. 1981. *Language typology: cross-linguistic studies in syntax*. Amsterdam: North Holland

Marantz, A. 1984. *On the nature of grammatical relations*. Cambridge, MA: MIT Press

Matthews, P. H. 1974. *Morphology: an introduction to the theory of word-structure*. Cambridge University Press (second edition 1991)

McAlpin, D. W. 1976. Dative subject in Malayalam. In M. K. Verma (ed.), 183–94

McGregor, W. 1990. *A functional grammar of Gooniyandi*. Amsterdam: John Benjamins

McKay, G. R. 1976. Rembarnga. In R. M. W. Dixon (ed.), 494–505

McLendon, S. 1978. Ergativity, case, and transitivity in Eastern Pomo. *IJAL* 44: 1–9

Mel'cuk, I. A. 1986. Toward a definition of case. In R. D. Brecht & J. S. Levine (eds.), 35–85

Merlan, F. 1982. *Mangarayi* (Lingua Descriptive Series No. 4). Amsterdam: North Holland

Mithun, M. 1991. Active/agentive case marking and its motivation. *Language* 67: 510–46

Moravcsik, E. A. 1978. On the case marking of objects. In J. H. Greenberg (ed.), *Universals of human language*, vol. 4: *Syntax*, 249–89. Stanford University Press

1984. The place of direct objects among the noun phrase constituents of Hungarian. In F. Plank (ed.), 55–85

Neidle, C. 1982. Case agreement in Russian. In J. Bresnan (ed.), 391–426

1988. *The role of case in Russian syntax*. Dordrecht: Kluwer

Nichols, J. 1983. On direct and oblique cases. *Berkeley Linguistics Society* 9: 170–92

1986. Head-marking and dependent-marking grammar. *Language* 62: 56–119

Norman, J. 1988. *Chinese*. Cambridge University Press

O'Grady, W. 1991. *Categories and case: the sentence structure of Korean*. Amsterdam: John Benjamins

Palmer, L. R. 1954. *The Latin language*. London: Faber & Faber

Perialwar, R. 1976. Irula case system. In S. Agesthialingom & K. Kushalappa Gowda (eds.), 495–519

Perlmutter, D. M. 1982. Syntactic representation, syntactic levels, and the notion of subject. In P. Jacobson & G. Pullum (eds.), *The nature of syntactic representation*, 283–340. Dordrecht: Reidel

1983 (ed.). *Studies in relational grammar* 1. University of Chicago Press

Perlmutter, D. M. & P. M. Postal. 1983. Some proposed laws of basic clause structure. In D. M. Perlmutter (ed.), 81–128

1984. The 1-advancement exclusiveness law. In D. M. Perlmutter & C. Rosen (eds.), 81–125

Perlmutter, D. M. & C. Rosen (eds.). 1984. *Studies in relational grammar* 2. University of Chicago Press

Pinkster, H. 1985. Latin cases and valency grammar: some problems. In C. Touratier (ed.), 163–90

Plank, F. (ed.) 1979. *Ergativity*. London: Academic Press

1984 (ed.). *Objects: towards a theory of grammatical relations*. London: Academic Press

1990. Suffix copying as a mirror-image phenomenon. *European Science Foundation, Programme in Language Typology: Working Paper* 1: 1–11

1991 (ed.). *Paradigms: the economy of inflection*. Berlin: Mouton de Gruyter

Postal, P. M. 1974. *On raising: one rule of English grammar and its theoretical implications.* Cambridge, MA: MIT Press

1977. Antipassive in French. *Proceedings of the Seventh Annual Meeting of the North Eastern Linguistics Society*, 273–313

Press, M. L. 1979. *Chemehuevi: a grammar and lexicon* (University of California Publications in Linguistics 92). Berkeley and Los Angeles: University of California Press

Ramarao, C. 1976. Markedness in case. In S. Agesthialingom & K. Kushalappa Gowda (eds.), 221–40

Reed, I., O. Miyaoka, S. Jacobsen, P. Afcan & M. Krauss. 1977. *Yup'ik Eskimo grammar*. University of Alaska: Alaska Native Language Center and the Yup'ik Language Workshop

Riemsdijk, H. van. 1983. The case of German adjectives. In F. Heny & B. Richards (eds.), *Linguistic categories: auxiliaries and related puzzles*, vol. 1: 223–52. Dordrecht: Reidel

Riemsdijk, H. van & E. Williams. 1986. *Introduction to the theory of grammar*. Cambridge, MA: MIT Press

Rigsby, B. 1974. Sahaptin grammar. Typescript

Roberts, I. 1997. *Comparative syntax*. London: Arnold

Robins, R. H. 1967. *A short history of linguistics*. London: Longman

Robinson, L. W. & J. Armagost. 1990. *Comanche dictionary and grammar*. Arlington: Summer Institute of Linguistics and University of Texas at Arlington

Rosen, C. 1984. The interface between semantic roles and initial grammatical relations. In D. M. Perlmutter & C. Rosen (eds.), 38–80

Rosen, C. & K. Wali. 1989. Twin passives, inversion and multistratalism in Marathi. *Natural Language and Linguistic Theory* 7: 1–50

Roth, W. E. 1897. *Ethnological studies among the north-west-central Queensland Aborigines*. Brisbane: Government Printer

Rubio, L. 1966. *Introducción a la sintaxis estructural del Latín*, vol. 1: *Casos y preposiciones*. Barcelona: Ariel

Rude, N. 1985. Studies in Nez Perce grammar and discourse. University of Oregon: doctoral dissertation

1988. On the origin of the Nez Perce ergative NP suffix. (Conference on Grammaticalization, University of Oregon, 12–15 May 1988)

Sakthivel, S. 1976. Toda case system. In S. Agesthialingom & K. Kushalappa Gowda (eds.), 435–48
Saltarelli, M. et al. 1988. *Basque* (Croom Helm Descriptive Grammars). London: Croom Helm
Sands, K. 1996. *The ergative in proto-Australian*. Munich: Lincom Europa
Schooneveld, C. H. van. 1986. Jakobson's case system and syntax. In R. D. Brecht & J. S. Levine (eds.), 373–85
Schütze, C. 1993. Towards a minimalist account of quirky case and licensing in Icelandic. In C. Phillips (ed.), *Papers on Case and agreement II* (MIT Working Papers in Linguistics. 19), 321–75. Cambridge, MA: MIT Press
Scott, G. 1978. *The Fore language of Papua New Guinea*. Canberra: Pacific Linguistics
Seidel, H. 1988. *Kasus: zur Explikation eines sprachwissenschaftlichen Terminus (am Beispiel des Russischen)*. Tübingen: Gunter Narr
Serbat, G. 1981a. *Cas et fonctions*. Paris: Presses Universitaires de France
 1981b. Le système des cas est-il systématique? *Revue des Etudes Latines* 59: 298–317
Sherzer, J. 1976. *An areal-typological study of American Indian languages north of Mexico*. Amsterdam: North Holland
Silverstein, M. 1976. Hierarchy of features and ergativity. In R. M. W. Dixon (ed.), 112–71
 1981. Case marking and the nature of language. *Australian Journal of Linguistics* 1: 227–44
Sittig, E. 1931. *Das Alter der Anordnung unserer Kasus und der Ursprung ihrer Bezeichnung als 'Fälle'* (Tübinger Beiträge zur Altertumswissenschaft 13). Stuttgart: Kohlhammer
Smith, W. 1888. *A first Greek course*. London: John Murray
Somers, H. L. 1987. *Valency and case in computational linguistics*. Edinburgh University Press
Starosta, S. 1971. Some lexical redundancy rules for English nouns. *Glossa* 5: 167–201
 1985. Relator nouns as a source of case inflections. In R. L. Leed & V. Z. Acson (eds.), *For Gordon Fairbanks* (Oceanic Linguistics Special Publications No. 20), 111–33. Honolulu: University of Hawaii Press
 1988. *The case for lexicase*. London: Pinter
Steever, S. B. 1987. Tamil and the Dravidian languages. In B. Comrie (ed.), 725–46
Stokes, B. 1982. A description of Nyigina, a language of the West Kimberley, Western Australia. Canberra: ANU doctoral dissertation
Stowell, T. 1981. The origins of phrase structure. Cambridge, MA: MIT doctoral dissertation
Suarez, J. A. 1983. *The Mesoamerican Indian languages*. Cambridge University Press
Torrego, M. E. 1991. The genitive with verbal nouns in Latin: a functional analysis. In R. Coleman (ed.), 281–93
Touratier, C. 1978. Quelques principes pour l'étude des cas (avec application à l'ablatif latin). *Languages* 50: 98–116
 1979. Accusatif et analyse en morphèmes. *Bulletin de la Société de Linguistique de Paris* 74(1): 43–92
 1985 (ed.). *Syntaxe et Latin: actes du IIème Congrès International de Linguistique Latine, Aix-en-Provence*, 28–31 Mars 1983. Aix-en-Provence: Université de Provence

Tsunoda, T. 1981. *The Djaru language of Kimberley, Western Australia*. Canberra: Pacific Linguistics (ANU)

Tucker, A. N. & M. A. Bryan. 1966. *Linguistic analyses: the non-Bantu languages of North-Eastern Africa*. Oxford University Press

Van Valin, Robert Jr. 1993. A synopsis of Role and Reference Grammar. In R. Van Valin Jr (ed.), *Advances in Role and Reference Grammar*, 1–164. Amsterdam: Benjamins

Vennemann, T. 1973. Explanation in syntax. In J. P. Kimball (ed.), *Syntax and semantics*, vol. 2: 1–50. New York: Seminar Press

Verma, M. K. (ed.). 1976. *The notion of subject in South Asian languages*. Madison: University of Wisconsin, South Asian Studies

Weber, D. J. 1989. *A grammar of Huallaga (Huánuco) Quechua*. Berkeley: University of California Press

Whitney, A. H. 1956. *Finnish*. London: Hodder and Stoughton

Wierzbicka, A. 1980. *The case for surface case*. Ann Arbor: Karoma

    1981. Case marking and human nature. *Australian Journal of Linguistics* 1: 43–80

    1983. The semantics of case marking. *Studies in Language* 7: 247–75

    1988. *The semantics of grammar*. Amsterdam: John Benjamins

Williams, C. J. 1980. *A grammar of Yuwaalaraay*. Canberra: Pacific Linguistics (ANU)

Windfuhr, G. L. 1987. Persian. In B. Comrie (ed.), 523–46

Wolfart, H. C. 1973. *Plains Cree: a grammatical study* (Transactions of the American Philosophical Society 63, part 5). Philadelphia: American Philosophical Society

Woodcock, E. C. 1959. *A new Latin syntax*. London: Methuen

Yallop, C. 1977. *Alyawarra: an Aboriginal language of Central Australia*. Canberra: Australian Institute of Aboriginal Studies

Yip, M., J. Maling & R. Jackendoff. 1987. Case in tiers. *Language* 63: 217–50

人名索引

为方便检索参考文献，本书未对人名进行翻译，均采用原文。——译者注

A

Abondolo 122, 127

Agud 39, 86, 240

Aikhenvald 146

Allen 182

Andersen 198

Anderson, J. 74, 85, 96, 97, 98, 163, 227, 240

Anderson, S. 132

Anttila 200

Aristotle 22, 37

Armagost 190

Artawa 107, 150

Austerlitz 200

Austin 14, 122, 136, 221, 222

B

Baker 68

Balakrishnan 192

Blake 18, 32, 81, 89, 93, 107, 130, 138, 150, 153, 166, 168, 173, 179, 184, 188, 192

Bloomfield 16, 76

Bopp 45

Bowe 31, 32

Branch 127, 140

Breen 34, 151

Bresnan 16, 56, 61, 75, 110

Bryan 123

Burridge 211

Burrow 141, 220

C

Caesar 23, 87–8, 118

Calboli 23, 37, 57, 241

Cardona 78

Carroll 167

Carvalho, de 37, 41, 48, 155

Catullus 10

Chafe 79, 96, 240

Chaucer 180

Chidambaranathan 192

Chomsky 56, 67, 68, 72, 73, 114, 228

Cicero 10, 28, 136

Cole 133

Coleman 127

Comrie 30, 104, 127, 143, 170, 172, 184, 187, 190, 240

Cook 79, 96

Corbett 127

Croft 174, 194, 240

Crowley 121

Cutler 120, 126

D

Delancey 148, 172

Dench 131–2, 141, 188

Derbyshire 121, 146

Dik 74, 79, 81, 89, 109, 110, 240

Dionysius Thrax 23

Dixon 30, 67, 128, 138, 146, 150, 164–5, 194, 218, 240

DuBois 159

Durie 151, 164

E

Ebeling 146, 185

Evans 131—2, 141, 188

F

Filliozat 77

Fillmore 56, 74–5, 79–81, 86, 88–9, 96, 98, 109, 227, 240

Foley 86, 110, 133, 157, 240

Frachtenberg 126

Franchetto 149

Friberg 149

G

Gilligan 120, 126

Giridhar 120

Givón 136, 159, 198, 240

Goddard 32

Greenberg 18, 194

Groot, de 37

Gruber 80, 239

H

Haegeman 68, 70, 114

Hale 116, 130, 204, 218

Halliday 79

Hansen 168

Harris 150, 153, 178–9

Hawkins 120, 128

Heath 189, 193

Heine 197–8, 201

Hermon 133

Hewitt 149

Hinnebusch 16

Hjelmslev 10, 23, 37, 42, 44–6, 56, 115–6, 122, 185

Hoddinott 126

Hopper 139, 171–2

Horace XI

Hübschmann 125

Huddleston 140

Hudson 91

J

Jackendoff 70, 86, 102, 110–1

Jacobs 202

Jacobsen 221

Jakobson 37, 45–9, 53

Jensen 11

Juret 37

K

Kanerva 75, 110

Kaye 18, 127

Keats 20

Keen 141

Keenan 105

Kennedy 219

Kibrik 128, 163

Kilby 123

Klaiman 123

Klimov 99, 150

Kofod 126

Kornfilt 137

Kullavanijaya 196

Kuryłowicz 38–41

L

Langacker 198

Langdon 221

Larsen 149

Lehmann 207–8

Lecin 67

Lewis 1, 33

Li 20, 108, 168, 198

Lindenfeld 122

Livy 50

Longacre 79

Lord 198

Luke 213, 216

Luraghi 209–10

Lyons 8

M

Madtha 200

Maling 70

Mallinson 18, 145, 166, 168, 190

Marantz 67

Martin 43–4, 53

Matthews 4, 22, 229

McAlpin 178

McGregor 121

Mchombo 16, 61

McKay 145

McLendon 152

Mel'cuk 11, 27, 33, 49, 124, 128–9, 185, 234, 240

Merlan 126

Mithun 11, 151

Moravcsik 183

N

Neidle 48, 53–4, 75

Nichols 15, 40–1, 142, 192, 222

Norman 149, 198

O

O'Grady 14

P

Palmer 211

Pāṇini 75–6, 78, 89

Perialwar 192

Perlmutter 56, 89, 93–4, 179

Pinkster 107

Plank 124, 183, 240

Planudes 42, 44–5

Plato 8

Pliny 113

Polinsky 184, 187

Postal 56, 89, 93–4, 99

Press1 89

Pullum 121, 146

Q

Quintilian 57

R

Ramarao 51, 107

Rask 45

Reed 148, 181–2

Riemsdijk, van 68, 71

Rigsby 202

Roberts 68

Robins 23, 37

Robinson 190

Rosen 89, 93, 155–6

Roth 153

Rubio 37, 42, 48, 87–8, 240

Rude 151, 202–3

S

Sakthivel 192

Saltarelli 121, 174

Sands 204

Schooneveld, van 46

Schütze 68

Scott 148

Seidel 3

Serbat 42–3

Sherzer 126

Silverstein 66–7, 75, 133, 165–6, 170, 172

Simon 42–3, 49, 53

Sittig 23

Smith 35

Somers 86, 240

Song 13

Starosta 19, 74, 100, 102–3, 227

Steever 127, 129, 197

Stokes 121

Stowel 171

Suarez 193

T

Tacitus XI

Thompson 20, 108, 139, 168, 171–2, 198

Torrego 118

Touratier 40–1

Tsunoda 204

Tucker 123

V

Van Valin 86, 110, 133, 157, 240

Varro 23, 37

Vennemann 119

Virgil XI, 112, 116, 136

W

Wali 155–6

Weber 124, 140

Whitney 137

Wierzbicka 33, 47–8, 111, 163, 168, 172

Williams, C. 128

Williams, E. 68

Windfuhr 18, 201

Wolfart 157

Woodcock 28, 38, 180

Wüllner 45

Wyclif 216

Y

Yallop 124

Yip 70

语言名称索引

A

Abaza 阿巴扎语 83, 149, 182
Abkhaz 阿布哈兹语 149
Acehnese 亚齐语 151
African, Southern 南非语言[1] 20
African, West 西非语言[2] 198–9
Algonquian 阿尔冈昆语 156
Altaic 阿尔泰语（系）168, 187, 191, 194
Alyawarra 阿尔亚瓦拉语 124, 130
Amazonian 亚马逊语言[3] 121, 146
Arabic 阿拉伯语 17, 127
Arabic, Classical 古阿拉伯语 113, 190
Arawak 阿拉瓦克语 145
Archi 阿奇语 128, 187

Arikara 阿里卡拉语 151
Armenian 亚美尼亚语 125
Armenian, Classical 古亚美尼亚语 127, 191
Asian, South-east 东南亚语言[4] 18, 197–8
Australian 澳大利亚（诸）土著语言 XI, XII, 14, 18, 31, 34, 62, 67, 93, 105, 116, 121, 124, 126, 130–1, 138, 145, 151, 166, 168, 174, 176, 181, 184, 187–8, 192–3, 204, 211, 219–21
Australian, Northern 北部澳大利亚土著语言 17, 126, 140, 145, 165, 168, 193
Austronesian 南岛语 10, 105, 106, 145, 148, 151
Avar 阿瓦尔语 129, 146, 147, 149, 168,

---

[1] 文中出现的班图语、斯瓦希里语等位于南非的语言。——译者注
[2] 指文中出现的加语、雅铁语、约鲁巴语、努佩语等位于西非的语言。——译者注
[3] 包括文中出现的"亚马逊河流域的语言"。——译者注
[4] 指文中出现的汉语、达罗毗荼语等位于东南亚的语言。——译者注

184, 185, 187

Aztec-Tanoan 阿兹特克–塔诺安语 169

B

Balinese 巴厘语 106, 149, 226

Balto-Finnic 波罗的–芬兰语 120, 123, 127

Bantu 班图语 16, 20–1, 37, 105, 143

Basque 巴斯克语 121, 146, 174, 187

Bengali 孟加拉语 123

Burushaski 布鲁沙斯基语 146

C

Caddo(an) 卡多语 151

Cakchiquel 卡克奇克尔语 201

Cambodian 柬埔寨语 109, 192

Carib 加勒比语 146, 149

Caucasian 高加索语（系） 145, 148, 181, 185

Caucasian, Northeast 东北部高加索语 81, 85, 129, 147, 168, 181, 184–5, 187–9

Caucasian, Northwest 西北部高加索语 149, 181–2

Caucasian, South 南部高加索语 181

Celtic 凯尔特语 72

Chemehuevi 切梅惠维语 189

Chibchan 齐布查语 146, 193

Chinese 汉语 18–9, 168, 198–9, 226

Chinook 奇努克语 146

Chukchi 楚科奇语 146, 168

Comanche 科曼奇语 190

Coos 库斯语 126

Cree 克里语 156, 171

Czech 捷克语 191, 209

D

Daghestan 达吉斯坦语（族） 33, 36, 115, 128–9, 146

Dargwa 达尔格瓦语 168

Dhalandji 扎兰德济语 136

Didinga-Murle 迪丁加–穆尔勒语 191

Diegueño 迪埃格诺语 221

Diyari 迪亚里语 14, 122

Djaru 贾鲁语 204

Dravidian 达罗毗荼语（系） 36, 107, 120, 127, 168, 178, 181, 187–8, 192, 197, 200, 209

Dyirbal 迪尔巴尔语 30, 67, 105–6, 127, 138, 164, 166

E

English 英语 2, 11–3, 16–8, 20–1, 31, 37, 41, 62–3, 67–8, 70, 72, 79, 84, 86, 88, 91, 93, 96, 98–9, 102–5, 108, 110, 116–9, 123, 126–7, 131, 134–6, 138, 140, 143–5,

159–60, 166, 169, 172, 175, 177, 184, 194, 197, 203–5, 208–10, 215–6, 218, 221, 224, 226, 228–30, 234, 239

English, Middle 近代英语 180, 215

English, Old 古英语 21, 123, 126, 180–1, 191, 208, 214–8

Eskimo 爱斯基摩语 45–6, 146, 148, 181–2

Estonian 爱沙尼亚语 123, 183

European 欧洲语言 133, 240

Ewe 埃维语 197, 199, 201

F

Fennic 芬兰语 85

Finnic 芬兰语（支）200

Finnish 芬兰语 127, 137, 140, 183, 186–7, 200, 224, 239

Finno-Ugric 芬兰-乌戈尔语 184, 188

Fore 福雷语 147–8, 156, 171

French 法语 14–6, 84, 90, 93–4, 104, 143, 155, 167, 190, 192, 195, 213, 216–7, 219, 227

Fur 弗尔语 191

G

Gã 加语 198

Georgian 格鲁吉亚语 108, 124, 150, 153, 174, 176, 178

Georgian, Old 古格鲁吉亚语 124, 130

German 德语 13, 42, 44, 46–7, 70, 94, 115, 119, 123, 126, 191, 195, 197, 211, 214–5, 231

German, Middle High 近代高地德语 191

German, Old High 古高地德语 191, 215

German, Pennsylvania 宾夕法尼亚德语 211

Germanic 日耳曼语 16, 123, 191, 211

Gooniyandi 古尼央迪语 121

Greek, Ancient 古希腊语 XI, 4, 8–10, 22–3, 32, 34–5, 44, 61, 115, 120, 129, 138, 161, 173, 189, 191, 208–9, 234

Greek, Modern 现代希腊语 108, 190

Guaraní 瓜拉尼语 151

Gujerati 古吉拉蒂语 201

Gunwinygu 贡维尼古语 167

Gyarong 嘉戎语 148

H

Hausa 豪萨语 201

Hindi 印地语 12–3, 34, 144, 201

Hindi-Urdu 印地–乌尔都语 12, 155, 200

Hittite 赫梯语 209–10

Hokan 霍坎语（支）152

Hungarian 匈牙利语 17, 122, 127, 183, 200

Hurrian 胡利安语 124, 146

I

Icelandic 冰岛语 191

Indo-Aryan 印度–雅利安语（支）120, 123, 155–6, 230

Indo-Aryan, Middle 近代印度-雅利安语 210

Indo-European, Proto 原始印欧语 191

Indo-European 印欧语（系）XII, 8, 23–4, 37, 49, 60, 105, 108, 120, 125–7, 129, 143, 168, 181, 184, 187, 194–5, 202, 208, 210, 220

Indo-Iranian 印度–伊朗语（支）187, 215

Indonesian 印尼语 18, 79, 104

Iranian 伊朗语言 155, 165, 190

Iroquoian 伊洛魁语 151

Irula 伊鲁亚语 174, 192

Italian 意大利语 94, 104, 179, 207–8, 213–4, 217, 221, 227, 241

J

Jacaltec 哈卡尔特克语 201

Japanese 日语 11–4, 143

Jê 吉语 145

K

Kabardian 卡巴尔德语 181, 189

Kala Lagu, Ya 卡拉拉古亚语 219

Kalkatungu（Kalkadoon）卡尔卡顿古语 XI, XII, 49–50, 57–65, 67–8, 75, 79, 91–2, 95, 103, 105–6, 138, 167–8, 173, 176, 187–8, 220

Kannada 坎纳达语 120, 193, 200

Karelian 卡累利阿语 200

Kartvelian 卡特维尔语（族）150, 153, 178

Kasaba 卡萨巴语 192

Kayardild 卡亚尔迪尔德语 131

Kiranti 基兰特语 148

Kodaga 科达加语 192

Komi-Permyak 科米–彼尔米亚克语 187, 200

Konjo 孔乔语 148–9, 151, 182

Korean 朝鲜语 13–4, 143

Kpelle 科佩勒语 201

Kuikúro 奇库鲁语 149

Kurdish 库尔德语 155

Kwa 科瓦语（支）197

L

Lak 腊克语 33, 181

Lakhota 拉科塔语 151

Latin 拉丁语 XI, XII, 4–12, 17, 21–7, 29, 32, 34, 36–44, 46–7, 50–2, 54, 57, 60–1, 63, 73, 76, 79, 86, 89, 94, 96,

107–8, 113–7, 125–6, 135–6, 138, 143–4, 161, 173–5, 177, 180–1, 185, 187, 189, 191, 194, 202, 204–5, 207–13, 216–8, 221, 224–5, 227, 229, 234, 241
Laz 拉兹语 150, 153, 181
Lezgian 列兹金语 129
Luritja 路里加语 218

M

Maba 马巴语 123
Malayalam 马拉雅拉姆语 178
Mandarin Chinese 现代汉语 199
Mangarayi 曼加拉伊语 126, 166
Maori 毛利语 11
Marathi 马拉地语 155
Margany 马加尼语 34, 207
Mayan 玛雅语 145, 149, 168, 182
Mexican 墨西哥语 181, 187
Mixtec 米斯特克语 201
Mohawk 莫霍克语 11, 151
Mongolian 蒙古语 120
Munda 门达语（族）120, 168
Muskogean 马斯克吉语 221

N

Nanai 赫哲语 187, 192

Near Eastern 近东语言 146
Nez Perce 内兹佩尔赛语 151, 202–3
Nhanda 尼扬达语 166
Niger-Congo 尼日尔–刚果语（族）197
Nilo-Saharan 尼罗–撒哈拉语（系）123, 190–1
Nubian 努比亚语 190
Nuer 努尔语 191
Numic 努米克语（族）189
Nungali 楠加里语 126
Nupe 努佩语 199
Nyigina 尼基纳语 121

O

Oceania 大洋洲语言 197
Ossete 沃塞梯语 187

P

Pama-Nyungan 帕马–尼荣根语（族）16, 29–32, 34, 116, 120, 122, 128, 136, 141, 148, 151, 153, 167–8, 187, 192, 203, 205, 208, 210–1, 218
Pama-Nyungan, proto 原始帕马–尼荣根语 204
Pamir 帕米尔语 165
Panoan 帕诺亚语 145
Panyjima 帕尼基马语 141

Papuan (New Guinea) 巴布亚（新几内亚）诸语言 120, 145, 147

Pashto 普什图语 155

Penutian 佩纽蒂语（支） 146, 151, 168, 202

Persian 波斯语 18, 201

Pintupi 宾土比语 168

Pitjantjatjara 皮詹加加拉语 31, 63, 218

Pitta-Pitta 皮塔皮塔语 19, 50, 122, 140, 153–5, 174, 176, 207–8, 211, 219

Polish 波兰语 183, 191

Pomoan 波莫语 151

Pomo, Eastern 东部波莫语 152

Punjabi 旁遮普语 155

Q

Quechua 克丘亚语 120, 124, 130, 133, 140, 208

R

Rembarnga 伦巴恩加语 145, 147, 156, 171

Romance 罗曼语（族） 143, 190, 207, 213–4, 216–7

Rumanian 罗马尼亚语 144, 190, 207, 213

Rushan 鲁雄语 165

Russian 俄语 11, 26–7, 33, 35, 40, 46–9, 53–4, 127, 143, 183, 187, 209

S

Sahaptin 萨哈泼丁语 202–3

Sanskrit 梵语 61, 75–7, 89, 106, 141, 187, 197, 220

Semitic 闪米特语（族） 17, 120, 127, 181, 190

Seneca 塞内卡语 151

Serbo-Croatian 塞尔维亚–克罗地亚语 127, 191

Siouan 苏语 151

Siuslaw 休斯劳语 126

Slavonic 斯拉夫语 XII, 127, 143, 191

Slovak 斯洛伐克语 191

Sora 索拉语 168

Spanish 西班牙语 94, 143–4, 207–8, 213, 240

Sulawesi, South 南部苏拉威西语 149

Sumerian 苏美尔语 208

Swahili 斯瓦希里语 16–8, 20, 104, 108, 169, 201–2

T

Tabassaran 塔巴萨兰语 116, 122, 184, 187

Tacanan 塔卡南语 146

Tagalog 他加禄语 106

Tamil 泰米尔语 50, 127, 129, 187, 192, 199, 201–2
Tarascan 塔拉斯堪语 187, 193
Telugu 泰卢固语 51, 107, 187
Thai 泰语 18, 104, 109, 153, 192, 196, 199
Tibetan 藏语 187
Tibeto-Burman 藏缅语 145, 148
Tiwa 提瓦语 169
Toda 多达语 192
Tonkawa 通卡瓦语 187
Tsimshian 钦西安语 146
Tungusic 通古斯语（族）120, 192
Tupí-Guaraní 图皮–瓜拉尼语 145
Turkana 图尔卡纳语 168
Turkic 突厥语 120
Turkish 土耳其语 1–4, 11, 15, 17, 33–5, 104, 108, 127, 137, 143, 168, 183–4, 191, 194, 203, 208, 227, 235

U

Ubykh 尤比克语 181
Uradhi 乌拉提语 121
Uralic 乌拉尔语（系）143, 168, 181, 184, 187, 200
Uto-Aztecan 犹他–阿兹特克语（系）16, 122, 187, 189–90, 221

V

Vietnamese 越南语 18, 226

W

Wakashan 瓦卡什语 169
Walmatjari 瓦尔马扎里语 168
Wangkumara 旺古马拉语 151
Wappo 瓦波语 108, 168
Warlpiri 瓦尔皮里语 69, 116, 130, 204, 218
Warndarang 瓦恩达让语 189, 193
Western Malayo-Polynesian 西部马来–波利尼西亚语 106

Y

Yaghnobi 雅格诺布语 190
Yalarnnga 雅拉恩加语 68
Yapese 雅浦语 10
Yaqui 雅基语 122, 191
Yatye 雅铁语 199
Yidiny 伊迪尼语 194
Yoruba 约鲁巴语 199
Yukulta 尤库尔塔语 131, 140
Yuman 尤马语 221

Yup'ik Eskimo 尤皮克爱斯基摩语[1] 83, 148, 181–2

Yuwaalaray 尤瓦拉雷语 128

Z

Zoque 索克语 145, 181, 187

---

1 含文中出现的"尤皮克语"。——译者注

主题词索引

A

A 及物动词的施事[1] 30–5, 57–62, 64–7, 158–9, 163–5, 168, 187, 224

abessive 残缺格 187, 224

ablative 离格 2, 3, 5–10, 12, 23–8, 33, 37–46, 49–53, 59, 75, 77, 79, 86–8, 96–8, 107, 115, 117, 118, 124–6, 128, 129, 131, 132, 135, 140, 141, 158, 173, 184–6, 188–9, 191–4, 208–12, 217–20, 224, 227

absolute 通格 33

absolutive 通格 1, 30, 31, 64–8, 75, 92–100, 105, 106, 108, 126, 130, 133, 142, 146, 148, 149, 152, 158, 163, 164, 168, 182, 220, 224, 226, 229, 231, 234

accusative 宾格 1–7, 11–2, 17, 21, 23–7, 30–2, 34–44, 47–54, 61–6, 69–74, 77–80, 93, 106–8, 114–5, 121, 123, 125–7, 129, 133, 136–8, 141–5, 148, 151, 153, 156, 158, 160, 165–7, 170, 174, 178–80, 183–4, 187–94, 197, 199, 202–3, 205–6, 208, 212, 214–20, 222–5, 227, 229, 232, 235, 238

accusative and infinitive 宾格不定式 73, 138

accusative language 宾格语言 65, 66, 70, 106, 108, 187, 188, 224

active language 主动语言 38, 150, 225, 237

active voice 主动态 174, 175, 225, 227, 236

adessive 位置格 127, 185, 186, 200, 225

---

[1] 避免和"施事"（agent）相混，该术语在正文中未做翻译。

adjunct 附加语 26, 30, 32, 36, 40–1, 50–1, 61, 64–5, 69, 72, 102, 107, 112, 133–4, 136, 225, 227–8, 235

adnominal 定语 6–7, 9, 42–4, 52, 73–4, 108, 115–6, 130–1, 134, 181, 200, 211, 225, 228–9, 231

adposition 附置词 11–2, 21, 30, 64, 74–5, 93, 100, 103, 108–9, 118–9, 142, 160, 195–9, 202–4, 206–7, 225–6, 232, 237

advancement 升级 58, 91, 94–5, 105–7, 110, 163, 167, 169

adverb 副词 9–10, 18–20, 22, 29, 112, 134, 195, 202, 206, 218, 225, 231

adverbal 状语 26, 42–4, 50–1, 77, 117, 124, 130–1, 135, 147, 216, 225

adverbial 副词性 15, 22, 36, 39, 195, 202, 206, 225

affix 词缀 3, 13–5, 103, 116, 118–20, 182–3, 198–200, 204–5, 225, 227

agent 施事 4, 8, 30, 34, 38, 46–7, 49, 56–7, 66, 74–9, 81, 84, 86–90, 93, 97–9, 104, 106–7, 109–10, 135, 143, 147, 150–3, 158–9, 162–4, 166, 169–72, 176–8, 187, 206, 209, 224, 237, 239

AGENT 施事 100–3

agglutinative 黏着语 4, 187

agreement 一致（关系）8, 16–7, 59, 61, 65, 75, 79, 100, 103, 113, 143, 155–6, 159, 167–8, 179, 225 也可见"协调关系"（concord）

allative 向格 40, 45–6, 50, 59, 130, 140, 142, 158, 173–4, 184–7, 192, 194, 199–200, 208–9, 219, 222, 226

analytic case marker 分析型格标记 11, 108, 226

analytic language 分析型语言 226

animate patient 有生受事 144

antipassive 反被动 57–8, 66–7, 95, 106, 139–40, 154–5, 174, 176, 226, 231, 239

applicative 施用 107, 226

apposition 同位语 17, 28, 30, 61, 72, 85, 93

argument 论元 2, 26, 30, 61, 72, 74, 79, 81, 84, 90, 95, 97–8, 107, 109–11, 132, 150–2, 158, 161, 167–9, 195–6, 206, 222, 224–6, 228, 233, 235–7, 239

ascriptive 归属 48, 54

aversive 嫌恶格 34, 49–50, 188, 226

B

benefactive 受益格 89, 174

beneficiary 受益者 18, 83, 91, 100, 109–10, 162–3, 169, 173–4, 193, 198, 230, 233

bound pronoun 黏着代词 17, 31, 60–1, 64–

5, 68, 91–2, 107, 142, 145–7, 149, 151, 159, 163, 167–72, 179, 182, 188–90, 192–3, 206, 217, 227, 232, 238 也可见"附着词"（clitic）

C

case 格 1, 22, 57, 227
    abstract case 抽象格 68–70
    adnominal case 定语格 6, 26, 117–8, 124, 130–1, 136, 181, 200
    compound case 复合格 49, 129, 132, 228
    core case 核心格 29, 32, 39, 50, 57, 60–1, 107, 109, 138, 147–8, 153, 156, 165, 174, 188, 193, 209, 225, 229
    grammatical case 语法格 38–9, 142, 158, 207–8, 232, 234
    inherent case 固有格 68, 70, 72–3
    local case 方位格 40, 43, 45–6, 50, 96, 129, 140, 158, 184–6, 207, 218, 232
    multiple case 多重格 98, 130–2, 234
    nonautonomous case 非自主格 26, 34–5, 234
    peripheral case 外围格 30, 39–40, 47, 50–4, 59, 117, 188
    prefixed case 前缀格 126
    semantic case 语义格 36, 38–40, 100, 142, 207–8, 237
    structural case 结构格 68–73, 238
    ungoverned case 非支配格 11
    universal case 通用格 74
case features 格的特征 42–52
case form 格形式 3, 22, 24–30, 35, 79, 115, 126, 214, 227, 235
case grammar 格语法 5–6, 74, 88–9, 227
case in tiers 格层级 70
case inflection 格的屈折形态 10, 22, 123, 214
case language 格语言 2, 8, 11, 24, 37, 49, 84, 114, 143, 227
case marker 格标记 1, 3–4, 13–15, 19, 27, 29, 31, 34–5, 72, 103, 116, 123–4, 128–9, 131, 140, 143, 146, 186–8, 195, 199, 202, 204, 211, 218, 221–2
    analytic case marker 分析型格标记 11, 108, 226
    synthetic case marker 综合型格标记 11
case marking 格标记[1] 4, 8–15, 17–8, 22, 29–34, 41, 57, 65, 67, 100, 103, 109, 112–94, 218–22
    exceptional case marking 特殊的格标记 73
    loss of case marking 格标记的丢失 212–8
case relation 格关系 3, 59, 64, 75, 96–101,

---

[1] 里的"格标记"特指格的标记过程。——译者注

103, 118, 199, 227
case resistance 格抵抗 71
case system 格系统 1, 3, 12, 22–3, 26, 34, 39, 42, 44–8, 60, 65, 109, 142, 155, 184, 187, 189–93, 195, 203, 205, 208, 212, 214–9, 222, 227, 232–3, 235, 240
case/number form 格/数形式 22
cāsus 格 22
causal 原因格 188
chômage, chômeur 失业语 90–8, 226–7
clitic 附着词 14–6, 60–4, 116, 145, 217, 227
coherence 连贯 45
comitative 伴随格 40, 123, 187–8, 192–3, 199–200, 219, 227
comment 评述 228, 239
comparative case 比较格 188
complement 补足语 7–10, 19, 21, 26, 34–7, 39–43, 50, 64–7, 69–70, 72–3, 77, 84, 102–3, 107, 112–4, 117–8, 130, 133–7, 141, 154, 158, 161, 171, 173–7, 179–81, 183, 199–200, 206, 208, 225, 228, 232, 235, 239
concomitant 共存格 187
concord 协调关系 6, 8–9, 13, 16, 20–1, 25–6, 28–9, 31–2, 34–5, 113–6, 120–1, 123–5, 130–2, 140–168, 188–9, 204–5, 228, 236, 239 也可见 "一致（关系）"（agreement）
control 控制 28, 59, 65, 103, 179, 228
core 核心 142–93, 229 也可见 "格" 之下的 "核心格"（core case）
CORRESPONDENT 对应物 100
Cross-referencing 交叉参照 16–7, 21, 63, 78, 108, 124, 137, 142–3, 146, 149, 172, 182–3, 189, 192–3, 211, 226, 229, 231–2
cumulative exponence, cumulation 累积（形式）4, 22, 229

D

dative 与格 1–8, 12, 23–7, 30, 33, 38–44, 47–53, 57–9, 63, 66, 70–4, 77, 86–8, 92–3, 103, 107–8, 114–8, 123, 126–9, 132, 135–6, 139, 141, 147, 150, 153–5, 161, 173–81, 184, 187, 189–94, 199, 204–9, 211–20, 227, 229
dative of agent 与格施事 86–9, 177
declension 变格 4–8, 10, 22–8, 49, 52–3, 108, 229
dēclīnātiō 变格 22
default 默认 54, 70, 73, 86, 94, 175, 208, 229, 234
definite 有定 143–5, 167, 172, 198, 229 也可见 "定指"（specific）
dependent 依附语 2, 4, 6, 8–10, 17–21,

31, 33, 35, 40, 44, 51, 74, 76–7, 83, 85, 89–92, 95, 102, 108, 112–5, 118, 121–2, 125, 127, 131, 136, 140, 200, 205, 207, 222–3, 225, 229–30, 232, 234–9

dependent verb 依附性动词 119, 131, 140

derivation 派生 58, 66, 95, 105–6, 119, 122, 131, 150, 164, 169, 230, 234

destination 终点 6, 38–40, 42–4, 53, 59, 63, 76–7, 80, 82, 85–6, 97, 100, 129–30, 142, 173–5, 184–6, 195–6, 198, 208–9, 213, 232, 239

detransitivise 去及物化 65, 138–9, 174, 176, 226, 230

direct case 直接格 12, 47, 155, 213, 230, 234

direct object 直接宾语 1–4, 6–7, 11, 16, 24–5, 31–2, 35, 38–41, 47, 55, 63–4, 67, 70, 73, 79, 84, 89–91, 94–5, 98, 104–6, 109–10, 114, 134–5, 138, 143–4, 150, 156, 158, 160–4, 167, 169, 173–9, 190, 201, 207–9, 216–7, 224–6, 228–30, 232–3, 235, 237–8

Direct-inverse 正向–反向 156, 230

direction 方向 45, 47–8, 82, 184–8

discriminative case 区别格 126

double object 双宾语 30, 35, 63–4, 68, 90–2, 95, 100, 110, 160, 162–3, 169, 230, 233, 235, 237

E

elative 从格 123, 185, 230

éloignement 疏远 44

enclitic 后附词 31, 227, 230 也可见"附着词"（clitic）

equative 等同格 45

ergative 作格 14, 30–1, 33–5, 38–9, 41, 44, 46, 49–50, 57–70, 93–100, 103, 106–8, 116, 123–4, 126, 128–30, 133, 138, 140, 142–3, 145–58, 163–75, 178–9, 182–3, 187, 189–90, 192–4, 202–6, 208–10, 219–20, 223, 226, 229–32, 240

essive 存在格 185–6, 231

evitative 躲避格 188, 192, 211–2, 226, 231

experiencer 感事 38, 56, 74–5, 81, 84, 86–7, 90, 93–4, 97, 110–1, 134, 147, 159, 177, 233

extension(al) 外延（的） 46, 173, 231, 233

extent 程度 83

F

finite 限定式 69, 133, 228, 231, 233, 235

function 功能 4, 6, 7–11, 15, 23–46, 51, 54, 57, 61–5, 74, 115–8, 130, 133,

158, 163, 165, 173–4, 189–94, 199, 201–2, 206, 210–1, 218–23, 225, 231, 234

fusion 融合 5, 22, 126, 195, 205

G

gender 性（范畴）5–6, 8, 16, 21–2, 25, 113, 115–6, 120, 127, 216, 225, 228

genitive 属格 2–3, 5–7, 9–10, 12–3, 15, 17, 21, 23–8, 33, 35, 37–44, 47–54, 57, 71–2, 77, 107–8, 115, 117–8, 123–9, 131, 134–7, 142–3, 146–7, 149, 174, 180–1, 183, 188–93, 200, 206, 208–9, 211–8, 231–2, 235, 238

gerund 动名词 52

gerundive 动形词 86–8, 116, 177

Gesamtbedeutung 概括义 42, 45–8, 231

given/new 已知信息/新信息 158–65, 170–2, 181, 231

govern 支配 2–3, 6–8, 11–2, 14–5, 19, 27, 33–6, 38, 40–2, 53, 69, 72–4, 85, 87, 102, 104, 113, 131–3, 135, 137–40, 155, 190–1, 197, 200, 202–3, 205, 221, 225–6, 232, 236–7

Government and Binding 管约论 69–70, 72, 75, 89, 99, 114, 228

grammatical relation 语法关系 3–4, 10, 15–6, 29–30, 32, 57, 59, 61, 63–71,
74–5, 80, 84, 87, 89, 93, 96, 98–9, 103–8, 142, 145–6, 150, 158–9, 168–9, 179, 188, 192, 198, 213, 224–7, 229–33, 236, 238–9, 240

H

Hauptbedeutung 主要义 47, 231

head 中心语 1–2, 8–12, 14–5, 17, 19, 23, 25–6, 29, 31, 35, 44, 56, 63, 68–9, 74, 92, 108–9, 113–6, 119–22, 124, 131–2, 199–200, 203, 205, 222–3, 227, 229–30, 232, 236–7, 239

head marking 中心语标记 15, 17, 108–9, 222, 230, 232

hierarchy 等级（序列）48, 57, 84, 90, 103–11, 133, 147–8, 156, 159, 165–71, 225, 232

case 格等级 107, 188–94

case assigners 格指派等级 71

case marking 格标记等级 108–9

giveness 已知信息等级 159–60

grammatical relations 语法关系等级 89–90, 103–7

person/animacy 人称/有生性等级 147, 159, 165–8

person/number 人称/数等级 145

roles 角色等级 109–11

holistic 整体性 98, 162, 232

hyponym 下位词 59, 232

I

illative 入格 185–6, 200, 232

incoherence 非连贯 45–6

indirect object 间接宾语 1–3, 7, 11–2, 25–6, 38, 63–4, 75, 84, 88–90, 94–5, 104–6, 108, 110, 130, 156, 161, 167, 169, 173–6, 178–9, 190, 192–3, 201, 207–8, 213, 216–7, 226, 228–9, 231–5

inessive 在内格 137, 140, 185–6, 233

infinitive 不定式 59, 65, 72–3, 99–100, 102–3, 133, 137–8, 140–1, 179, 220–1, 231, 233

inflection 屈折（形态）13, 21–3, 60, 100, 108–9, 119, 123, 127, 214–7, 224, 226–7, 229, 233

instrument(al) 工具（格）8, 12, 15, 30–1, 34, 39–42, 44–9, 51, 56–9, 64, 74–9, 81, 89–90, 93, 98, 100, 104, 106–7, 109, 124–6, 129, 131, 142, 146, 154, 163–4, 173, 187, 189, 191–4, 198–9, 204, 206, 208–10, 214–5, 218, 222, 233, 235

intension(al) 内涵（的）46, 231, 233

inverse 反向 156–7, 170–1, 202, 230, 233, 236

inversion 倒置 94, 178–80, 233

isomorphic 同构 23, 35, 173, 233

K

kāraka 造作者 75–8

L

Lexical-Functional Grammar 词汇–功能语法 53, 56, 68, 75, 89, 238

Lexicase 词格 4, 74–5, 100–1, 103, 227

localist 方位主义 43, 45, 96, 98, 234

Localist Case Grammar 方位主义格语法 4 , 74–5, 85, 96–7, 100–1, 227

location 处所 2–3, 8, 12, 18–21, 27–9, 38–40, 57, 81, 85, 88–9, 93, 100–2, 107, 109–10, 124, 129, 163, 184, 186, 193, 198, 208, 211, 231–3

locative 处所格 2–3, 10, 12, 18–21, 27–9, 37, 39–40, 43, 45–51, 57, 74, 77–8, 124, 127, 129, 140, 142, 146–7, 158, 173, 184–94, 199–201, 204–12, 218–21, 231, 233–4

LOCUS 处所 100–2

M

manner 方式 9–10, 83, 100, 210, 225

marginal 边缘（的）47–8, 53–4

markedness 标记性 43, 50–1, 68, 103

meaning 意义 4, 23, 26, 35–6, 41–2, 44–9, 54–5, 57, 59, 78–9, 84, 158, 161, 164, 175, 185–97, 206–7, 234

MEANS 手段 100–1

merger 合并 7, 124, 207, 209–12, 215

Minimalism 最简方案 73

mixed (erg/acc) system 混合格（作格/宾格）系统 151–6

modal case 情态格 132

modifier 修饰语 见"依附语"（dependent）

morpheme 语素 3, 22, 33, 40–1, 132, 167, 207, 211, 226

N

neutralisation 中立 24 也可见"中和"（syncretism）

new 新信息 见"已知信息/新信息"（given/new）

nominal 名词性成分 6, 9–10, 23, 30–3, 68, 85, 90, 108, 127, 188, 228, 234, 236–9

nominalization 名词化 118, 131, 133–8, 140–1, 183, 220, 234

nominative 主格 1–6, 8–9, 12–3, 17, 22–7, 30–40, 43–53, 58–70, 74, 77–8, 87, 92–3, 103, 107–8, 112–6, 123, 126–30, 133, 138–9, 143, 146, 148, 150–4, 166, 172, 179, 189–93, 204–6, 212–7, 229, 231–5, 238

nonfinite 非限定式 132–3, 136, 231, 235 也可见"限定式"（finite）

number marking 数标记 4, 22, 60–1, 116, 127, 164, 170, 197

O

O 宾语[1] 30

object 宾语 1, 3, 6–7, 12, 16–8, 21, 24, 26, 36, 44, 53–4, 57, 60–6, 68–72, 74–6, 86, 93, 96, 99, 105–10, 114, 116, 118–9, 133–7, 141, 143, 145, 160, 167–70, 182, 188, 190, 192–3, 198, 202, 205, 207, 217, 222, 231, 235

  double object 双宾语 30, 35, 63–4, 98, 90–2, 95, 100, 110, 160, 162–3, 169, 230, 233, 235, 237

  secondary object 次宾语 63, 67, 162, 230, 237

object marking 宾语标记 198

objective case 宾语格 64, 224, 235

objective genitive 宾语属格 118, 135, 235

oblique case 旁格 11–2, 23, 34, 36–40, 50–1, 71, 100, 104, 126, 128–9, 132, 155, 165, 180, 189–91, 213–5, 217–8,

---

[1] 避免和"宾语"（object）相混，该术语在正文中未做翻译。

235

oblique relation 旁格关系 90, 96, 105–7, 235

obviative 另指 157, 202, 230, 235

onoma 主语 37

P

P 及物动词的受事[1] 30, 32–3, 58–62, 65–7, 98–9, 142, 145–51, 153, 155–6, 158–9, 163–5, 171–2, 235

paradigm 词形变化表 3–6, 23–4, 26–7, 29–33, 35, 37, 48–9, 57, 61–3, 126–7, 149, 205, 215, 233–5

participant 参与者 157, 164, 166–8, 170–1, 179, 203, 225–7, 230–1, 235

partitive 部分格 26–7, 33, 35, 47, 183, 186, 235

passive 被动 4, 8, 17, 30, 38, 40–1, 47, 67, 70–1, 77–8, 84, 86–8, 90–1, 94–6, 98, 104–6, 109–11, 163, 169, 172, 177, 187, 209, 225, 227, 236

path 路径 39–40, 82, 85, 100, 129, 184, 233

patient 受事 18, 23, 30–2, 41, 46, 56–8, 62–4, 67, 75–99, 106–11, 130, 135, 139, 143–6, 148, 151–5, 159–65, 170–5, 183, 193, 198, 206, 209, 225–6, 233, 235

PATIENT 受事 100–3

peripheral 外围的 41, 51–2, 57, 105, 108, 117, 142, 146, 159, 161–4, 172, 227, 233, 236

perlative 经过格 40, 45–6, 93, 154, 184–5, 192, 199–200, 236

person 人称 2, 3, 8, 16–7, 21–2, 30, 33–4, 59–61, 78, 80, 92, 113, 121–2, 130, 134, 137, 145, 147–9, 151, 156–7, 164–9, 172, 182–3, 190, 197, 202, 216–7, 225–6, 230–2, 235–7

phonological factors 语音因素 203, 205

phrase-marking language 短语标记型语言 31, 120, 236

possessive adjective 领属形容词 15–6, 21, 134, 180, 211, 215–6

possessor 领有者 3, 7, 17, 27, 44, 51–2, 62–3, 83, 86, 92, 124, 127, 137, 147, 149, 174, 180–3, 188–90, 192–3, 211, 226, 231

possessor ascension 领有者升级 91

postposition 后置词 1–3, 8, 11–5, 19, 33–4, 56, 104, 118–9, 140, 142–4, 155–6, 189, 191, 193, 195, 197–8, 200–1, 203, 205–6, 222, 225, 227, 236 也可见"附置词"（adposition）

secondary postposition 次要后置词 12–3

---

1 为避免和"受事"（patient）相混，该术语在正文中未做翻译。

predicate 谓词, 谓语 37, 69, 74, 80–1, 86, 94–5, 107, 112–6, 122, 132–3, 140, 150–2, 158–61, 168, 171–2, 175–6, 195–6, 211, 217, 222, 225–6, 228, 233, 236–9

predicative 表语 6, 9, 30, 45, 112–6, 122, 211, 228, 236

preposition 前置词 1–2, 8, 10–3, 15, 18, 20, 24, 27, 35, 40–1, 53, 56, 90, 118–9, 135, 140, 144, 151, 185, 190–4, 195–8, 201–2, 205, 207, 209–10, 213, 216–7, 222, 225–6, 236–7 也可见 "附置词"（adposition）

privative 剥夺格 187

proclitic 前附词 见 "附着词"（clitic）

proprietive 领有格 187

proximate 近指 157, 230, 236

ptōsis 格 22

purpose 目的 65, 82, 100, 133, 138, 140, 173–4, 192–3, 198, 201, 231

purposive 目的格 60, 91, 174, 192, 197, 211, 220, 234

Q

quantifying 量化 48, 54

R

raising 提升 99, 103, 114

rapprochement 接近 44–5

recipient 接受者 2, 18, 27, 63, 90–1, 93, 106, 109–10, 162–3, 169, 173, 193, 230, 233

redundancy 羡余 40–1, 43, 158, 206, 209

reflexive 反身（代词） 41, 58, 84, 95, 104, 110, 204, 213, 229

Relational Grammar 关系语法 4, 56, 65, 89–96, 98–9, 104, 107, 110–1, 169, 179, 225–7, 235

relative case 关系格 181–2, 192

relator noun 关系名词 15, 18–9, 50, 199, 206, 226, 237

rhēma 述语 37

role 角色 21, 30, 40–1, 66, 75, 78–81, 83–8, 90, 92–4, 96–106, 109–11, 130, 158, 161–4, 173–8, 194, 196, 206, 209, 222, 224, 231, 232–5, 237, 239

role assignment 角色指派 85

S

S 一价动词的唯一论元[1] 30, 32–3, 58–62, 65–7, 98–9, 142, 146, 149–51, 153–6,

---

[1] 避免和"主语"（subject）相混，该术语在正文中未做翻译。

158–9, 163–5, 172, 237

semantic roles 语义角色 3–4, 38–9, 56–7, 62, 72, 74–5, 77–9, 89, 92–3, 96–7, 101, 104, 106, 109, 158, 174, 198, 203, 206, 208, 224, 227, 237, 239–40

serial verbs 连动结构 196–7, 231

sociative 关联格 187

Sonderbedeutungen 具体义 47

source 源点 8, 38–40, 42–3, 74, 76–7, 79, 82, 85–6, 93, 98, 100, 110, 129, 162, 184, 186, 189, 191, 195, 198, 201, 208–9, 224, 233

specific（object）定指（宾语）1–2, 12, 144–5, 155–6, 169, 172, 190, 201, 207, 237

specifier 指定语 69, 73–4

split（of case）（格）分裂 211

split-intransitive 分裂不及物性 150, 225

split-S 分裂主格 150, 225

stem formation 词干构形 128

subessive 在下格 185, 238

subject 主语 1–4, 6, 8–14, 168, 20–1, 26, 37–8, 40–1, 43–7, 57, 59–61, 63–5, 67–75, 84, 86–7, 89–91, 94–114, 118, 130, 133–8, 142–3, 145–6, 150, 154–5, 158–61, 163, 168–70, 173–4, 177–80, 182–3, 189–90, 192–3, 196–7, 205, 209, 216–7, 221–2, 224–9, 231–6, 238–9

subjective case 主语格 64

subjective genitive 主语属格 118, 238

subordinate clause 从属小句 66, 112, 114, 132–4, 138, 140–1, 197

superessive 在上格 185, 200, 238

superlative 上格 185, 200, 238

supine 非谓动词 53

suppletion 异干 79, 108, 127, 164, 195, 216

suppositum 主语 43

switch-reference 转换指称 172, 221

syncretism 中和 8, 25–6, 28, 34–5, 48–9, 51–3, 147, 190, 193, 205, 207, 210, 238

syntactic relation 句法关系 3, 15, 38–40, 75–6, 85, 89, 98, 158, 160, 164, 207–9, 232

syntagmatic 组合关系 84, 96–7, 165, 174–5, 178, 238

system 系统 1, 3–4, 8, 12, 15, 21, 30, 36, 42–3, 47, 53, 56–7, 60–8, 70, 74, 95, 97, 103, 120, 122, 143–53, 156–8, 163–6, 172, 186–93, 204–6, 215, 222, 224–7, 231, 233, 235, 238, 240

T

term 项 89–90

theme 主位，题元 80, 82, 84, 107, 110, 152

topic 话题 37–8, 157, 159, 163, 169, 172, 223, 228, 230, 236, 238–9

transitive 及物性 139, 143, 155, 161, 171–2, 174–5, 183, 202, 208, 219, 224–5, 237, 239

translative 转移格 185–6, 239

U

Universal Alignment Hypothesis 普遍关联假设 93

unmarked 无标记 18, 31–3, 47, 49, 51, 54, 61, 63, 67, 69–70, 98, 104, 106–10, 128, 142–3, 146, 148, 153–4, 162, 165, 172, 175, 181, 191, 226, 229–30, 234

V

valency 价 2, 7, 17, 30, 39–40, 69–70, 80, 88, 95, 104–5, 110, 114, 130, 133, 150–1, 154–5, 158, 161–2, 171, 173–4, 195–6, 225, 229–30, 232, 236–7, 239

vocative 呼格 5–6, 10–1, 23–6, 43–4, 49–52, 77, 108, 190–2, 239

W

whole-part construction "整体–部分"结构 31, 62

word-marking language 词标记型语言 31, 120, 236, 239

word order 语序 15, 17–8, 54, 56, 65, 72–3, 75, 100, 103–4, 107, 109, 138, 142–3, 149–50, 167, 188–9, 192, 205, 216, 237